Stochastik

Übungen für Einsteiger

Aufgaben mit
erläuterten Lösungen

Von
Diplom-Volkswirt
Lothar Schmeink

R. Oldenbourg Verlag München Wien

Die Deutsche Bibliothek - CIP-Einheitsaufnahme

Schmeink, Lothar:
Stochastik : Übungen für Einsteiger ; Aufgaben mit erläuterten Lösungen / von Lothar Schmeink. - München ; Wien : Oldenbourg, 1996
ISBN 3-486-23686-5

Gesamtherstellung: R. Oldenbourg Graphische Betriebe GmbH, München

ISBN 3-486-23686-5

Vorwort

Dieses Buch soll denjenigen helfen, die beim ersten Kontakt mit der Stochastik Unterstützung brauchen. Stochastik ist oft zunächst etwas Neues. Manch einer begreift das Neue mit intuitivem Talent, manch anderer muß sich länger mühen, das Neue zu erfassen.

Gleichwie ist es in jedem Fall wichtig, auf die Erarbeitung der Grundlagen Sorgfalt und Ausdauer zu verwenden, weil dadurch der Zugang zu weiteren Problemlösungen erst ermöglicht wird.

Der Leser findet 46 Aufgaben, die so erdacht und strukturiert sind, daß er anhand der ausführlich und lehrreich erläuterten Lösungen Schritt für Schritt die Grundlagen der Wahrscheinlichkeitsrechnung erarbeiten und verstehen kann.

Die Aufgaben lassen sich unabhängig voneinander bearbeiten und lösen. Dennoch bauen viele Aufgaben auf Vorangegangenem wiederholend auf, um darüber hinaus entsprechend der Struktur des sachlichen Zusammenhangs weiterzuführen.

Die Arbeit mit diesem Buch wird sicherlich dazu führen, daß der "Einsteiger" wohl bald nicht mehr Anfänger ist. Er kann seine Fortschritte überprüfen, wenn er sich an etwas kniffligere Probleme wagt. So kann er bei Hypothesentests funktionale Zusammenhänge aufspüren, in denen Wahrscheinlichkeiten in Abhängigkeit von hypothetischen Sachverhalten untersucht werden. Er kann das Maximum-Likelihood-Verfahren kennenlernen und auch im letzen Kapitel dieses Buches seine Kenntnisse aus der Differential- und Integralrechnung anwenden und sehen, wie sich die "klassische" Mathematik auf dem Gebiet der Wahrscheinlichkeitsrechnung "nützlich macht".

Ich wünsche Ihnen viel Erfolg bei der Arbeit.

Lothar Schmeink

PS: Ich danke Frau Kathrin Kirchner und Frau Anette Klose für die gewissenhafte Durchsicht des Manuskripts. Auch danke ich Herrn Dr. Blaich, der freundlicherweise die Tabelle der Normalverteilung zur Verfügung gestellt hat.

Inhaltsverzeichnis

Grundlagen der Wahrscheinlichkeitsrechnung

Aufgabe 1

Lösung Seite 28

a) Definieren Sie den Begriff Zufallsexperiment.

b) Definieren Sie den Begriff Ergebnismenge.

c) Definieren Sie die Wahrscheinlichkeit eines Ergebnisses.

d) Zeigen Sie, daß die Summe der Wahrscheinlichkeiten aller Ergebnisse eines Zufallsexperiments gleich eins ist.

e) Angenommen es gibt ideale Würfel mit den Augenzahlen eins bis drei. Würde man zwei dieser Würfel, z. B. einen weißen und einen schwarzen, gleichzeitig werfen, so ist die Augenkombination (1|3) ein mögliches Ergebnis. Zählen Sie die Ergebnismenge auf. Wie groß ist die Wahrscheinlichkeit für das Ergebnis (3|3)?

Aufgabe 2

Lösung Seite 28

a) Definieren Sie den Begriff Ereignis.

b) Äußern Sie sich zu dem folgenden Zitat: "Die Augenzahl 7 ist bei einem idealen Würfel (Augenzahlen eins bis sechs) unmögliches Ereignis."

c) Definieren Sie die Wahrscheinlichkeit eines Ereignisses.

d) Geben Sie das Ereignis an, auf das ein Spieler hofft, wenn er beim Wurf mit einem idealen Würfel (Augenzahlen eins bis zehn) dann gewinnt, wenn er eine Primzahl erzielt. Wie groß ist seine Gewinnwahrscheinlichkeit?

e) Geben Sie das Ereignis an, auf das ein Spieler hofft, wenn er beim Wurf mit einem idealen Würfel (Augenzahlen eins bis zehn) dann gewinnt, wenn er keine Primzahl erzielt. Wie groß ist seine Gewinnwahrscheinlichkeit?

Aufgabe 3

Lösung Seite 29

Eine Ergebnismenge S habe n Ergebnisse. Ein bestimmtes Ereignis daraus - das Ereignis E - habe m Ergebnisse, wobei m kleiner als n ist.

Zählen Sie die Ergebnismenge S auf, und geben Sie das Ereignis E an. Zählen Sie diejenigen Ergebnisse von S als eine Teilmenge $\neg E$ auf, bei deren Auftreten das Ereignis E nicht eintritt.

Berechnen Sie in allgemeiner Form die Summe der Wahrscheinlichkeiten der Ereignisse E und $\neg E$.

Aufgabe 4

Lösung Seite 30

Angenommen es gibt ideale Würfel mit den Augenzahlen eins bis zwanzig. Spieler A gewinnt dann, wenn er bei einem Wurf mit diesem Würfel eine Augenzahl erzielt, die kleiner als fünf oder größer als fünfzehn ist.

a) Geben Sie die beiden Ereignisse an, bei deren Eintreffen er gewinnt.

b) Berechnen Sie nach dem Additionssatz seine Gewinnchance.

Spieler B gewinnt dann, wenn er bei einem Wurf mit diesem Würfel entweder eine Primzahl oder ein Vielfaches von fünf erzielt.

c) Geben Sie die beiden Ereignisse an, bei deren Eintreffen er gewinnt.

d) Berechnen Sie nach dem Additionssatz seine Gewinnchance.

Aufgabe 5

Lösung Seite 31

Einem gut gemischten Skatspiel, von dem jede Karte die gleiche Chance hat, gezogen zu werden, werden nacheinander ohne Zurücklegen zwei Karten entnommen. Dabei geht es um die Wahrscheinlichkeit, Buben zu ziehen.

a) Nennen Sie das günstige Ereignis für die erste Stufe dieses Zufallsexperiments.

b) Geben Sie das günstige Ereignis für die zweite Stufe dieses Zufallsexperimentes unter der Bedingung an, daß beim ersten Zug
   ba) Pik-As gezogen wird,
   bb) Kreuz-Bube gezogen wird.

c) Bestimmen Sie anhand eines Baumdiagrammes die Wahrscheinlichkeit dafür, daß
   ca) im ersten Zug ein Bube und im zweiten ein Bube gezogen wird,
   cb) im ersten Zug kein Bube und im zweiten ein Bube gezogen wird,
   cc) im ersten Zug ein Bube und im zweiten kein Bube gezogen wird,
   cd) im ersten Zug und im zweiten Zug kein Bube gezogen wird.

Aufgabe 6

Lösung Seite 32

Aus einem gut gemischten Skatspiel werden nacheinander ohne Zurücklegen zufällig zwei Karten gezogen. Es geht grundsätzlich um die Ereignisse, eine Bildkarte zu ziehen (Ereignis B), ein As zu ziehen (Ereignis A) oder eine Karte mit einer Zahl (Ereignis S) zu ziehen.

a) Geben Sie die Ereignisse A, B und S für den ersten Zug als Teilmengen der Ergebnismenge an. Stellen Sie alle möglichen Ausgänge für beide Züge mit Hilfe eines Baumdiagrammes dar.

b) Berechnen Sie die Wahrscheinlichkeit dafür, mit der ersten Karte ein As oder eine Bildkarte zu ziehen. Auf welchen Satz der Wahrscheinlichkeitsrechnung stützt sich Ihre Berechnung?

c) Äußern Sie sich zu der Wahrscheinlichkeit, mit der zweiten Karte ein As zu ziehen.

d) Berechnen Sie die Wahrscheinlichkeit dafür, mit beiden Karten ein As zu ziehen. Auf welchen Satz der Wahrscheinlichkeitsrechnung stützt sich Ihre Berechnung?

e) Berechnen Sie die Wahrscheinlichkeit dafür, mit der ersten Karte ein As und mit der zweiten Karte eine Bildkarte oder mit der ersten Karte eine Bildkarte und mit der zweiten Karte ein As zu ziehen.

f) Berechnen Sie die Wahrscheinlichkeit dafür, mit beiden Karten
   fa) zwei Bildkarten,
   fb) genau eine Bildkarte,
   fc) keine Bildkarte zu ziehen.
   Bilden Sie die Summe dieser Wahrscheinlichkeiten.

Aufgabe 7

Lösung Seite 36

Franz-Heinrich Kister stellt in seinem kleinen Handwerksbetrieb auf zwei unabhängig voneinander arbeitenden Drehbänken im Lohnauftrag für einen größeren Industriebetrieb ein ganz bestimmtes Teil her. Aufgrund seiner Erfahrung weiß er, daß 10 % der auf der einen Drehbank (A) hergestellten Teile und 20 % der auf der anderen Drehbank (B) hergestellten Teile unbrauchbar sind.

a) Berechnen Sie den gesamten Anteil unbrauchbarer Teile, wenn auf beiden Drehbänken gleich viele Teile hergestellt werden.
   Berechnen Sie die Wahrscheinlichkeit dafür, daß ein zufällig ausgewähltes unbrauchbares Teil auf der einen Drehbank (A) hergestellt wurde.

b) Berechnen Sie den gesamten Anteil unbrauchbarer Teile, wenn auf der einen Drehbank (A) doppelt so viele Teile hergestellt werden wie auf der anderen (B).
   Berechnen Sie die Wahrscheinlichkeit, daß ein zufällig ausgewähltes unbrauchbares Teil auf der einen Drehbank (A) hergestellt wurde.

Aufgabe 8

Lösung Seite 38

Die Kugel & Rund KG stellt Stahlkugeln für Spezialkugellager allerfeinster Güte her. Das Prüfverfahren zur Qualitätskontrolle erkennt von allen unbrauchbaren Kugeln 98 % und 2 % nicht. Ferner werden 99 % der brauchbaren Kugeln als solche erkannt, während 1 % irrtümlich für unbrauchbar gehalten wird.

Bestimmen Sie die Wahrscheinlichkeit dafür, daß eine zufällig ausgewählte Kugel, die aufgrund dieses Verfahrens als brauchbar gilt, tatsächlich aber unbrauchbar ist, wenn grundsätzlich 95 % aller von Kugel & Rund hergestellten Kugeln brauchbar sind.

Binomialverteilung

Aufgabe 9

Lösung Seite 40

Angenommen es befinden sich in einer Urne drei Münzen.
Eine davon ist eine ideale Münze, eine hat auf beiden Seiten "Zahl", und eine ist so manipuliert, daß die Wahrscheinlichkeit für "Zahl" 1/3 ist.

a) Das Zufallsexperiment bestehe zunächst darin, daß dieser Urne zufällig eine Münze entnommen wird, die dann geworfen wird.
   - aa) Bestimmen Sie mit Hilfe eines Baumdiagrammes die Wahrscheinlichkeit dafür, daß "Zahl" erscheint. Auf welchen Satz der Wahrscheinlichkeitsrechnung stützt sich Ihre Berechnung?
   - ab) Bestimmen Sie die Wahrscheinlichkeit dafür, daß dann, wenn "Zahl" gefallen ist, diese Zahl zu der idealen Münze gehört. Auf welchen Satz der Wahrscheinlichkeitsrechnung stützt sich Ihr Ergebnis?

b) Gesetzt den Fall, die Wahrscheinlichkeit, "Zahl" zu erzielen, sei 0,6. Das Zufallsexperiment bestehe nun darin, daß dieser Urne viermal zufällig eine Münze entnommen wird, die dann geworfen wird. Die Münze wird jedesmal wieder zurückgelegt.
   - ba) Stellen Sie die Möglichkeiten, "Zahl" zu erzielen, mit Hilfe eines Baumdiagrammes dar.
   - bb) Die Zufallsvariable X sei die Anzahl der erzielten "Zahl". Berechnen Sie die Wahrscheinlichkeiten für alle möglichen Werte der Zufallsvariablen, und stellen Sie die Wahrscheinlichkeitsverteilung zusammen.
   - bc) Überprüfen Sie, ob die Zufallsvariable X binomialverteilt ist.

Aufgabe 10

Lösung Seite 44

Aus seinem letzten Urlaub am Kaiserstuhl hat Karl Seppi 10 kg Walnüsse mitgebracht. 4 kg davon hat er selbst gesammelt, 6 kg hat er gekauft. Zu Hause kann Herr Seppi aufgrund einer eigenen Erfindung relativ einfach feststellen, ob eine Nuß taub ist oder nicht, ohne die Nuß zu beschädigen. Er kommt zu dem folgenden Ergebnis: Unter den selbst gesammelten befinden sich 10 % taube Nüsse, unter den gekauften dagegen nur 5 %.

Nun befinden sich alle Nüsse gut gemischt in einem großen Korb.

a) Herr Seppi entnimmt diesem Korb zufällig eine Nuß. Zeichnen Sie ein Baumdiagramm für dieses Zufallsexperiment, und berechnen Sie die Wahrscheinlichkeit dafür, daß er
   aa) eine selbst gesammelte, taube Nuß,
   ab) eine gekaufte, taube Nuß entnimmt.
b) Herrn Seppi interessiert der Anteil der tauben Nüsse.
   ba) Berechnen Sie, wie groß der Anteil der tauben Nüsse insgesamt ist. Auf welchen Satz der Wahrscheinlichkeitsrechnung stützt sich Ihre Berechnung?
   bb) Berechnen Sie die Wahrscheinlichkeit dafür, daß eine zufällig entnommene taube Nuß selbst gesammelt ist. Auf welchen Satz der Wahrscheinlichkeitsrechnung stützt sich Ihr Ergebnis?
c) Herr Seppi führt ein weiteres Zufallsexperiment durch, indem er dem großen Korb zufällig vier Nüsse entnimmt.
   ca) Stellen Sie die Möglichkeiten, daß sich unter diesen vier entnommenen Nüssen taube befinden, mit Hilfe eines Ereignisbaumes dar.
   cb) Die Zufallsvariable X sei die Anzahl der tauben unter den vier entnommenen Nüssen. Berechnen Sie die Wahrscheinlichkeiten für alle möglichen Werte der Zufallsvariablen, zählen Sie die Wahrscheinlichkeitsverteilung auf, und stellen Sie sie graphisch dar.
   cc) Überprüfen Sie, ob die Zufallsvariable X binomialverteilt ist.

Aufgabe 11

Lösung Seite 47

Angenommen ein kleinerer Teil der Kugeln in einer sehr großen Urne ist rot. Der Anteil roter Kugeln ist 25 %. Es wird eine Stichprobe vom Umfang 8 gezogen.

- Definieren Sie die entsprechende Zufallsvariable und die Definitionsmenge dazu.
- Berechnen Sie die Wahrscheinlichkeitsfunktion.
- Stellen Sie die Wahrscheinlichkeitsfunktion als Histogramm dar.
- Schraffieren Sie in diesem Histogramm die Wahrscheinlichkeit dafür, daß in der Stichprobe höchstens 2 rote Kugeln sind.
- Schraffieren Sie in diesem Histogramm die Wahrscheinlichkeit dafür, daß in der Stichprobe 4 rote Kugeln sind.

Aufgabe 12

Lösung Seite 49

Auf einem Jahrmarkt enthalte eine sehr große Urne sehr viele Lose mit 60 % Nieten. Ein Besucher kauft nacheinander fünfmal ein Los.

a) Berechnen Sie, mit welcher Wahrscheinlichkeit das zweite und das vierte Los ein Gewinn ist, während die drei übrigen Lose Nieten sind.

b) Berechnen Sie, mit welcher Wahrscheinlichkeit unter den fünf Losen überhaupt zwei Gewinne sind.

c) Ermitteln Sie die Wahrscheinlichkeit dafür, daß unter den fünf Losen mindestens drei Gewinne sind.

d) Berechnen Sie die Wahrscheinlichkeitsfunktion und die Verteilungsfunktion für die Zufallsvariable X, die für die Anzahl der Gewinne unter den fünf Losen steht.
Stellen Sie beide Funktionen graphisch dar.

Aufgabe 13

Lösung Seite 52

Auf einer großen Kirmes wirbt ein Schausteller damit, daß unter den sehr vielen Losen in seiner sehr großen Lostrommel nur 5 % Nieten sind. Das Gewerbeaufsichtsamt will dieser Behauptung auf den Grund gehen und zieht eine Stichprobe von 16 Losen. Wenn unter diesen 16 Losen nicht mehr als zwei Nieten sind, so gehe man davon aus, daß die Behauptung des Schaustellers stimmt. Andernfalls gehe man davon aus, daß der Anteil der Nieten wie in den Jahren zuvor 10 % ist.

a) Wählen Sie die entsprechende Zufallsvariable und die Definitionsmenge dazu.

b) Berechnen Sie die Wahrscheinlichkeit, nicht mehr als zwei Nieten unter den 16 gezogenen Losen zu haben, unter der Voraussetzung, daß die Behauptung zutrifft.

c) Berechnen Sie, wie wahrscheinlich es ist, trotz Richtigkeit der Behauptung des Schaustellers unter den 16 gezogenen Losen mehr als zwei Nieten zu haben.

d) Gehen Sie davon aus, daß der Schausteller blufft und der Anteil der Nieten tatsächlich 10 % ist. Ermitteln Sie die Wahrscheinlichkeit,
   da) daß sich das Gewerbeaufsichtsamt täuschen läßt,
   db) daß das Gewerbeaufsichtsamt ein Stichprobenergebnis erhält, das den Schwindel aufdeckt.

Hypothesentests

Aufgabe 14

Lösung Seite 53

Angenommen von einer großen Grundgesamtheit wird behauptet, der Anteil grüner Elemente habe sich im Gegensatz zu früher, als er 15 % ausmachte, geändert und betrage jetzt 8 %. Um diese Hypothese zu überprüfen, zieht jemand eine Stichprobe von 18 Elementen mit der Entscheidungsregel: "Wenn nicht mehr als drei grüne Elemente in der Stichprobe sind, so gelte die Hypothese als erwiesen. Andernfalls gehe man davon aus, daß der Anteil grüner Elemente in der Grundgesamtheit immer noch 15 % ausmacht."

Definieren Sie eine geeignete Zufallsvariable und die Definitionsmenge dafür. Berechnen Sie die Wahrscheinlichkeit für einen Fehler erster Art und die Wahrscheinlichkeit für einen Fehler zweiter Art.

Aufgabe 15

Lösung Seite 57

Gewinder & Co, Hersteller von Schrauben und anderer Kleineisenteile, wirbt damit, daß der Anteil unbrauchbarer Schrauben in allen Lieferungen nur 4 % ausmacht.

Die Schraber GmbH, Kunde von Gewinder, entnimmt jeder Lieferung eine Stichprobe von 20 Schrauben mit der Entscheidungsregel: "Wenn nicht mehr als zwei Schrauben in der Stichprobe unbrauchbar sind, dann glauben wir der Behauptung von Gewinder & Co; andernfalls gehen wir davon aus, daß der Ausschußanteil 9 % ausmacht, und lehnen die Lieferung ab."

a) Formulieren Sie die Hypothese H und die Alternative A. Wählen Sie eine geeignete Zufallsvariable und die Definitionsmenge dafür.

b) Berechnen Sie die Wahrscheinlichkeit für einen Fehler erster Art. Erklären Sie, worin das Risiko von Gewinder liegt.

c) Berechnen Sie die Wahrscheinlichkeit für einen Fehler zweiter Art. Erklären Sie, worin das Risiko von Schraber liegt.

Aufgabe 16

Lösung Seite 59

Angenommen ein kleinerer Teil der Kugeln in einer sehr großen Urne ist weiß. Es wird behauptet, dieser Anteil weißer Kugeln sei 12 %. Andere bezweifeln diese Hypothese und sagen, der Anteil sei 20 %. Um der Sachlage auf den Grund zu gehen, wird eine Stichprobe vom Umfang 22 gezogen.

Die Entscheidungsregel lautet: "Sind nicht mehr als fünf weiße Kugeln in der Stichprobe, so gelte die Hypothese. Andernfalls gehe man davon aus, daß der Anteil weißer Kugeln 20 % ist."

a) Definieren Sie die entsprechende Zufallsvariable und die Definitionsmenge dazu. Formulieren Sie Hypothese und Alternative.

b) Erklären Sie, welche Arten von Fehlern bei diesem Test vorkommen können. Berechnen Sie die Wahrscheinlichkeiten für diese Fehler.

c) Ändern Sie die Entscheidungsregel bei unverändertem Stichprobenumfang so ab, daß die Differenz zwischen den beiden Fehlerwahrscheinlichkeiten möglichst klein wird.

Aufgabe 17

Lösung Seite 62

Angenommen ein kleinerer Teil der Kugeln einer sehr großen Urne ist weiß. Es wird behauptet, dieser Anteil weißer Kugeln sei 10 %. Andere bezweifeln diese Hypothese und sagen, der Anteil sei 20 %. Um die Sachlage zu prüfen, wird eine Stichprobe vom Umfang 60 gezogen.

Die Entscheidungsregel lautet: "Sind nicht mehr als k weiße Kugeln in der Stichprobe, so gelte die Hypothese. Andernfalls gehe man davon aus, daß der Anteil weißer Kugeln 20 % ist."

a) Definieren Sie die entsprechende Zufallsvariable und die Definitionsmenge dazu. Formulieren Sie Hypothese und Alternative.

b) Ermitteln und berechnen Sie, wie sich in Abhängigkeit von k (k-Werte von 0 bis 13) die Wahrscheinlichkeit für einen *Fehler erster Art* ändert. Stellen Sie die Ergebnisse in einer Tabelle zusammen.

c) Berechnen Sie, wie sich in Abhängigkeit von k (k-Werte von 0 bis 13) die Wahrscheinlichkeit für einen *Fehler zweiter Art* ändert. Stellen Sie die Ergebnisse in einer Tabelle zusammen.

d) Stellen Sie die Ergebnisse aus den Aufgabenteilen b) und c) in einem Koordinatensystem graphisch dar. Formulieren Sie aufgrund dieser Graphik eine Entscheidungsregel, bei der die Differenz zwischen den beiden Fehlerwahrscheinlichkeiten möglichst klein ist.

Aufgabe 18

Lösung Seite 65

Angenommen ein kleinerer Teil der Kugeln einer sehr großen Urne ist weiß. Es wird behauptet, dieser Anteil weißer Kugeln sei 9 %. Andere bezweifeln diese Hypothese und sagen, der Anteil sei 26 %. Um die Sachlage zu prüfen, wird eine Stichprobe vom Umfang 40 gezogen.

Die Entscheidungsregel lautet: "Sind nicht mehr als k weiße Kugeln in der Stichprobe, so gelte die Hypothese. Andernfalls gehe man davon aus, daß der Anteil weißer Kugeln 26 % ist."

a) Definieren Sie die entsprechende Zufallsvariable und die Definitionsmenge dazu. Formulieren Sie Hypothese und Alternative.

Nun lassen sich in Abhängigkeit von k die Wahrscheinlichkeiten für Fehler erster Art und ebenso für Fehler zweiter Art berechnen; die Ergebnisse sind für k-Werte bis 10 in der untenstehenden Tabelle festgehalten.

b) Berechnen Sie die in der Tabelle fehlenden Werte.

c) Stellen Sie die Abhängigkeit der Fehlerwahrscheinlichkeiten graphisch dar. Formulieren Sie aufgrund dieser Graphik eine Entscheidungsregel, bei der die Differenz zwischen den beiden Fehlerwahrscheinlichkeiten möglichst klein ist.

	1. Art	2. Art
k = ...	p = 0,09	p = 0,26
0	0,9770038	0,0000058
1	0,8860299	0,0000884
2	0,7105802	0,0006545
3		0,0031736
4	0,2897108	0,0113608
5		0,0320721
6	0,0639217	0,0745210
7	0,0242398	0,1469628
8	0,0080509	0,2519544
9	0,0023581	
10	0,0006127	0,5259739

Aufgabe 19

Lösung Seite 68

Angenommen ein kleinerer Teil der Elemente einer sehr großen Grundgesamtheit hat das Merkmal M. Es wird behauptet, dieser Teil mache nicht mehr als 9 % aus. Mit Hilfe einer Stichprobe vom Umfang 20 soll diese Behauptung überprüft werden.

a) Definieren Sie die entsprechende Zufallsvariable und die Definitionsmenge. Formulieren Sie Hypothese und Gegenhypothese.

Weiterhin sei angenommen, die Entscheidungsregel für die Beurteilung der Behauptung lautet: "Tragen nicht mehr als drei Elemente in der Stichprobe das Merkmal M, so schenke man der Behauptung Glauben."

b) Berechnen Sie die Wahrscheinlichkeit dafür, daß die Behauptung als widerlegt gilt, für den Fall, daß der Anteil des Merkmals M in der Grundgesamtheit tatsächlich 9 % ausmacht.

c) Berechnen Sie die Wahrscheinlichkeit dafür, daß die Behauptung als erwiesen gilt, für den Fall, daß der Anteil des Merkmals M in der Grundgesamtheit tatsächlich 15 % ausmacht.

d) Berechnen Sie die Wahrscheinlichkeit dafür, daß die Behauptung als erwiesen gilt, für den Fall, daß der Anteil des Merkmals M in der Grundgesamtheit tatsächlich 5 % ausmacht.

e) Berechnen und skizzieren Sie die Testcharakteristik, und zwar für Anteilswerte von 1 bis 10 % in Schritten von je einem Prozentpunkt und dann weiter in Schritten von zehn Prozentpunkten. Markieren Sie in Ihrer Graphik das Signifikanzniveau und das Vertrauensniveau für die vorgegebene Entscheidungsregel.

f) Formulieren und begründen Sie eine neue Entscheidungsregel bei unverändertem Stichprobenumfang, mit der die Behauptung signifikant überprüft werden kann.

Aufgabe 20

Lösung Seite 71

In einer großen Grundgesamtheit gebe es Elemente, die wegen einer bestimmten Eigenschaft auffallen. Der Anteil p dieser Elemente an allen Elementen sei unbekannt.

Es werden Stichproben vom Umfang 40 gezogen.
Die Entscheidungsregel für diesen Test soll lauten: "Sind unter den 40 Elementen der Stichprobe nicht mehr als k auffällige Elemente, so werde angenommen, daß die Hypothese zutrifft."

p = ...	k = 4	k = 5	k = 6	k = 7	k = 8	k = 9
0	1	1	1	1	1	1
0,01	0,999951	0,999998	1	1	1	1
0,02	0,998826	0,999864	0,999987	1	1	1
0,03	0,993331	0,998837	0,999831	0,999980	0,999999	1
0,04	0,978977	0,995121	0,999045	0,999839	0,999976	0,999996
0,05		0,986122	0,996608	0,999288	0,999870	0,999979
0,06	0,910418	0,969094	0,990942	0,997715	0,999498	0,999903
0,07	0,854632	0,941853	0,980150	0,994150	0,998497	0,999661
0,08	0,786793	0,903274	0,962358	0,987313	0,996264	0,999032
0,09	0,710290		0,936079	0,975761	0,991950	0,997642
0,1	0,629018	0,793728		0,958099	0,984506	0,994938
0,11	0,546787	0,726196	0,855545	0,933196	0,972785	0,990183
0,12	0,466911	0,653562	0,802034	0,900373	0,955689	0,982508
0,13	0,391975	0,578665	0,741393	0,859497	0,932295	0,970971
0,14	0,323768	0,504201	0,675543	0,811022	0,901999	0,954657
0,15	0,263320	0,432501	0,606657	0,755934	0,864599	0,932780
0,2	0,075915	0,161329	0,285892	0,437146	0,593127	0,731778
0,25	0,016042	0,043274	0,096225	0,181954	0,299832	0,439540
0,3	0,002561	0,008618	0,023761	0,055283	0,111009	0,195925
0,35	0,000311	0,001290	0,004363	0,012401	0,030254	0,064436
0,4	0,000029	0,000144	0,000595	0,002053	0,006065	0,015573
0,45	0,000002	0,000012	0,000059	0,000248	0,000883	0,002733
0,5	0	0,000001	0,000004	0,000021	0,000091	0,000340

Die obenstehende Tabelle enthält Annahmewahrscheinlichkeiten (Werte der Testcharakteristik) dieser Entscheidungsregel für verschiedene Werte von k in Abhängigkeit von p.

a) Berechnen Sie die in der Tabelle fehlenden Werte.

b) Stellen Sie fest und begründen Sie, welche Hypothesen bei den Entscheidungsregeln für die verschiedenen k-Werte signifikant überprüft werden können.

c) Stellen Sie die Testcharakteristika für k = 4, für k = 6 und für k = 8 graphisch dar. Markieren Sie in Ihrer Graphik jeweils den p-Wert, bei dem die Kurven die "95-%-Grenze" unterschreiten.

Aufgabe 21

Lösung Seite 73

In einer großen Grundgesamtheit gebe es Elemente, die wegen einer bestimmten Eigenschaft auffallen. Der Anteil p dieser Elemente an allen Elementen sei unbekannt.

Es werden Stichproben vom Umfang 35 gezogen.
Die Entscheidungsregel für diesen Test soll lauten: "Sind unter den 35 Elementen der Stichprobe nicht mehr als k auffällige Elemente, so werde angenommen, daß die Hypothese zutrifft."

p = ...	k = 4	k = 5	k = 6	k = 7	k = 8
0	1	1	1	1	1
0,01	0,999975	0,999999	1	1	1
0,02	0,999371	0,999938	0,999995	1	1
0,03	0,996278	0,999442	0,999931	0,999994	1
0,04	0,987786	0,997554	0,999590	0,999941	0,999992
0,05	0,970973	0,992748	0,998478	0,999727	0,999958
0,06	0,943724	0,983169	0,995757	0,999086	0,999830
0,07	0,905163	0,967017	0,990296	0,997554	0,999467
0,08	0,855698	0,942890	0,980799	0,994456	0,998612
0,09	0,796817	0,910017	0,965995	0,988931	0,996870
0,1		0,868365	0,944818	0,980011	0,993697
0,11	0,660097		0,916561	0,966718	0,988415
0,12	0,587514	0,762006		0,948190	0,980269
0,13	0,515450	0,700243	0,838307		0,968473
0,14	0,445987	0,635215	0,789237	0,893113	0,952298
0,15	0,380749	0,568861	0,734841	0,856189	0,931139
0,2	0,143492	0,272092	0,432842	0,599333	0,745013
0,25	0,041006	0,097620	0,191978	0,322282	0,474303
0,3	0,009118	0,026898	0,064999	0,132647	0,234119
0,35	0,001590	0,005750	0,016951	0,041938	0,089029
0,4	0,000216	0,000951	0,003401	0,010166	0,025953
0,45	0,000022	0,000120	0,000518	0,001868	0,005734
0,5	0,000002	0,000011	0,000058	0,000254	0,000939
0,55	0	0,000001	0,000005	0,000025	0,000110

Die obenstehende Tabelle enthält Werte der Testcharakteristika dieser Entscheidungsregel für verschiedene Werte von k.

a) Berechnen Sie die in der Tabelle fehlenden Werte.

b) Stellen Sie fest, welche Hypothesen bei den Entscheidungsregeln für die verschiedenen k-Werte signifikant überprüft werden können. Begründen Sie einen dieser Fälle.

c) Stellen Sie die Testcharakteristika für k = 4, für k = 6 und für k = 8 graphisch dar. Markieren Sie in Ihrer Graphik jeweils den p-Wert, bei dem die Kurven die "95-%-Grenze" unterschreiten.

Normalverteilung

Aufgabe 22

Lösung Seite 75

Angenommen das Gewicht von Mumseln ist normalverteilt. Das durchschnittliche Gewicht ist 32 Gramm, die Standardabweichung 4 Gramm.

Berechnen Sie die Wahrscheinlichkeit dafür, daß eine Mumsel
a) leichter als 25 Gramm ist,
b) schwerer als 35 Gramm ist,
c) zwischen 29 und 34 Gramm wiegt,
d) 35 Gramm wiegt.

Aufgabe 23

Lösung Seite 85

Das Gewicht von Walnüssen sei normalverteilt, wobei das durchschnittliche Gewicht 5 Gramm sei; die Standardabweichung betrage 1 Gramm.

Berechnen Sie die Wahrscheinlichkeit dafür, daß eine Walnuß
a) leichter als 3,75 Gramm ist,
b) zwischen 4,35 und 5,85 Gramm wiegt,
c) 4,5 Gramm wiegt.

Aufgabe 24

Lösung Seite 88

Das Gewicht eines Eisenteils, von dem sehr viel produziert wird, sei normalverteilt; dabei betrage das durchschnittliche Gewicht 2800 Gramm und die Standardabweichung 50 Gramm.

a) Berechnen Sie die Wahrscheinlichkeit dafür, daß ein zufällig entnommenes Eisenteil
   - leichter als 2731 Gramm ist,
   - zwischen 2753 und 2876 Gramm wiegt,
   - 2810 Gramm wiegt.
b) Berechnen Sie, wie schwer ein zufällig entnommenes Eisenteil höchstens sein darf, damit die Wahrscheinlichkeit seines Auftretens nicht größer als 92,22 % ist.

Aufgabe 25

Lösung Seite 91

Das Gewicht von Kassetten sei normalverteilt mit $\mu_K = 80$ und $\sigma_K = 3$ (in Gramm). Die Kassetten werden im "Viererpack" verkauft.

a) Berechnen Sie, mit welcher Wahrscheinlichkeit das Gewicht eines "Viererpacks"
   - größer als 330,62 Gramm ist,
   - kleiner als 325,67 Gramm ist,
   - zwischen 324,5 Gramm und 331,7 Gramm liegt.

b) Berechnen Sie, mit welcher Wahrscheinlichkeit in einer geplanten Stichprobe von 36 "Viererpacks" das Durchschnittsgewicht der "Viererpacks" zwischen 317,22 Gramm und 321,55 Gramm liegt.

Aufgabe 26

Lösung Seite 96

Bei der Herstellung von Schrauben und passenden Muttern gelte folgendes (Angaben in Gramm):
Das Gewicht der Schrauben sei normalverteilt mit $\mu_S = 100$ und $\sigma_S = 2$.
Das Gewicht der Muttern sei normalverteilt mit $\mu_M = 9$ und $\sigma_M = 1{,}5$.
Beide werden zusammengeschraubt und verkauft.

a) Berechnen Sie, mit welcher Wahrscheinlichkeit das Gewicht der kompletten Schrauben zwischen 104,175 Gramm und 111,125 Gramm liegt.

b) Berechnen Sie, mit welcher Wahrscheinlichkeit in einer geplanten Stichprobe vom Umfang $n = 64$ das Durchschnittsgewicht einer kompletten Schraube zwischen 108,65 Gramm und 109,45 Gramm liegt.

Approximation der Binomialverteilung durch die Normalverteilung

Aufgabe 27

Lösung Seite 100

Das Gewicht der sehr vielen Kugeln in einer sehr großen Urne sei normalverteilt mit $\mu = 20$ und $\sigma = 2{,}5$ (in Gramm).

a) Berechnen Sie die Wahrscheinlichkeit dafür, daß eine zufällig entnommene Kugel
   - schwerer als 24 g ist,
   - höchstens 16,5 g wiegt,
   - mindestens 19 g schwer ist,
   - zwischen 17 und 22 g wiegt.

In dieser Urne gibt es rote Kugeln. Der Anteil der roten Kugeln an allen Kugeln sei 20 %. Es werden Stichproben vom Umfang 300 geplant.

b) Berechnen Sie die Wahrscheinlichkeit dafür, daß in einer Stichprobe
   - höchstens 40 rote Kugeln,
   - mindestens 75 rote Kugeln,
   - genau 66 rote Kugeln zu finden sind.

Aufgabe 28

Lösung Seite 108

Angenommen in einer sehr großen Urne sind sehr viele Kugeln. Das Gewicht dieser Kugeln sei normalverteilt mit $\mu = 350$ und $\sigma = 12{,}5$ (in Gramm).

a) Berechnen Sie die Wahrscheinlichkeit dafür, daß eine zufällig entnommene Kugel
   - schwerer als 367 g ist,
   - weniger als 336 g wiegt,
   - mindestens 344 g schwer ist,
   - zwischen 332 und 362 g wiegt.

In dieser sehr großen Urne mit sehr vielen Kugeln gibt es solche, die dadurch auffallen, daß sie grün sind. Der Anteil der grünen Kugeln an allen Kugeln sei 37,5 %. Es werden Stichproben vom Umfang 240 geplant.

b) Berechnen Sie die Wahrscheinlichkeit dafür, daß in einer Stichprobe
   - höchstens 106 grüne Kugeln,
   - mindestens 77 grüne Kugeln,
   - 74 bis 103 grüne Kugeln zu finden sind.

Aufgabe 29

Lösung Seite 116

Angenommen 20 % aller Österreicher sind Mitglied eines Trachten- oder Heimatvereines.

a) Berechnen Sie, mit welcher Wahrscheinlichkeit man unter 20 zufällig angetroffenen Österreichern zwei oder drei Vereinsmitglieder findet.

Zu einem volkstümlichen Dorftanz werden 625 zufällig ausgewählte Gäste geladen.

b) Berechnen Sie, mit welcher Wahrscheinlichkeit unter den Gästen 118 bis 127 Vereinsmitglieder zu finden sind.

c) Ermitteln Sie die Wahrscheinlichkeit, daß unter diesen Gästen bis zu 112 Vereinsmitglieder anzutreffen sind.
   Ermitteln Sie die Wahrscheinlichkeit dafür, daß unter diesen Gästen genau 112 Vereinsmitglieder anzutreffen sind.

d) Berechnen Sie, wie viele Vereinsmitglieder höchstens unter den 625 Gästen sind, wenn die Wahrscheinlichkeit dafür 95,994 % ausmacht.
   Ermitteln Sie die Wahrscheinlichkeit dafür, daß unter diesen Gästen genau 142 Vereinsmitglieder anzutreffen sind.

Aufgabe 30

Lösung Seite 120

Die Hori & Zont KG produziert mit einer ganz bestimmten Maschine Kalmaten, wobei der Ausschußanteil seit Jahren 10 % ist.

a) Berechnen Sie die Wahrscheinlichkeit, in einer Stichprobe von 40 Kalmaten
   aa) mehr als sieben defekte Kalmaten,
   ab) mehr als zwei, aber weniger als acht defekte Kalmaten vorzufinden.

b) Berechnen Sie die Wahrscheinlichkeit, in einer Stichprobe von 380 Kalmaten
   ba) 32 defekte Kalmaten zu haben,
   bb) mehr als 34, aber weniger als 40 defekte Kalmaten vorzufinden.

Aufgabe 31

Lösung Seite 124

Aus einer sehr großen Grundgesamtheit, deren Elemente mit der Wahrscheinlichkeit von 10 % das Merkmal M tragen, wird eine Stichprobe vom Umfang 400 gezogen.

a) Berechnen Sie die Wahrscheinlichkeit dafür, daß in der Stichprobe mehr als 44 Elemente das Merkmal M aufweisen.

b) Berechnen Sie die Wahrscheinlichkeit dafür, daß in der Stichprobe mindestens 51 Elemente das Merkmal M aufweisen.

... ⇒

c) Ermitteln Sie die maximale Anzahl der Elemente mit dem Merkmal M so, daß die Wahrscheinlichkeit für dieses Stichprobenergebnis nicht größer als 22,663 % ist.

d) Berechnen Sie, wie viele Elemente in der Stichprobe mindestens das Merkmal M haben müssen, damit die Wahrscheinlichkeit dafür wenigstens 59,871 % ausmacht.

Aufgabe 32

Lösung Seite 129

Die Firma Ment produziert mit einer ganz bestimmten Maschine Eumel, wobei der Ausschußanteil seit langem gleichbleibend 7 % ist.

a) Berechnen Sie die Wahrscheinlichkeit dafür, in einer Stichprobe von 50 Eumeln
   aa) mehr als zehn defekte Eumel,
   ab) mehr als zwei, aber weniger als neun defekte Eumel
   vorzufinden.

b) Berechnen Sie die Wahrscheinlichkeit dafür, in einer Stichprobe von 300 Eumeln
   ba) 15 defekte Eumel zu haben,
   bb) mehr als 18, aber weniger als 25 defekte Eumel vorzufinden.

Aufgabe 33

Lösung Seite 134

Angenommen 10 % aller in diesem Jahr geernteten Walnüsse sind taub. Es wird eine Stichprobe von 900 Nüssen gezogen.

a) Berechnen Sie die Wahrscheinlichkeit dafür, daß nicht mehr als 76 taube Nüsse in der Stichprobe sind.

b) Berechnen Sie die Wahrscheinlichkeit dafür, daß mehr als 103 taube Nüsse in der Stichprobe vorkommen.

c) Berechnen Sie die Wahrscheinlichkeit dafür, daß 86 bis 94 Nüsse in der Stichprobe taub sind.

d) Berechnen Sie, wie viele Nüsse in der Stichprobe höchstens taub sein dürfen, damit die Wahrscheinlichkeit nicht größer als 0,30854 ist.

Aufgabe 34

Lösung Seite 138

Aus einer großen Urne mit sehr vielen Kugeln, von denen 12 % rot sind, wird eine Stichprobe von 1650 Stück gezogen.

a) Berechnen Sie die Wahrscheinlichkeit dafür, daß nicht mehr als 181 rote Kugeln in der Stichprobe sind.

b) Berechnen Sie, wieviel rote Kugeln mindestens in der Stichprobe sein müssen, damit die Wahrscheinlichkeit dafür wenigstens 0,89435 ist.

Übergreifende Aufgaben

Aufgabe 35

Lösung Seite 140

Teil A

Die Kugel & Rund KG stellt Stahlkugeln für Spezialkugellager allerfeinster Güte her. Das Prüfverfahren zur Qualitätskontrolle erkennt von allen unbrauchbaren Kugeln 98 % und 2 % nicht. Ferner werden 99 % der brauchbaren Kugeln als solche erkannt, während 1 % irrtümlich für unbrauchbar gehalten wird. Seit langem weiß man, daß grundsätzlich 95 % aller von Kugel & Rund hergestellten Kugeln brauchbar sind.

Bestimmen Sie die Wahrscheinlichkeit dafür,

- daß eine zufällig ausgewählte Kugel, die aufgrund dieses Verfahrens aussortiert ist, tatsächlich brauchbar ist (erste Frage).
- daß eine zufällig ausgewählte Kugel, die aufgrund dieses Verfahrens als brauchbar gilt, tatsächlich unbrauchbar ist (zweite Frage).

Teil B

Das Gewicht X der Kugeln sei normalverteilt mit $\mu(x) = 5$ und $\sigma = 0{,}1$ (in Gramm). Ermitteln Sie die Wahrscheinlichkeit dafür, daß eine zufällig entnommene Kugel

- nicht schwerer als 5,1 Gramm ist,
- mindestens 4,85 Gramm, höchstens 5,2 Gramm wiegt.

In welchen Grenzen liegt das Gewicht von 90,1 % aller Kugeln?

Teil C

Franz-Heinrich Kister stellt in seinem kleinen Industriebetrieb Kugellager her und ist Kunde von Kugel & Rund. Er verzichtet auf das Prüfverfahren von Kugel & Rund und unterzieht die Lieferungen von Kugel & Rund - lauter Kisten mit jeweils 10000 Kugeln - seinerseits einer Qualitätskontrolle, indem er jeder gelieferten Kiste eine Stichprobe von 50 Kugeln entnimmt.

a) Wenn nicht mehr als zwei unbrauchbare Kugeln in der Stichprobe enthalten sind, stimmt er der Hypothese von Kugel & Rund zu, es seien insgesamt 5 % aller Kugeln unbrauchbar. Andernfalls geht Franz-Heinrich Kister davon aus, der Anteil unbrauchbarer Kugeln sei 10 %, und verlangt einen Preisnachlaß. Beurteilen Sie diese Entscheidungsregel anhand der Wahrscheinlichkeiten für Fehler erster Art und für Fehler zweiter Art.

... ⇒

b) Entwickeln Sie für den Stichprobenumfang von 50 eine Entscheidungsregel, bei der die Wahrscheinlichkeit für einen Fehler erster Art etwa 5 % ist.

Aufgabe 36

Lösung Seite 147

Teil A

Karl-Heinrich Lühse, seine Frau heißt übrigens Anna, stellt in seinem kleinen Betrieb als Lohnunternehmer Lamellen für Kollektoren her. Dazu benutzt er die beiden Maschinen A und B. Er weiß seit langem, daß 9 % der auf Maschine A und 14 % der auf Maschine B hergestellten Lamellen unbrauchbar sind. Auf Maschine A, der älteren, stellt er 30 % und auf der schnelleren Maschine B 70 % aller Lamellen her.

a) Ermitteln Sie den Anteil unbrauchbarer Lamellen an der gesamten Produktion und die Wahrscheinlichkeit dafür, daß eine zufällig entnommene unbrauchbare Lamelle von Maschine A stammt. Auf welche Sätze stützen sich Ihre Ermittlungen?

Angenommen der Anteil unbrauchbarer Lamellen ist insgesamt 12,5 %. Hin und wieder entnimmt Herr Lühse der gesamten Produktion eine Stichprobe.

b) Berechnen Sie, mit welcher Wahrscheinlichkeit in einer Stichprobe vom Umfang 20 zwei oder drei Lamellen unbrauchbar sind, und mit welcher Wahrscheinlichkeit 200 bis 241 Lamellen in einer Stichprobe vom Umfang 1792 unbrauchbar sind. Begründen Sie Ihr Vorgehen.

Teil B

Die Kolek GmbH - die Kollektorenfabrik, für die Karl-Heinrich Lühse produziert - überprüft die Angabe von Herrn Lühse, daß der Anteil unbrauchbarer Lamellen nicht größer als 12,5 % sei, dadurch, daß jeder Lieferung eine Stichprobe vom Umfang 20 entnommen wird. Dabei lautet die Entscheidungsregel: "Wenn nicht mehr als vier unbrauchbare Lamellen in der Stichprobe sind, dann gehen wir davon aus, daß die Angabe von Herrn Lühse stimmt."

a) Definieren Sie eine geeignete Zufallsvariable, geben Sie die Definitionsmenge an, und formulieren Sie Hypothese und Gegenhypothese.

b) Erklären Sie, daß es sich bei der folgenden Gleichung um das rekursive Bildungsgesetz der Binomialverteilung handelt.

$$P(X = k+1) = \frac{n-k}{k+1} \cdot \frac{p}{q} \cdot P(X = k)$$

c) Berechnen Sie mit Hilfe der Rekursionsformel der Binomialverteilung die Wahrscheinlichkeitsfunktion, stellen Sie sie als Histogramm dar, und markieren Sie darin den nichtkritischen und den kritischen Bereich.

d) Berechnen und skizzieren Sie die Testcharakteristik, und zwar für Anteilswerte von 1 % bis 15 % in Schritten von je einem Prozentpunkt und dann weiter in Schritten von fünf Prozentpunkten bis 50 %. Markieren Sie in Ihrer Graphik das Signifikanzniveau und das Vertrauensniveau für die vorgegebene Entscheidungsregel.

e) Ändern Sie bei unverändertem Stichprobenumfang die Entscheidungsregel so, daß die Angabe von Herrn Lühse signifikant überprüft werden kann.

Aufgabe 37

Lösung Seite 154

Teil A

In einer großen Grundgesamtheit gebe es Elemente, die deshalb auffallen, weil sie schwarz sind. Der Anteil p dieser Elemente an allen Elementen sei unbekannt. Es werden Stichproben vom Umfang 30 gezogen. Die Entscheidungsregel für einen einseitigen Signifikanztest soll lauten: "Sind unter den 30 Elementen der Stichprobe nicht mehr als k schwarze Elemente, so wird angenommen, daß die Hypothese zutrifft."

Die untenstehende Tabelle enthält Werte der Testcharakteristika dieser Entscheidungsregel für verschiedene Werte von k.

a) Berechnen Sie die in der Tabelle fehlenden Werte.

b) Stellen Sie anhand der Tabelle fest, welche Hypothesen bei den Entscheidungsregeln für die verschiedenen k-Werte signifikant überprüft werden können. Begründen Sie einen dieser Fälle.

c) Stellen Sie die Testcharakteristika für k = 4, für k = 6 und für k = 7 graphisch dar. Markieren Sie in Ihrer Graphik die p-Werte, bei denen jeweils die Kurve die 0,95-Grenze unterschreitet.

Teil B

In einer anderen großen Grundgesamtheit gebe es Elemente, die auffallen, weil sie rot sind. Der Anteil der roten Elemente an allen Elementen ist entweder 3,2 % oder 5,6 %. Um "der Sache auf den Grund zu gehen", werden Stichproben vom Umfang 625 geplant. Die Entscheidungsregel soll lauten: "Sind nicht mehr als 25 rote Elemente in der Stichprobe, so werde die Hypothese angenommen, der Anteil roter Elemente sei 3,2 %."

a) Definieren Sie eine geeignete Zufallsvariable und die Definitionsmenge. Geben Sie an, welcher Gesetzmäßigkeit ihre Wahrscheinlichkeitsfunktion unterliegt.
Formulieren Sie die Hypothese und die Alternative.

b) Erklären Sie, welche Art von Fehlern bei diesem Test vorkommen können. Berechnen Sie die Wahrscheinlichkeiten für diese Fehler.

Tabelle zu Aufgabe 37 , Teil A

p = ...	k = 3	k = 4	k = 5	k = 6	k = 7
0,00	1,000000	1,000000	1,000000	1,000000	1,000000
0,01	0,999778	0,999989	1,000000	1,000000	1,000000
0,02	0,997107	0,999700	0,999975	0,999999	1,000000
0,03	0,988096	0,998151	0,999768	0,999977	0,999999
0,04	0,969406	0,993679	0,998938	0,999852	0,999982
0,05				0,999426	0,999915
0,06	0,897380	0,968461	0,992055	0,998329	0,999703
0,07	0,845019	0,944738		0,996009	0,999168
0,08	0,784207	0,912639	0,970712	0,991753	0,998027
0,09	0,717469	0,872306	0,951937	0,984752	0,995879
0,10	0,647440	0,824506	0,926811	0,974174	0,992217
0,11	0,576594	0,770478	0,895086	0,959256	0,986449
0,12	0,507083	0,711776	0,856923	0,939392	0,977949
0,13	0,440635	0,650097	0,812850	0,914182	0,966095
0,14	0,378540	0,587134	0,763711	0,883483	0,950332
0,15	0,321660	0,524469	0,710576	0,847419	0,930215
0,20	0,122711	0,255233	0,427513	0,606970	0,760791
0,25	0,037449	0,097870	0,202598	0,348054	0,514290
0,30	0,009317	0,030155	0,076595	0,159523	0,281377
0,35	0,001896	0,007518	0,023258	0,058572	0,123768
0,40	0,000313	0,001510	0,005659	0,017183	0,043524
0,45	0,000041	0,000241	0,001090	0,003985	0,012105
0,50	0,000004	0,000030	0,000162	0,000715	0,002611
0,55	0,000000	0,000003	0,000018	0,000096	0,000424
0,60	0,000000	0,000000	0,000001	0,000009	0,000049

Aufgabe 38

Lösung Seite 160

Teil A

Ein Zufallsexperiment bestehe darin, zwei ideale Würfel *(Augenzahlen 1 bis 4)* gleichzeitig zu werfen.

a) - Zählen Sie die Ergebnismenge auf.
  Stellen Sie die Produkte der Augenzahlen tabellarisch dar.
- Definieren Sie den Begriff Ereignis, und geben Sie das Ereignis an, ein Augenprodukt kleiner als 4 zu erzielen.
- Definieren Sie die Wahrscheinlichkeit eines Ereignisses, und ermitteln Sie die Wahrscheinlichkeit für ein Augenprodukt kleiner 4.

Dieses Zufallsexperiment sei die Grundlage für ein Glücksspiel, bei dem das Produkt der Augenzahlen dann als Gewinnbetrag in DM ausgezahlt wird, wenn wenigstens eine Vier dabei ist.

b) - Definieren Sie den Begriff Wahrscheinlichkeitsfunktion.
- Wählen Sie für dieses Glücksspiel eine geeignete Zufallsvariable und berechnen Sie ihre Wahrscheinlichkeitsfunktion; stellen Sie diese Wahrscheinlichkeitsfunktion als Diagramm dar.
- Beurteilen Sie dieses Gewinnspiel für den Fall, daß der Einsatz je Spiel 4,50 DM beträgt.

Teil B

Bei einem bestimmten Investitionsvorhaben ist der erhoffte wöchentliche Gewinn in TDM (Tausend-D-Mark) als Zufallsvariable X definiert. Eingehende Untersuchungen rechtfertigen die Annahme, daß der Gewinn die folgende Dichtefunktion hat:

$$f:\quad f(x) = \frac{15}{16}x^4 - \frac{15}{4}x^3 + \frac{15}{4}x^2 \qquad D = [0;\, 2]$$

a) Weisen Sie nach, daß der Erwartungswert gleich 1 ist und daß es sich bei 0,378 um die auf drei Nachkommastellen gerundete Standardabweichung handelt.

b) Bestimmen Sie die Wahrscheinlichkeit dafür, daß die Zufallsvariable in das Intervall [0,5; 1] fällt.

c) Angenommen diese Wahrscheinlichkeitsfunktion läßt sich durch eine entsprechende Normalverteilung approximieren. Bestimmen Sie mit Hilfe der Normalverteilung die Wahrscheinlichkeit dafür, daß die Zufallsvariable in das Intervall [0,5; 1] fällt.
Vergleichen Sie dieses Ergebnis mit dem Ergebnis aus b).

Maximum-Likelihood-Methode

Aufgabe 39

Lösung Seite 164

Es gebe in einer sehr großen Grundgesamtheit Elemente, die wegen einer bestimmten Eigenschaft auffallen. Der Anteil dieser auffälligen Elemente ist unbekannt. In einer Stichprobe vom Umfang 30 befinden sich sechs auffällige Elemente. Deshalb - so wird behauptet - sei der Anteil auffälliger Elemente in der Grundgesamtheit 20 %.

Schildern Sie ein Verfahren, mit dem diese Argumentation gestützt werden kann. Führen Sie den entsprechenden Beweis.

Aufgabe 40

Lösung Seite 166

Angenommen das Gewicht der Kugeln einer sehr großen Urne ist normalverteilt; die Parameter μ und σ^2 sind unbekannt. Um eine Vorstellung von diesen beiden Parametern zu bekommen, wird eine Stichprobe vom Umfang n gezogen. In dieser Stichprobe ist das arithmetische Mittel $\overline{x}$ des Gewichts der n gezogenen Kugeln 28 g; die Varianz s^2 ist 4.

a) Schildern Sie das Maximum-Likelihood-Verfahren, mit dem aufgrund dieses Stichprobenergebnisses die wahren Parameter der Gundgesamtheit geschätzt werden können. Führen Sie den entsprechenden Beweis.
b) Bestimmen Sie ein Intervall, in dem mit 90-%-iger Wahrscheinlichkeit der wahre Mittelwert μ zu finden ist.

Aufgabe 41

Lösung Seite 171

Angenommen in einer sehr großen Urne sind sehr viele schwarze und weiße, aber ansonsten gleiche Kugeln.

a) Der Anteil weißer Kugeln sei 20 %.
   Berechnen Sie die Wahrscheinlichkeit, in einer geplanten Stichprobe vom Umfang 50
   aa) genau 9 weiße Kugeln,
   ab) höchstens fünf weiße Kugeln zu finden.

b) Der Anteil weißer Kugeln sei 20 %.
Berechnen Sie die Wahrscheinlichkeit, in einer Stichprobe vom Umfang 800
   ba) genau 140 oder 141 weiße Kugeln,
   bb) mindestens 170 weiße Kugeln vorzufinden.

c) Der Anteil weißer Kugeln sei unbekannt. In der nunmehr gezogenen Stichprobe vom Umfang 50 befinden sich 15 weiße Kugeln.
Jemand behauptet, deshalb sei der Anteil weißer Kugeln in der großen Urne 30 %.
   ca) Führen Sie den Beweis, der diese Behauptung stützt.
   cb) Berechnen Sie ein Konfidenzintervall, in das mit einer Wahrscheinlichkeit von 95 % der wahre Anteil P fällt.

d) Das Gewicht der Kugeln sei normalverteilt mit $\mu = 400$ und $\sigma = 20$ (in Gramm). Berechnen Sie die Wahrscheinlichkeit, daß eine zufällig entnommene Kugel leichter als 375 g ist.

e) Das Durchschnittsgewicht der Kugeln sei unbekannt. In der Stichprobe vom Umfang 50 ist das Durchschnittsgewicht 440 g festgestellt worden. Jemand behauptet, deshalb sei das Durchschnittsgewicht aller Kugeln in der großen Urne 440 g.
   ea) Schildern Sie ein Beweisverfahren, das diese Behauptung stützt.
   eb) Berechnen Sie ein Konfidenzintervall, in das mit einer Wahrscheinlichkeit von 90 % das wahre Durchschnittsgewicht μ fällt.

Stochastik und Analysis

Aufgabe 42

Lösung Seite 182

Die Zufallsvariable X habe die folgende Dichtefunktion f.

$$f:\quad f(x) = \frac{-1}{108}x^3 + \frac{1}{18}x^2 \qquad D = [0; 6]$$

a) Überprüfen Sie, ob f tatsächlich eine Dichtefunktion sein kann.
b) Ermitteln Sie die Verteilungsfunktion.
c) Berechnen Sie die Wahrscheinlichkeit dafür, daß die Zufallsvariable
   - nicht größer als zwei ist,
   - nicht kleiner als fünf ist,
   - in das Intervall I = [3; 5] fällt.
d) Berechnen Sie den Erwartungswert und die Varianz von X.

Aufgabe 43

Lösung Seite 184

Die Zufallsvariable X habe die folgende Dichtefunktion f.

$$f:\quad f(x) = 0{,}0012\,x^3 - 0{,}024\,x^2 + 0{,}12\,x$$

f habe den Definitionsbereich D = [0; 10].

a) Überprüfen Sie, ob f tatsächlich eine Dichtefunktion sein kann.
b) Ermitteln Sie die Verteilungsfunktion.
c) Berechnen Sie die Wahrscheinlichkeit dafür, daß die Zufallsvariable
   - nicht größer als zwei ist,
   - nicht kleiner als sieben ist,
   - in das Intervall I = [4; 6] fällt.
d) Berechnen Sie den Erwartungswert und die Varianz von X.

Aufgabe 44

Lösung Seite 187

Die Zufallsvariable X habe die folgende Dichtefunktion f.

$$f:\quad f(x) = a\,(x^3 - 12\,x^2 + 36\,x) \qquad D = [0; 6]$$

a) Bestimmen Sie den Parameter a, und berechnen Sie mit Hilfe der Dichtefunktion die Wahrscheinlichkeit dafür, daß die Zufallsvariable in das Intervall [3; 5] fällt.

b) Berechnen Sie den Erwartungswert für X und dann mit Hilfe der Dichtefunktion die Wahrscheinlichkeit dafür, daß die Zufallsvariable in das Intervall $[0; \mu]$ fällt.

c) Ermitteln Sie die Verteilungsfunktion, und berechnen Sie mit ihrer Hilfe die Wahrscheinlichkeit dafür, daß die Zufallsvariable in das Intervall [1; 4] fällt.

Aufgabe 45

Lösung Seite 189

Die Zufallsvariable X habe die folgende Dichtefunktion f.

$$f: \quad f(x) = a\,(x^4 - 4\,x^3 + 4\,x^2) \qquad D = [0; 2]$$

a) Bestimmen Sie den Parameter a, und berechnen Sie mit Hilfe der Dichtefunktion die Wahrscheinlichkeit dafür, daß die Zufallsvariable in das Intervall [0,5; 1] fällt. Geben Sie die Verteilungsfunktion an.

b) Berechnen Sie Erwartungswert und Varianz der Zufallsvariablen. Geben Sie die Standardabweichung an (auf drei Nachkommastellen runden!).

c) Angenommen diese Wahrscheinlichkeitsfunktion läßt sich durch eine entsprechende Normalverteilung approximieren. Bestimmen Sie mit Hilfe der Normalverteilung die Wahrscheinlichkeit dafür, daß die Zufallsvariable in das Intervall [0,5; 1] fällt. Beurteilen Sie das Ergebnis im Vergleich zu der mit Hilfe der Dichtefunktion berechneten Wahrscheinlichkeit.

Aufgabe 46

Lösung Seite 193

Die Zufallsvariable X habe die folgende Dichtefunktion f.

$$f: \quad f(x) = \begin{cases} b\,x & \text{für } x \in [0; 2[\\ a\,(x^2 - 16\,x + 64) & \text{für } x \in [2; 8] \end{cases}$$

a) Bestimmen Sie die Parameter a und b so, daß die Dichtefunktion auch an der Stelle 2 stetig ist.

b) Ermitteln Sie die Verteilungsfunktion.

c) Berechnen Sie die Wahrscheinlichkeit dafür, daß die Zufallsvariable
- in das Intervall I = [0; 2] fällt,
- in das Intervall I =]4; 8] fällt,
- in das Intervall I = [0; 6] fällt.

Lösung Aufgabe 1

zu a)

Ein Zufallsexperiment ist ein Versuch, für den verschiedene Möglichkeiten als Ergebnis denkbar sind. Welches dieser möglichen Ergebnisse eintritt, ist nicht vorhersehbar, sondern zufällig.

zu b)

Die Ergebnismenge ist die Menge, deren Elemente e_i die möglichen Ergebnisse des Zufallsexperimentes sind.

zu c)

Die Wahrscheinlichkeit für das Eintreten eines Ergebnisses ist der Quotient 1 durch die Mächtigkeit der Ergebnismenge. Die Mächtigkeit einer Menge ist die Anzahl ihrer Elemente.

zu d)

Die Mächtigkeit der Ergebnismenge: $|S| = n$

Die Wahrscheinlichkeit eines Ergebnisses: $W(e_i) = \frac{1}{n}$

$$\begin{aligned}\Sigma\, W(e_i) &= W(e_1) + W(e_2) + W(e_3) + \ldots + W(e_i) + \ldots + W(e_n)\\ &= \frac{1}{n} + \frac{1}{n} + \frac{1}{n} + \ldots + \frac{1}{n} + \ldots + \frac{1}{n} = \frac{1}{n} \cdot n = \frac{n}{n} = 1\end{aligned}$$

zu e)

Ergebnismenge S_2

$$= \{1; 2; 3\} \times \{1; 2; 3\}$$

$$= \{(1|1); (1|2); (1|3); (2|1); (2|2); (2|3); (3|1); (3|2); (3|3)\}$$

$$W((3|3)) = \frac{1}{9}$$

Lösung Aufgabe 2

zu a)

Ein Ereignis E eines Zufallsexperiments mit der Ergebnismenge S ist eine Teilmenge von S. Jede mögliche Teilmenge der Ergebnismenge S ist ein Ereignis des betreffenden Zufallsexperiments. Diejenigen Ereignisse, die nur ein einziges Element enthalten, werden Elementarereignisse genannt. Das Ereignis, welches gleich der Ergebnismenge ist, wird als sicheres Ereignis bezeichnet. (Jede Menge ist Teilmenge von sich selbst.) Die leere Menge, Teilmenge jeder Menge, ist unmögliches Ereignis.

zu b)

Die 7 ist nicht Element der Ergebnismenge, kann also kein Elementarereignis sein und auch sonst in keinem Ereignis vorkommen und erst recht nicht unmögliches Ereignis sein. Denn als unmögliches Ereignis wird die leere Menge bezeichnet, die Teilmenge jeder Menge ist.

zu c)

Die Wahrscheinlichkeit eines Ereignisses E ist gleich dem Quotienten der Anzahl der für dieses Ereignis günstigen Fälle durch die Anzahl der möglichen Fälle.

Die Wahrscheinlichkeit eines Ereignisses E ist demnach die Mächtigkeit $|E|$ des Ereignisses E dividiert durch die Mächtigkeit $|S|$ der Ergebnismenge S.

zu d)

Das Ereignis, eine Primzahl zu erzielen, ist {2; 3; 5; 7}.
Die Wahrscheinlichkeit dieses Ereignisses ist 4/10 = 0,4 = 40 %.

zu e)

Das Ereignis, keine Primzahl zu erzielen, ist {1; 4; 6; 8; 9; 10}.
Die Wahrscheinlichkeit dieses Ereignisses ist 6/10 = 0,6 = 60 %.

Lösung Aufgabe 3

Die Ergebnismenge $S = \{e_1; e_2; e_3; \ldots; e_{n-1}; e_n\}$
$= \{e_i\}$, wobei $i \in \{1; 2; \ldots; n\}$

Das Ereignis $E = \{e_j\}$, wobei $j \in \{1; 2; \ldots; m\}$

Das Gegenereignis $\neg E = \{e_k\}$, wobei $k \in \{m+1; m+2; \ldots; n\}$

Die Wahrscheinlichkeit W des Ereignisses E ist nach der klassischen Definition der Wahrscheinlichkeit die Anzahl der günstigen Fälle – das ist die Anzahl der Elemente im Ereignis E, nämlich m – dividiert durch die Anzahl der möglichen Fälle, d. i. die Anzahl der Elemente in der Ergebnismenge, nämlich n.

$$W(E) = \frac{m}{n}$$

Die Wahrscheinlichkeit des Gegenereignisses $\neg E$ ist dementsprechend die Anzahl der Elemente im Ereignis $\neg E$, nämlich n–m, dividiert durch die Anzahl der möglichen Fälle, also durch n.

$$W(\neg E) = \frac{n-m}{n}$$

$$W(E) + W(\neg E) = \frac{m}{n} + \frac{n-m}{n} = \frac{m + n-m}{n} = \frac{n}{n} = 1$$

Lösung Aufgabe 4

zu a)

Das Ereignis E_1 für das Würfeln einer Augenzahl, die kleiner ist als fünf:

$$E_1 = \{1; 2; 3; 4\}$$

Das Ereignis E_2 für das Würfeln einer Augenzahl größer als fünfzehn:

$$E_2 = \{16; 17; 18; 19; 20\}$$

zu b)

Die Wahrscheinlichkeit des *alternativen* Eintreffens des einen *oder* des anderen Ereignisses berechnet sich nach dem Additionssatz.

$$W(E_1 \cup E_2) = W(E_1) + W(E_2) - W(E_1 \cap E_2)$$

$$W(E_1) = 4/20 \quad \wedge \quad W(E_2) = 5/20 \quad \wedge \quad W(E_1 \cap E_2) = 0$$

$$W(E_1 \cup E_2) = 4/20 + 5/20 = 9/20 = 0{,}45 = 45\ \%$$

zu c)

Das Ereignis E_1 für das Würfeln einer Primzahl:

$$E_1 = \{2; 3; 5; 7; 11; 13; 17; 19\}$$

Das Ereignis E_2 für das Würfeln eines Vielfachen von fünf:

$$E_2 = \{5; 10; 15; 20\}$$

zu d)

Die Wahrscheinlichkeit des *alternativen* Eintreffens des einen *oder* des anderen Ereignisses nach dem Additionssatz:

$$W(E_1 \cup E_2) = W(E_1) + W(E_2) - W(E_1 \cap E_2),$$

wobei $E_1 \cap E_2 = \{5\}$

$$W(E_1) = 8/20 \quad \text{und} \quad W(E_2) = 4/20 \quad \text{und} \quad W(E_1 \cap E_2) = 1/20$$

$$W(E_1 \cup E_2) = 8/20 + 4/20 - 1/20 = 11/20 = 0{,}55 = 55\ \%$$

Lösung Aufgabe 5

zu a)

E_1 = {Kreuz–Bube; Pik–Bube; Herz–Bube; Karo–Bube}

zu b)

ba) E_2 = {Kreuz–Bube; Pik–Bube; Herz–Bube; Karo–Bube} (siehe a)
bb) E_3 = {Pik–Bube; Herz–Bube; Karo–Bube}

zu c)

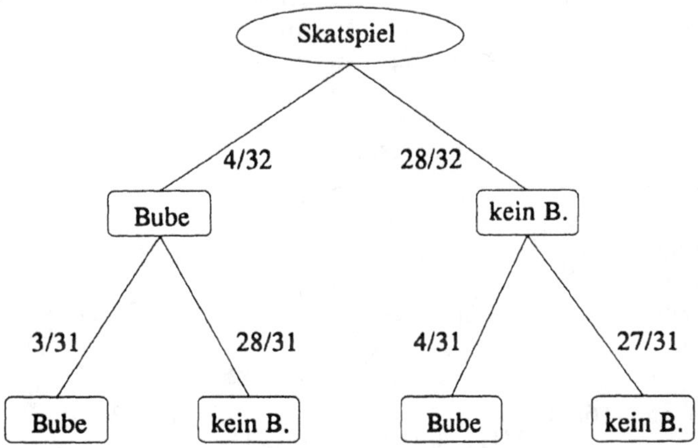

Die gefragten Wahrscheinlichkeiten werden nach dem Multiplikationssatz für das *gleichzeitige* Eintreten *sowohl* des einen *als auch* des anderen Ereignisses berechnet.

ca) $W_a(B \cap B) = W(B) \cdot W(B \mid B) = \frac{4}{32} \cdot \frac{3}{31} = \frac{12}{992} = 1{,}209\ldots\ \%$

cb) $W_b(\neg B \cap B) = W(\neg B) \cdot W(B \mid \neg B) = \frac{28}{32} \cdot \frac{4}{31} = \frac{112}{992} = 11{,}29\ldots\%$

cc) $W_c(B \cap \neg B) = W(B) \cdot W(\neg B \mid B) = \frac{4}{32} \cdot \frac{28}{31} = \frac{112}{992} = 11{,}29\ldots\ \%$

cd) $W_d(\neg B \cap \neg B) = W(\neg B) \cdot W(\neg B \mid \neg B) = \frac{28}{32} \cdot \frac{27}{31} = \frac{756}{992} = 0{,}76209$

Lösung Aufgabe 6

zu a)

Für den ersten Zug – die erste Stufe dieses Zufallsexperiments – lassen sich die Ereignisse B, A und S folgendermaßen aufzählen:

B = {Kreuz–Bube; Pik–Bube; Herz–Bube; Karo–Bube;
Kreuz–Dame; Pik–Dame; Herz–Dame; Karo–Dame;
Kreuz–König; Pik–König; Herz–König; Karo–König}

A = {Kreuz–As; Pik–As; Herz–As; Karo–As}

S = {Kreuz–Zehn; Pik–Zehn; Herz–Zehn; Karo–Zehn;
Kreuz–Neun; Pik–Neun; Herz–Neun; Karo–Neun;
Kreuz–Acht; Pik–Acht; Herz–Acht; Karo–Acht;
Kreuz–Sieben; Pik–Sieben; Herz–Sieben; Karo–Sieben}

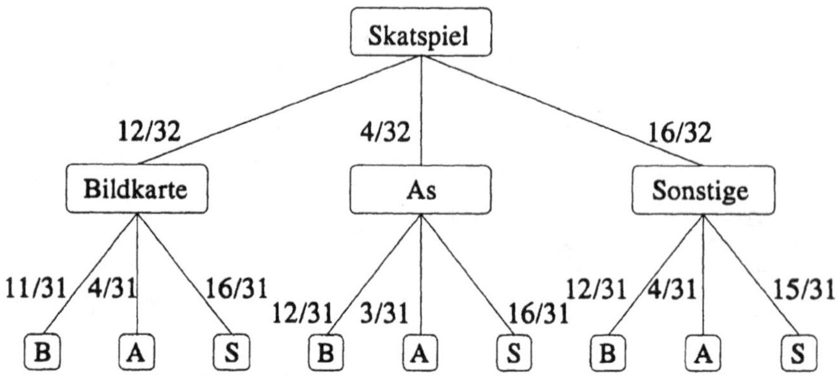

zu b)

Die Wahrscheinlichkeit, im ersten Zug eine Bildkarte zu ziehen, ist W(B).

$$W(B) = 12/32 = 0{,}375$$

Die Wahrscheinlichkeit, im ersten Zug ein As zu ziehen, ist W(A).

$$W(A) = 4/32 = 0{,}125$$

Die Wahrscheinlichkeit, im ersten Zug eine Bildkarte oder ein As zu ziehen, ist $W(B \cup A)$ und berechnet sich nach dem Additionssatz der Wahrscheinlichkeitsrechnung:

$$W(B \cup A) = W(B) + W(A) = 0{,}375 + 0{,}125 = 0{,}5$$

Dabei ist berücksichtigt, daß die beiden Ereignisse elementefremd sind, daß also $B \cap A$ leer und $W(B \cap A) = 0$ ist.

zu c)

Die Wahrscheinlichkeit, im zweiten Zug ein As zu ziehen, hängt davon ab, welches Ereignis beim ersten Zug eingetreten ist, und ist unterschiedlich je nach den Bedingungen, die mit dem ersten Zug entstanden sind. Die Wahrscheinlichkeit, im zweiten Zug ein As zu ziehen, ist eine bedingte Wahrscheinlichkeit.

Die Wahrscheinlichkeit, im zweiten Zug ein As zu ziehen unter der Bedingung, daß im ersten Zug eine Bildkarte gezogen wurde, kann hier formal mit $W(A \mid B)$ bezeichnet werden und ist im Baumdiagramm mit 4/31 eingetragen.

Die Wahrscheinlichkeit, im zweiten Zug ein As zu ziehen unter der Bedingung, daß im ersten Zug schon ein As gezogen wurde, kann hier mit $W(A \mid A)$ bezeichnet werden und ist im Ereignisbaum mit 3/31 eingetragen.

Die Wahrscheinlichkeit, im zweiten Zug ein As zu ziehen unter der Bedingung, daß im ersten Zug eine "Zahl-Karte" (sonstige Karte) gezogen wurde, läßt sich formal mit $W(A \mid S)$ bezeichnen und ist im Ereignisbaum mit 4/31 eingetragen.

$$W(A \mid B) = 4/31 \qquad W(A \mid A) = 3/31 \qquad W(A \mid S) = 4/31$$

zu d)

Die Wahrscheinlichkeit, im ersten und im zweiten Zug ein As zu ziehen, ist $W(A \cap A)$ und ergibt sich nach dem Multiplikationssatz der Wahrscheinlichkeitsrechnung als Produkt der Wahrscheinlichkeiten, die im Ereignisbaum in dem entsprechenden Pfad an den Teilstücken eingetragen sind.

$$W(A \cap A) = W(A) \cdot W(A \mid A)$$

Dabei ist $W(A) = 4/32$ und $W(A \mid A) = 3/31$

$$W(A \cap A) = \frac{4}{32} \cdot \frac{3}{31} = \frac{4 \cdot 3}{32 \cdot 31} = \frac{12}{992} = \frac{3}{248} =$$

$$W(A \cap A) = 0{,}012096774 = 1{,}2096774\ \%$$

zu e)

1.) Die Wahrscheinlichkeit, im ersten Zug ein As und im zweiten eine Bildkarte zu ziehen, ist $W(A \cap B) = W(A) \cdot W(B \mid A)$, wobei $W(A) = 4/32$ und $W(B \mid A) = 12/31$ ist.

$$W(A \cap B) = \frac{4}{32} \cdot \frac{12}{31} = \frac{4 \cdot 12}{32 \cdot 31} = \frac{48}{992} = \frac{3}{62} = 0{,}048387096$$

$$W(A \cap B) = 0{,}048387096 = 4{,}8387096\ \% \qquad \text{(Multiplikationssatz)}$$

2.) Die Wahrscheinlichkeit, im ersten Zug eine Bildkarte und im zweiten ein As zu ziehen, ist $W(B \cap A) = W(B) \cdot W(A|B)$, wobei $W(B) = 12/32$ und $W(A|B) = 4/31$ ist.

$$W(B \cap A) = \frac{12}{32} \cdot \frac{4}{31} = \frac{12 \cdot 4}{32 \cdot 31} = \frac{48}{992} = \frac{3}{62} = 0{,}048387096$$

$W(B \cap A) = 0{,}048387096 = 4{,}8387096\ \%$ (Multiplikationssatz)

3.) Die gesuchte Wahrscheinlichkeit ist dann: $W((A \cap B) \cup (B \cap A)) =$

$$W(A \cap B) + W(B \cap A) = \frac{3}{62} + \frac{3}{62} = 0{,}096774193$$

$W(A \cap B) + W(B \cap A) = 9{,}677...\ \%$ (Additionssatz)

Hierbei ist berücksichtigt, daß $(A \cap B) \cap (B \cap A)$ gleich der leeren Menge ist.

zu f)

fa) Die Wahrscheinlichkeit, beide Male eine Bildkarte zu ziehen, ist

$$W(B \cap B) = W(B) \cdot W(B|B) = \frac{12}{32} \cdot \frac{11}{31} = \frac{132}{992} = 0{,}133064516.$$

fb) Die Möglichkeiten, in beiden Zügen nur eine Bildkarte zu ziehen, entweder nur im ersten oder nur im zweiten, sind:

- im ersten Zug eine Bildkarte, im zweiten ein As; die Wahrscheinlichkeit dafür ist $W(B \cap A)$.
- im ersten Zug eine Bildkarte, im zweiten eine "Zahlkarte"; die Wahrscheinlichkeit dafür ist $W(B \cap S)$.
- im ersten Zug ein As, im zweiten eine Bildkarte; die Wahrscheinlichkeit dafür ist $W(A \cap B)$.
- im ersten Zug eine "Zahlkarte", im zweiten eine Bildkarte; die Wahrscheinlichkeit dafür ist $W(S \cap B)$.

$$W(B \cap A) = W(B) \cdot W(A|B) = \frac{12}{32} \cdot \frac{4}{31} = \frac{48}{992} = 0{,}048387096$$

$$W(B \cap S) = W(B) \cdot W(S|B) = \frac{12}{32} \cdot \frac{16}{31} = \frac{192}{992} = 0{,}193548387$$

$$W(A \cap B) = W(A) \cdot W(B|A) = \frac{4}{32} \cdot \frac{12}{31} = \frac{48}{992} = 0{,}048387096$$

$$W(S \cap B) = W(S) \cdot W(B|S) = \frac{16}{32} \cdot \frac{12}{31} = \frac{192}{992} = 0{,}193548387$$

Die Wahrscheinlichkeit W_{1B}, genau eine Bildkarte zu ziehen, ist nach dem Additionssatz die Summe dieser vier Wahrscheinlichkeiten.

$$W_{1B} = 0{,}048387096 + 0{,}193548387 + 0{,}048387096 + 0{,}193548387 = 0{,}483870966$$

fc) Die Möglichkeiten, in keinem der beiden Zügen eine Bildkarte zu ziehen, sind:

- im ersten Zug ein As, im zweiten ein As; die Wahrscheinlichkeit dafür ist $W(A \cap A)$.
- im ersten Zug ein As, im zweiten eine "Zahlkarte"; die Wahrscheinlichkeit dafür ist $W(A \cap S)$.
- im ersten Zug eine "Zahlkarte", im zweiten ein As; die Wahrscheinlichkeit dafür ist $W(S \cap A)$.
- im ersten Zug eine "Zahlkarte" und im zweiten eine "Zahlkarte"; die Wahrscheinlichkeit dafür ist $W(S \cap S)$.

$$W(A \cap A) = W(A) \cdot W(A \mid A) = \frac{4}{32} \cdot \frac{3}{31} = \frac{12}{992} = 0{,}012096774$$

$$W(A \cap S) = W(A) \cdot W(S \mid A) = \frac{4}{32} \cdot \frac{16}{31} = \frac{64}{992} = 0{,}064516129$$

$$W(S \cap A) = W(S) \cdot W(A \mid S) = \frac{16}{32} \cdot \frac{4}{31} = \frac{64}{992} = 0{,}064516129$$

$$W(S \cap S) = W(S) \cdot W(S \mid S) = \frac{16}{32} \cdot \frac{15}{31} = \frac{240}{992} = 0{,}241935483$$

Die Wahrscheinlichkeit W_{0B}, gar keine Bildkarte zu ziehen, ist auch hier die Summe dieser vier Wahrscheinlichkeiten.

$$W_{0B} = 0{,}012096774 + 0{,}064516129 + 0{,}064516129 + 0{,}241935483 = 0{,}383064515$$

Die *Summe* all dieser Wahrscheinlichkeiten aus fa) bis fc) ist gleich eins; sie ist die Summe der Wahrscheinlichkeiten aller Ausgänge des Baumdiagramms.

$$W(B \cap B) + W(B \cap A) + W(B \cap S) + W(A \cap B) + W(S \cap B) + W(A \cap A) + W(A \cap S) + W(S \cap A) + W(S \cap S)$$

$$= \frac{132}{992} + \frac{48}{992} + \frac{192}{992} + \frac{48}{992} + \frac{192}{992} + \frac{12}{992} + \frac{64}{992} + \frac{64}{992} + \frac{240}{992}$$

$$= \frac{992}{992} = 1$$

Lösung Aufgabe 7

zu a)

Der beschriebene Sachverhalt kann mit dem folgenden Baumdiagramm dargestellt werden:

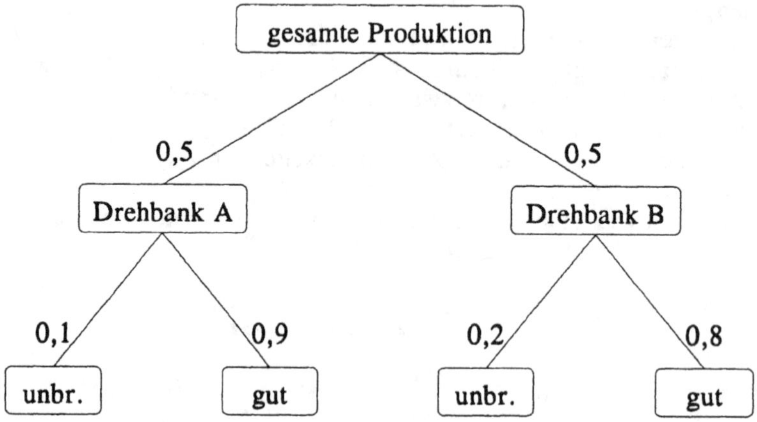

Die Wahrscheinlichkeit dafür, daß ein Teil auf Drehbank A produziert wird, ist mit W(A) bezeichnet und beträgt 0,5.

Die Wahrscheinlichkeit dafür, daß ein Teil auf Drehbank B produziert wird, ist mit W(B) bezeichnet und beträgt ebenfalls 0,5.

Die bedingte Wahrscheinlichkeit dafür, daß ein unbrauchbares Teil auf Drehbank A produziert wird, ist mit $W(U|A)$ bezeichnet und beträgt 0,1.

Die bedingte Wahrscheinlichkeit dafür, daß ein unbrauchbares Teil auf Drehbank B produziert wird, ist mit $W(U|B)$ bezeichnet und beträgt 0,2.

Der ***Lösungsweg*** setzt sich wie folgt zusammen:

1) Zunächst muß mit Hilfe des Satzes von der totalen Wahrscheinlichkeit die Wahrscheinlichkeit dafür ermittelt werden, daß ein hergestelltes Teil unbrauchbar ist.

   Dazu werden die Wahrscheinlichkeiten dafür, daß ein unbrauchbares Teil auf Drehbank A hergestellt wird, und dafür, daß ein unbrauchbares Teil auf Drehbank B hergestellt wird, addiert.

2) Dann muß mit Hilfe des Satzes von Bayes die Wahrscheinlichkeit ermittelt werden, daß ein zufällig aufgetretenes unbrauchbares Teil von Drehbank A stammt.

zu 1)

Die Wahrscheinlichkeit dafür, daß ein unbrauchbares Teil auf Drehbank A hergestellt wird, ist die Wahrscheinlichkeit $W(A \cap U)$ für das gleichzeitige Eintreten der Ereignisse A und U, die sich nach dem Multiplikationssatz berechnen läßt.

$W(A \cap U) = W(A) \cdot W(U \mid A) = 0{,}5 \cdot 0{,}1 = 0{,}05$

Die Wahrscheinlichkeit dafür, daß ein unbrauchbares Teil auf Drehbank B hergestellt wird, ist die Wahrscheinlichkeit $W(B \cap U)$ für das gleichzeitige Eintreten der Ereignisse B und U, die ebenso berechnet wird.

$W(B \cap U) = W(B) \cdot W(U \mid B) = 0{,}5 \cdot 0{,}2 = 0{,}1$

Die totale Wahrscheinlichkeit W(U), daß ein unbrauchbares Teil produziert wird, ist die Summe dieser beiden Wahrscheinlichkeiten.

$W(U) = W(A \cap U) + W(B \cap U) = 0{,}05 + 0{,}1 = 0{,}15$

Die Schnittmenge $(A \cap U) \cap (B \cap U)$ ist leer.

zu 2)

Der Anteil der von Drehbank A stammenden unbrauchbaren Teile an allen unbrauchbaren Teilen ergibt sich nach dem Satz von Bayes.

$$W(A \mid U) = \frac{W(A \cap U)}{W(U)} = \frac{0{,}5}{0{,}15} = \frac{1}{3}$$

Die Wahrscheinlichkeit, daß ein zufällig aufgetretenes unbrauchbares Teil von Drehbank A stammt, ist demnach 1/3.

zu b)

$W(A \cap U) = W(A) \cdot W(U \mid A) = 2/3 \cdot 0{,}1 = 2/30 = 1/15$

$W(B \cap U) = W(B) \cdot W(U \mid B) = 1/3 \cdot 0{,}2 = 1/60$

Die totale Wahrscheinlichkeit W(U), daß ein unbrauchbares Teil produziert wird, ist die Summe dieser beiden Wahrscheinlichkeiten.

$$W(U) = W(A \cap U) + W(B \cap U) = \frac{1}{15} + \frac{1}{60} = \frac{4}{60} + \frac{1}{60} = \frac{1}{12}$$

Die Wahrscheinlichkeit dafür, daß ein zufällig der gesamten Produktion entnommenes Teil unbrauchbar ist, beträgt 1/12.

Der Anteil der von Drehbank A stammenden unbrauchbaren Teile an allen unbrauchbaren Teilen ergibt sich nach dem Satz von Bayes.

$$W(A \mid U) = \frac{W(A \cap U)}{W(U)} = \frac{1}{15} : \frac{1}{12} = \frac{12}{15} = \frac{4}{5} = 0{,}8$$

Die Wahrscheinlichkeit dafür, daß ein zufällig aufgetretenes unbrauchbares Teil von Drehbank A stammt, ist 0,8. Für diese Überlegungen gilt der gleiche Ereignisbaum wie bei a) mit entsprechend anderen Werten.

Lösung Aufgabe 8

Der beschriebene Sachverhalt kann mit dem folgenden Baumdiagramm dargestellt werden.

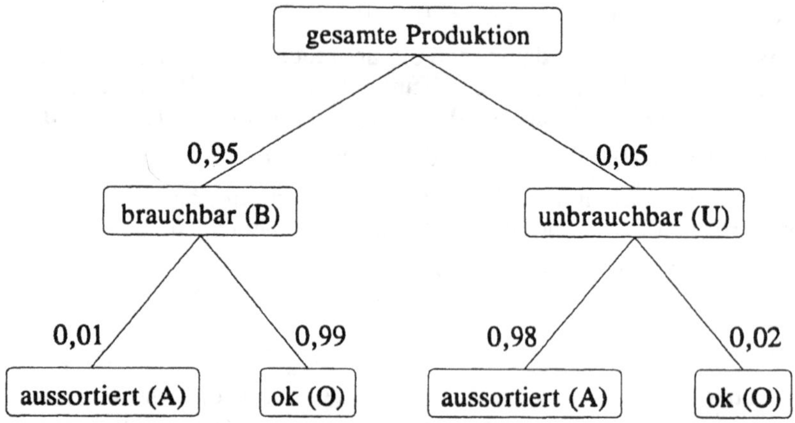

Die Wahrscheinlichkeit dafür, daß eine brauchbare Kugel produziert wird, ist mit W(B) bezeichnet und beträgt 0,95.

Die Wahrscheinlichkeit dafür, daß eine unbrauchbare Kugel produziert wird, ist mit W(U) bezeichnet und beträgt 0,05.

Die bedingte Wahrscheinlichkeit dafür, daß eine Kugel für brauchbar gehalten wird unter der Bedingung, daß sie brauchbar ist, wird mit $W(O|B)$ bezeichnet und beträgt 0,99.

Die bedingte Wahrscheinlichkeit dafür, daß eine Kugel für brauchbar gehalten wird unter der Bedingung, daß sie unbrauchbar ist, wird mit $W(O|U)$ bezeichnet und beträgt 0,02.

Der ***Lösungsweg*** setzt sich wie folgt zusammen:

1) Zunächst muß mit Hilfe des Satzes von der totalen Wahrscheinlichkeit die Wahrscheinlichkeit dafür ermittelt werden, daß eine Kugel für brauchbar gehalten wird.

   Dazu werden die Wahrscheinlichkeiten dafür, daß eine brauchbare Kugel für brauchbar gehalten wird, und dafür, daß eine unbrauchbare Kugel für brauchbar gehalten wird, addiert.

2) Dann muß mit Hilfe des Satzes von Bayes die Wahrscheinlichkeit dafür ermittelt werden, daß eine der für brauchbar gehaltenen Kugeln zu den irrtümlich für brauchbar gehaltenen und nicht zu den zu recht für brauchbar gehaltenen Kugeln gehört.

zu 1)

Die Wahrscheinlichkeit dafür, daß eine brauchbare Kugel für brauchbar gehalten wird, ist die "gemeinsame" Wahrscheinlichkeit $W(B \cap O)$ für das gleichzeitige Eintreten der Ereignisse B und O, die sich nach dem Multiplikationssatz berechnen läßt.

$W(B \cap O) = W(B) \cdot W(O \mid B) = 0{,}95 \cdot 0{,}99 = 0{,}9405$
Eine der Produktion zufällig entnommene Kugel ist mit einer Wahrscheinlichkeit von 0,9405 brauchbar und wird auch dafür gehalten.

Die Wahrscheinlichkeit dafür, daß eine unbrauchbare Kugel für brauchbar gehalten wird, ist die "gemeinsame" Wahrscheinlichkeit $W(U \cap O)$ für das gleichzeitige Eintreten der Ereignisse U und O.

$W(U \cap O) = W(U) \cdot W(O \mid U) = 0{,}05 \cdot 0{,}02 = 0{,}001$
Eine der Produktion zufällig entnommene Kugel ist mit einer Wahrscheinlichkeit von 0,001 unbrauchbar, wird aber irrtümlich für brauchbar gehalten.

$\Rightarrow \quad W(O) = W(B \cap O) + W(U \cap O) = 0{,}9405 + 0{,}001 = 0{,}9415$
Eine der Produktion zufällig entnommene Kugel wird mit einer Wahrscheinlichkeit von 0,9415 für brauchbar gehalten. (94,15 % aller Kugeln werden für brauchbar gehalten.)

zu 2)

Die Wahrscheinlichkeit dafür, daß eine für brauchbar gehaltene Kugel tatsächlich unbrauchbar ist, ist die bedingte Wahrscheinlichkeit $W(U \mid O)$ dafür, daß die Kugel unbrauchbar ist unter der Bedingung, daß sie für brauchbar gehalten wird. Es ist die bedingte Wahrscheinlichkeit für das Ereignis U unter der Bedingung des Ereignisses O. Sie kann mit Hilfe des Satzes von Bayes berechnet werden.

$$W(U \mid O) = \frac{W(U \cap O)}{W(O)} = \frac{0{,}001}{0{,}9415} = 0{,}001062134\ldots$$

Wird eine von den für brauchbar gehaltenen Kugeln zufällig entnommen, so ist sie mit einer Wahrscheinlichkeit von 0,001062134 tatsächlich unbrauchbar.
Anders ausgedrückt: Eine den für brauchbar gehaltenen zufällig entnommene Kugel ist mit einer Wahrscheinlichkeit von 0,1062134... % tatsächlich unbrauchbar. Oder: Mit einer Wahrscheinlichkeit von 0,1062134 % ist eine für brauchbar gehaltene Kugel tatsächlich unbrauchbar.

Lösung Aufgabe 9

zu a)

Der beschriebene Sachverhalt kann in dem folgenden Baumdiagramm dargestellt werden.

Das Ereignis, daß die ideale Münze gezogen wird, heiße I.
Das Ereignis, daß die "Zahl–Münze" gezogen wird, heiße B.
Das Ereignis, daß die manipulierte Münze gezogen wird, heiße M.
Das Ereignis, daß Wappen fällt, heiße W.
Das Ereignis, daß Zahl fällt, heiße Z.

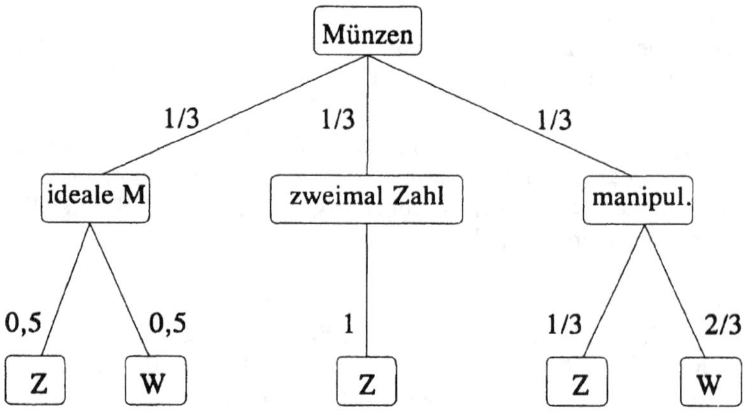

Die Wahrscheinlichkeit dafür, daß die ideale Münze gezogen wird, ist mit W(I) bezeichnet und beträgt 1/3.

Die Wahrscheinlichkeit dafür, daß die Münze mit Zahl auf beiden Seiten gezogen wird, ist mit W(B) bezeichnet und beträgt 1/3.

Die Wahrscheinlichkeit dafür, daß die manipulierte Münze gezogen wird, ist mit W(M) bezeichnet und beträgt 1/3.

Die bedingte Wahrscheinlichkeit dafür, daß Zahl geworfen wird unter der Bedingung, daß die ideale Münze gezogen wurde, wird mit $W(Z \mid I)$ bezeichnet und beträgt 1/2.

Die bedingte Wahrscheinlichkeit dafür, daß Zahl geworfen wird unter der Bedingung, daß die Münze mit zweimal Zahl gezogen wurde, wird mit $W(Z \mid B)$ bezeichnet und beträgt 1.

Die bedingte Wahrscheinlichkeit dafür, daß Zahl geworfen wird unter der Bedingung, daß die manipulierte Münze gezogen wurde, wird mit $W(Z \mid M)$ bezeichnet und beträgt 1/3.

zu aa)

Zunächst muß mit Hilfe des Satzes von der totalen Wahrscheinlichkeit die Wahrscheinlichkeit dafür ermittelt werden, daß Zahl geworfen wird.

Die Wahrscheinlichkeit dafür, daß Zahl mit der idealen Münze geworfen wird, ist die "gemeinsame" Wahrscheinlichkeit $W(I \cap Z)$ für das gleichzeitige Eintreten der Ereignisse I und Z, die sich nach dem Multiplikationssatz berechnen läßt.

$$W(I \cap Z) = W(I) \cdot W(Z \mid I) = 1/3 \cdot 1/2 = 1/6$$

Die Wahrscheinlichkeit dafür, daß Zahl mit der "Zahl–Münze" geworfen wird, ist die "gemeinsame" Wahrscheinlichkeit $W(B \cap Z)$ für das gleichzeitige Eintreten der Ereignisse B und Z.

$$W(B \cap Z) = W(B) \cdot W(Z \mid B) = 1/3 \cdot 1 = 1/3$$

Die Wahrscheinlichkeit dafür, daß Zahl mit der manipulierten Münze geworfen wird, ist die "gemeinsame" Wahrscheinlichkeit $W(M \cap Z)$ für das gleichzeitige Eintreten der Ereignisse M und Z.

$$W(M \cap Z) = W(M) \cdot W(Z \mid M) = 1/3 \cdot 1/3 = 1/9$$

Die totale Wahrscheinlichkeit, Zahl zu werfen, ist dann W(Z); sie ergibt sich nach dem Additionssatz für "Oder"–Wahrscheinlichkeiten.

$$\begin{aligned} W(Z) &= W(I \cap Z) + W(B \cap Z) + W(M \cap Z) \\ &= 1/6 + 1/3 + 1/9 = 11/18 = 0{,}61\ldots \end{aligned}$$

Die Wahrscheinlichkeit, bei diesem zweistufigen Zufallsexperiment Zahl zu werfen, ist 61,1... %.

Anders ausgedrückt: Wenn die Anzahl der Versuche genügend groß ist, wird bei 61,1... % aller Versuche Zahl geworfen.

(Oder: Wenn man dieses Zufallsexperiment 10000–mal durchführt, erzielt man etwa 6111–mal Zahl.)

zu ab)

Nun geht es aber um die Wahrscheinlichkeit dafür, daß die Münze, die nach dem Wurf Zahl zeigt, die ideale Münze ist. Es geht um die "Zahl-Würfe", die auf die ideale Münze zurückzuführen sind.

Es geht um die Wahrscheinlichkeit $W(I \mid Z)$, die mit Hilfe des Satzes von Bayes berechnet werden kann.

$$\begin{aligned} W(I \mid Z) &= \frac{W(I \cap Z)}{W(I \cap Z) + W(B \cap Z) + W(M \cap Z)} = \frac{W(I) \cdot W(Z \mid I)}{W(Z)} \\ &= \frac{1/6}{11/18} = \frac{18}{66} = \frac{3}{11} = 0{,}2727\ldots = 27{,}2727\ldots\ \% \end{aligned}$$

zu b)

zu ba)

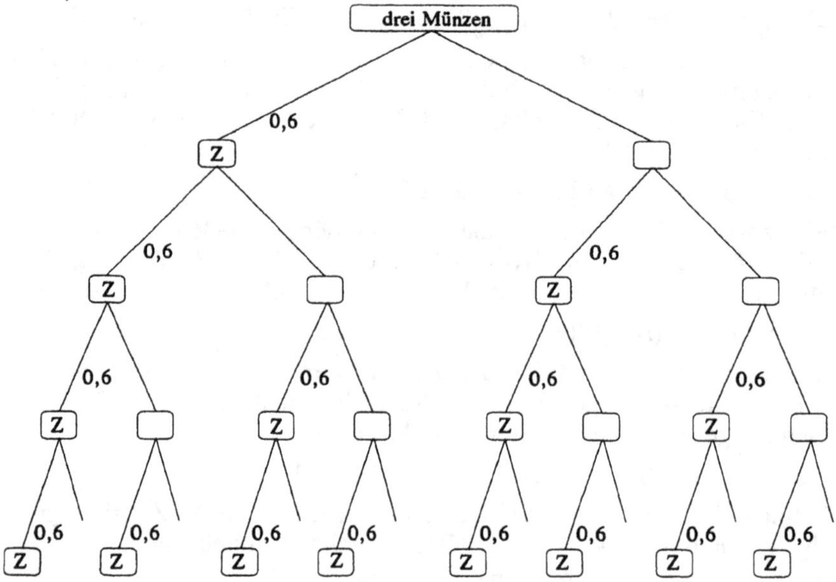

zu bb)

In dem obigen Baumdiagramm
gibt es *einen* Pfad mit viermal Zahl, d. h. X = 4.
W(X = 4) = *1* · (0,6 · 0,6 · 0,6 · 0,6) = $0{,}6^4$ = 0,1296

Es gibt *vier* Pfade mit dreimal Zahl, d. h. X = 3.
W(X = 3) = *4* · (0,6 · 0,6 · 0,6 · 0,4) = 4 · $0{,}6^3$ · 0,4 = 0,3456
An jedem dieser vier Pfade stehen dreimal der Faktor 0,6 und einmal der Faktor 0,4; die Reihenfolge ist unerheblich.

Es gibt *sechs* Pfade mit zweimal Zahl, d. h. X = 2.
W(X = 2) = *6* · (0,6 · 0,6 · 0,4 · 0,4) = 6 · $0{,}6^2$ · $0{,}4^2$ = 0,3456

Es gibt *vier* Pfade mit einmal Zahl, d. h. X = 1.
W(X = 1) = *4* · (0,6 · 0,4 · 0,4 · 0,4) = 6 · 0,6 · $0{,}4^3$ = 0,1536

Es gibt *einen* Pfad ganz ohne Zahl, d. h. X = 0.
W(X = 0) = *1* · (0,4 · 0,4 · 0,4 · 0,4) = 1 · $0{,}4^4$ = 0,0256

Diese Wahrscheinlichkeiten sind in der folgenden Tabelle zusammengestellt und addiert.

X = k	W(X = k)
0	0,0256
1	0,1536
2	0,3456
3	0,3456
4	0,1296
	1,0000

zu bc)

Wenn diese Zufallsvariable binomialverteilt ist, dann lassen sich die oben ermittelten Wahrscheinlichkeiten auch mit Hilfe der Formel für die Binomialverteilung berechnen.

$W(X = k) = \binom{n}{k} \cdot p^k \cdot q^{n-k}$, wobei $q = 1 - p$

und $n = 4$ und $p = 0{,}6$ und $q = 0{,}4$ und $k \in \{ 0; 1; 2; 3; 4 \}$

$W(X = 0) = \binom{4}{0} \cdot 0{,}6^0 \cdot 0{,}4^4 = 0{,}0256$

$W(X = 1) = \binom{4}{1} \cdot 0{,}6^1 \cdot 0{,}4^3 = 0{,}1536$

$W(X = 2) = \binom{4}{2} \cdot 0{,}6^2 \cdot 0{,}4^2 = 0{,}3456$

$W(X = 3) = \binom{4}{3} \cdot 0{,}6^3 \cdot 0{,}4^1 = 0{,}3456$

$W(X = 4) = \binom{4}{4} \cdot 0{,}6^4 \cdot 0{,}4^0 = 0{,}1296$

Die Summe dieser Wahrscheinlichkeiten ist gleich eins. Die einzelnen Summanden – die einzelnen Wahrscheinlichkeiten – ergeben sich beim Ausmultiplizieren der vierten Potenz des Binoms (0,4 + 0,6).

$\Sigma\, W(X = k)$

$= W(X = 0) + W(X = 1) + W(X = 2) + W(X = 3) + W(X = 4)$

$= (0{,}4 + 0{,}6)^4$

$= 0{,}4^4 + 4 \cdot 0{,}4^3 \cdot 0{,}6 + 6 \cdot 0{,}4^2 \cdot 0{,}6^2 + 4 \cdot 0{,}4 \cdot 0{,}6^3 + 0{,}6^4$

$= (0{,}4 + 0{,}6)^4 = 1^4 = 1$

Lösung Aufgabe 10

zu a)

Baumdiagramm für das Prüfverfahren

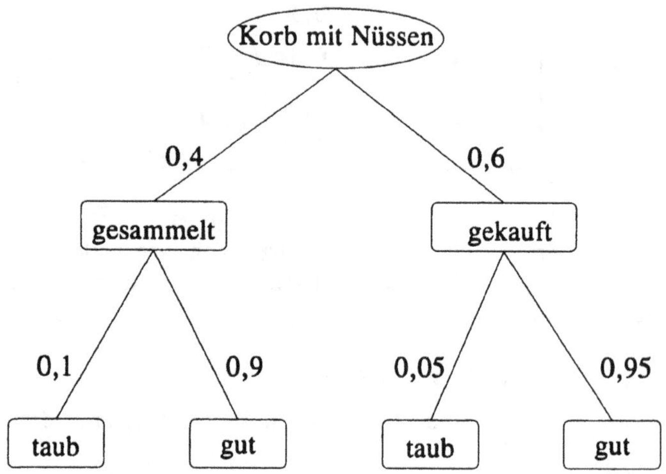

zu aa)

$W(\text{gesammelt} \cap \text{taub}) = W(\text{gesammelt}) \cdot W(\text{taub} \mid \text{gesammelt})$
$W(\text{gesammelt}) = 0{,}4$ und $W(\text{taub} \mid \text{gesammelt}) = 0{,}1$
$W(\text{gesammelt} \cap \text{taub}) = 0{,}4 \cdot 0{,}1 = 0{,}04$

Die Wahrscheinlichkeit dafür, daß eine zufällig entnommene Nuß gesammelt und taub ist, macht 0,04 aus, das sind 4 %.

zu ab)

$W(\text{gekauft} \cap \text{taub}) = W(\text{gekauft}) \cdot W(\text{taub} \mid \text{gekauft})$
$W(\text{gekauft}) = 0{,}6$ und $W(\text{taub} \mid \text{gekauft}) = 0{,}05$
$W(\text{gekauft} \cap \text{taub}) = 0{,}6 \cdot 0{,}05 = 0{,}03$

Die Wahrscheinlichkeit dafür, daß eine zufällig entnommene Nuß gekauft und taub ist, macht 0,03 aus, das sind 3 %.

zu b)

zu ba)

Die Wahrscheinlichkeit dafür, daß eine zufällig entnommene Nuß taub, also entweder gesammelt und taub oder gekauft und taub ist, ist W(taub).

$$W(\text{taub}) = W(\text{gesammelt} \cap \text{taub}) + W(\text{gekauft} \cap \text{taub}) = 0{,}04 + 0{,}03 = 0{,}07$$

Dieser Sachverhalt heißt Satz von der totalen Wahrscheinlichkeit.

zu bb)

Die gesuchte Wahrscheinlichkeit ergibt sich nach dem Satz von Bayes.

$$W(\text{gesammelt} \mid \text{taub}) = \frac{W(\text{gesammelt} \cap \text{taub})}{W(\text{gesammelt} \cap \text{taub}) + W(\text{gekauft} \cap \text{taub})}$$

$$= \frac{W(\text{gesammelt}) \cdot W(\text{taub} \mid \text{gesammelt})}{W(\text{taub})} = \frac{0{,}04}{0{,}07} = 0{,}571428\ldots$$

Der Anteil der selbst gesammelten unter den tauben Nüssen ist 0,5714. Die selbst gesammelten unter den tauben Nüssen machen 57,14 % aus.

zu c)

zu ca)

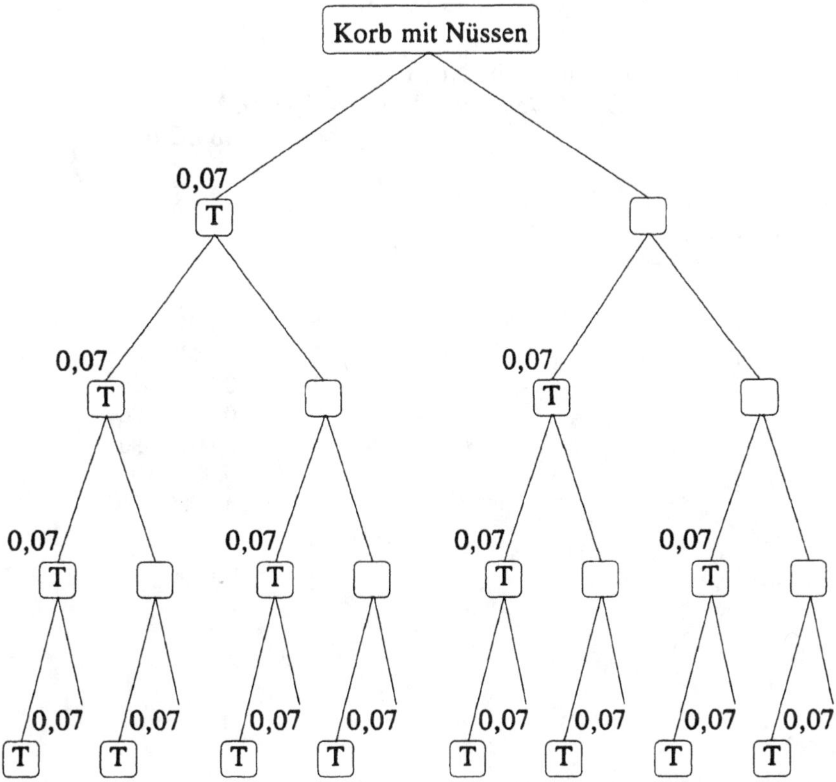

zu cb)

In dem obigen Ereignisbaum
gibt es *einen* Pfad für vier taube Nüsse, d. h. X = 4.

$W(X = 4) = \mathit{1} \cdot (0{,}07 \cdot 0{,}07 \cdot 0{,}07 \cdot 0{,}07) = 0{,}07^4$
$= 0{,}00002401$

Es gibt *vier* Pfade für drei taube Nüsse, d. h. X = 3.

$W(X = 3) = \mathit{4} \cdot (0{,}07 \cdot 0{,}07 \cdot 0{,}07 \cdot 0{,}93) = 4 \cdot 0{,}07^3 \cdot 0{,}93$
$= 0{,}00127596$

Es gibt *sechs* Pfade für zwei taube Nüsse, d. h. X = 2.

$W(X = 2) = \mathit{6} \cdot (0{,}07 \cdot 0{,}07 \cdot 0{,}93 \cdot 0{,}93) = 6 \cdot 0{,}07^2 \cdot 0{,}93^2$
$= 0{,}02542806$

Es gibt *vier* Pfade für eine taube Nuß, d. h. X = 1.

$W(X = 1) = \mathit{4} \cdot (0{,}07 \cdot 0{,}93 \cdot 0{,}93 \cdot 0{,}93) = 6 \cdot 0{,}07 \cdot 0{,}93^3$
$= 0{,}22521996$

Es gibt *einen* Pfad für null taube Nüsse, d. h. X = 0.

$W(X = 0) = \mathit{1} \cdot (0{,}93 \cdot 0{,}93 \cdot 0{,}93 \cdot 0{,}93) = 1 \cdot 0{,}93^4$
$= 0{,}74805201$

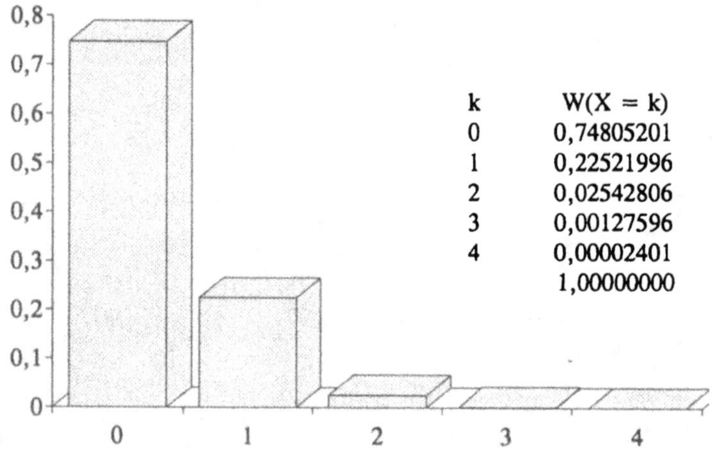

k	W(X = k)
0	0,74805201
1	0,22521996
2	0,02542806
3	0,00127596
4	0,00002401
	1,00000000

zu cc)

Wenn diese Zufallsvariable binomialverteilt ist, dann lassen sich die oben ermittelten Wahrscheinlichkeiten auch mit Hilfe der Formel für die Binomialverteilung berechnen.

$W(X = k) = \binom{n}{k} \cdot p^k \cdot q^{n-k}$, wobei $q = 1 - p$

und $n = 4$ und $p = 0{,}07$ und $q = 0{,}93$

$$W(X = 0) = \binom{4}{0} \cdot 0{,}07^0 \cdot 0{,}93^4 = 0{,}74805201$$

$$W(X = 1) = \binom{4}{1} \cdot 0{,}07^1 \cdot 0{,}93^3 = 0{,}22521996$$

$$W(X = 2) = \binom{4}{2} \cdot 0{,}07^2 \cdot 0{,}93^2 = 0{,}02542806$$

$$W(X = 3) = \binom{4}{3} \cdot 0{,}07^3 \cdot 0{,}93^1 = 0{,}00127596$$

$$W(X = 4) = \binom{4}{4} \cdot 0{,}07^4 \cdot 0{,}93^0 = 0{,}00002401$$

Die Summe dieser Wahrscheinlichkeiten ist gleich eins. Die einzelnen Summanden ergeben sich beim Ausmultiplizieren der vierten Potenz des Binoms (0,93 + 0,07).

$\Sigma\, W(X = k)$

$= W(X = 0) + W(X = 1) + W(X = 2) + W(X = 3) + W(X = 4)$

$= (0{,}93 + 0{,}07)^4$

$= 0{,}93^4 + 4 \cdot 0{,}93^3 \cdot 0{,}07 + 6 \cdot 0{,}93^2 \cdot 0{,}07^2 + 4 \cdot 0{,}93 \cdot 0{,}07^3 + 0{,}07^4$

$= (0{,}93 + 0{,}07)^4 = 1^4 = 1$

Lösung Aufgabe 11

X ist die Zufallsvariable für die Anzahl roter Kugeln in der Stichprobe; sie kann die ganzzahligen Werte von null bis acht annehmen. Das heißt, es kann sein, daß in der Stichprobe keine rote Kugel zu finden ist oder eine oder zwei oder ...
Die Definitionsmenge ist deshalb $D = \{0; 1; 2; 3; 4; 5; 6; 7; 8\}$.

X ist binomialverteilt mit $n = 8$ und $p = 0{,}25$.

Die Wahrscheinlichkeitsfunktion ordnet jedem möglichen Wert k, den X annehmen kann, die entsprechende Wahrscheinlichkeit $W(X = k)$ zu.

$$W(X = k) = \binom{8}{k} \cdot 0{,}25^k \cdot 0{,}75^{8-k}$$

Diese Wahrscheinlichkeiten sind in der folgenden Tabelle zusammengestellt. Die dritte Spalte in dieser Tabelle enthält die kumulierten Wahrscheinlichkeiten, die die Verteilungsfunktion der Zufallsvariablen X bilden.

X = k	W(X = k)	W(X ≤ k)
0	0,1001129	0,1001129
1	0,2669677	0,3670806
2	0,3114624	0,6785430
3	0,2076416	0,8861846
4	0,0865173	0,9727020
5	0,0230712	0,9957733
6	0,0038452	0,9996185
7	0,0003662	0,9999847
8	0,0000152	1,0000000

Im folgenden Diagramm ergeben die Frontflächen der ersten *drei* Säulen (für k = 0, für k = 1 und für k = 2) die Wahrscheinlichkeit W(X ≤ 2) dafür, daß nicht mehr als zwei, also höchstens zwei rote Kugeln in der Stichprobe sind.

Die Frontfläche der fünften Säule, nämlich für k = 4, ergibt die Wahrscheinlichkeit W(X = 4) dafür, daß genau vier rote Kugeln in der Stichprobe sind.

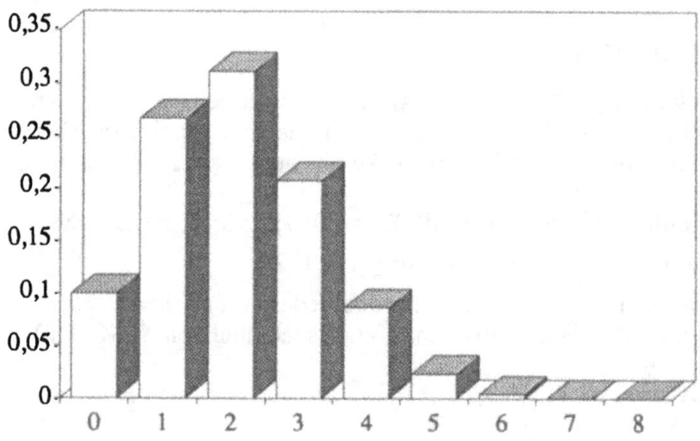

Lösung Aufgabe 12

zu a)

In dem Baumdiagramm für dieses Zufallsexperiment – jemand kauft nacheinander fünfmal ein Los – gibt es einen Pfad, der nur für das zweite und für das vierte Los einen Gewinn vorsieht. Die Wahrscheinlichkeit, diesen Pfad zu durchlaufen, ergibt sich nach dem Multiplikationssatz als das Produkt der an den fünf Teilstrecken angegebenen Wahrscheinlichkeiten.

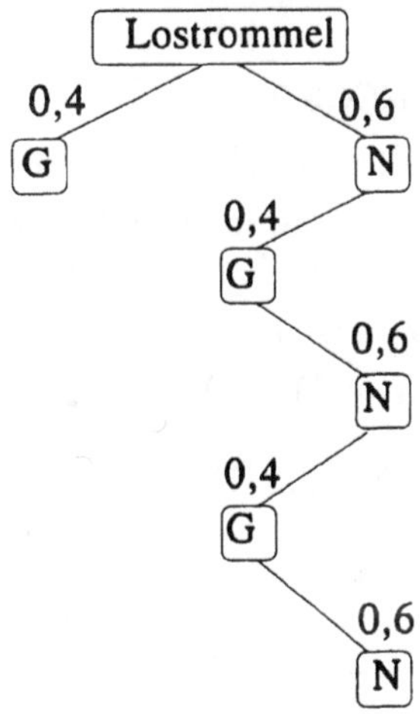

Die Wahrscheinlichkeit für dieses Ereignis ist $W(N \cap G \cap N \cap G \cap N)$
$= 0{,}6 \cdot 0{,}4 \cdot 0{,}6 \cdot 0{,}4 \cdot 0{,}6 = 0{,}6^3 \cdot 0{,}4^2 = 0{,}03456.$

zu b)

Für die Anzahl der Gewinne unter den fünf gekauften Losen steht die Zufallsvariable X, die binomialverteilt ist mit n = 5 und p = 0,4. Denn die Grundwahrscheinlichkeit für einen Gewinn ist 40 %.

$$W(X = k) = \binom{5}{k} \cdot 0{,}4^k \cdot 0{,}6^{5-k}$$

$$W(X = 2) = \binom{5}{2} \cdot 0{,}4^2 \cdot 0{,}6^{5-2}$$

$$= 10 \cdot 0{,}4^2 \cdot 0{,}6^3 = 10 \cdot 0{,}03456 = 0{,}3456$$

(nicht mit dem Ergebnis aus a) verwechseln!)

Dieses Ergebnis läßt sich folgendermaßen veranschaulichen: Würde dieses Zufallsexperiment – jemand kauft nacheinander fünfmal ein Los – 10000–mal durchgeführt, dann wären in 3456 Fällen zwei Gewinne unter den fünf gekauften Losen.

$\binom{5}{2} = 10$ bedeutet: In dem Ereignisbaum dieses Zufallsexperiments finden sich insgesamt zehn Pfade, auf denen irgendwo zwei Gewinne auftauchen – nicht mehr und nicht weniger. Darunter ist auch der oben in Teil a) erwähnte Pfad.

Auf all diesen zehn Pfaden tauchen auf den Teilstrecken dreimal die Einzelwahrscheinlichkeit 0,6 für eine Niete und zweimal die Einzelwahrscheinlichkeit 0,4 für einen Gewinn auf, nur jedesmal in anderer Reihenfolge. Aber jedesmal ist die Wahrscheinlichkeit, den Pfad ganz zu durchlaufen, $0{,}4^2 \cdot 0{,}6^3 = 0{,}03456$.

zu c)

Gesucht ist die Wahrscheinlichkeit $W(X \geq 3)$.

$W(X \geq 3) = W(X = 3) + W(X = 4) + W(X = 5)$

Dasselbe Ergebnis läßt sich aber auch dadurch erreichen, daß die Gegenwahrscheinlichkeit berechnet und das Komplement zu eins gebildet wird.

$W(X \geq 3) = 1 - W(X < 3) = 1 - W(X \leq 2)$

$$W(X \leq 2) = W(X = 0) + W(X = 1) + W(X = 2)$$

$$W(X = 0) = \binom{5}{0} \cdot 0{,}4^0 \cdot 0{,}6^{5-0} = 0{,}07776$$

$$W(X = 1) = \binom{5}{1} \cdot 0{,}4^1 \cdot 0{,}6^{5-1} = 0{,}2592$$

$$W(X = 2) = \binom{5}{2} \cdot 0{,}4^2 \cdot 0{,}6^{5-2} = 0{,}3456$$

$W(X \leq 2) = 0{,}68256$

$W(X \geq 3) = 1 - W(X \leq 2) = 1 - 0{,}68256 = 0{,}31744$

Mit einer Wahrscheinlichkeit von 0,31744 sind unter den fünf gekauften Losen mindestens drei Gewinne.

zu d)

	Wahrscheinlichkeits-funktion	Verteilungs-funktion	
X=k	W(X = k)	W(X ≤ k)	p = 0,4
0	0,07776	0,07776	
1	0,2592	0,33696	
2	0,3456	0,68256	
3	0,2304	0,91296	
4	0,0768	0,98976	
5	0,01024	1,00000	

Die folgende Graphik zeigt die ***Wahrscheinlichkeits***funktion als "Histogramm".

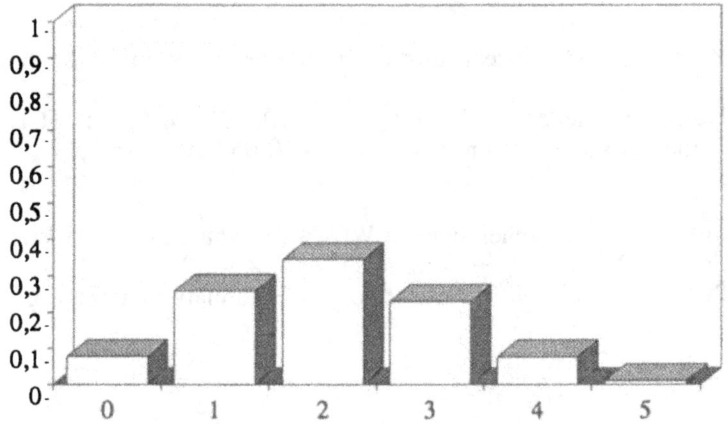

Die nächste Graphik zeigt die ***Verteilungs***funktion als "Histogramm".

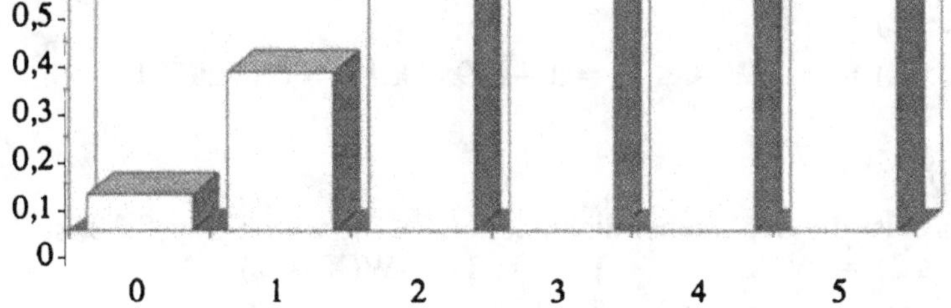

Lösung Aufgabe 13

zu a)

Die Zufallsvariable X steht für die Anzahl der Nieten in der Stichprobe von 16 Losen.
Die Definitionsmenge ist die Menge D = {0; 1; 2; 3; 4; ...; 15; 16}.
X ist binomialverteilt mit n = 16 und p = 0,05 bzw. p = 0,10.

zu b)

Gefragt ist die Wahrscheinlichkeit $W(X \leq 2)$, wobei p = 0,05 ist.
$W(X \leq 2) = W(X = 0) + W(X = 1) + W(X = 2)$
Die Berechnung mit Hilfe der Formel der Binomialverteilung ergibt:

X=k	W(X = k)	p = 0,05
0	0,4401266	
1	0,3706329	
2	0,1463024	
	0,9570619	

$W(X \leq 2) = 0{,}9570619$

Die Wahrscheinlichkeit, nicht mehr als zwei Nieten unter den 16 gezogenen Losen zu haben, ist 95,70619 %.

zu c)

Auch wenn die Behauptung des Schaustellers zutrifft, ist es nicht auszuschließen, daß mehr als zwei Nieten in der Stichprobe sind. Die Wahrscheinlichkeit dafür ist $W(X > 2)$, also die Gegenwahrscheinlichkeit zu $W(X \leq 2)$.

$W(X > 2) = 1 - W(X \leq 2) = 1 - 0{,}9570619 = 0{,}0429381$

zu d)
zu da)

Gefragt ist die Wahrscheinlichkeit $W(X \leq 2)$, wobei p = 0,10 ist.
$W(X \leq 2) = W(X = 0) + W(X = 1) + W(X = 2)$

X=k	W(X = k)	p = 0,10
0	0,1853020	
1	0,3294258	
2	0,2745215	
	0,7892493	

$W(X \leq 2) = 0{,}7892493$

Auch wenn der Schausteller blufft, ist es sehr wohl möglich, daß sich nicht mehr als zwei Nieten in der Stichprobe befinden.

zu db)

Wenn der Schausteller blufft, ist es viel eher möglich, daß mehr als zwei Nieten in der Stichprobe sind. Die Wahrscheinlichkeit dafür ist $W(X > 2)$, also die Gegenwahrscheinlichkeit zu $W(X \leq 2)$.

$W(X > 2) = 1 - W(X \leq 2) = 1 - 0{,}7892493 = 0{,}2107507$

Wenn der Schausteller blufft, ist es etwa "fünfmal wahrscheinlicher", mehr als zwei Nieten in der Stichprobe zu haben.

Lösung Aufgabe 14

Die Zufallsvariable X steht für die Anzahl grüner Elemente unter den 18 Elementen in der Stichprobe. X ist binomialverteilt.
Die Definitionsmenge ist die Menge $D = \{0; 1; 2; 3; 4; \ldots; 17; 18\}$.

Die Hypothese H lautet: Der Anteil grüner Elemente ist 8 %.
Die Alternative A lautet: Der Anteil grüner Elemente ist 15 %.

Einen Fehler erster Art begeht man dann, wenn man bei Gültigkeit der Hypothese – der Anteil grüner Elemente ist tatsächlich 8 % – aufgrund einer Stichprobe mit mehr als drei grünen Elementen zu dem Schluß kommt, daß die Alternative gilt, daß nämlich der Anteil grüner Elemente in der Grundgesamtheit 15 % ausmacht.

Die Wahrscheinlichkeit eines Fehlers erster Art ist die Wahrscheinlichkeit einer Stichprobe mit mehr als drei grünen Elementen, also $W(X > 3)$, für den Fall, daß $p = 0{,}08$ ist.

$W(X > 3) = 1 - W(X \leq 3)$
$W(X \leq 3) = W(X = 0) + W(X = 1) + W(X = 2) + W(X = 3)$

Die Berechnung mit Hilfe der Formel der Binomialverteilung ergibt:

X=k	W(X = k)	p = 0,08
0	0,2229363	
1	0,3489438	
2	0,2579150	
3	0,1196127	
	0,9494078	

$W(X > 3) = 1 - 0{,}9494078 = 0{,}0505922$

Die Wahrscheinlichkeit eines Fehlers erster Art ist 5,05922 %.

In dem folgenden Diagramm ist die Wahrscheinlichkeitsfunktion bei Gültigkeit der Hypothese dargestellt. Auf die Darstellung der Wahrscheinlichkeiten für größere k–Werte als zehn wurde verzichtet; sie sind praktisch gleich null.

In diesem Diagramm entsprechen die Frontflächen der ersten vier Säulen der Annahmewahrscheinlichkeit 0,9494078. Die Frontflächen der Säulen für größere k–Werte als drei entsprechen der Wahrscheinlichkeit für einen Fehler erster Art.

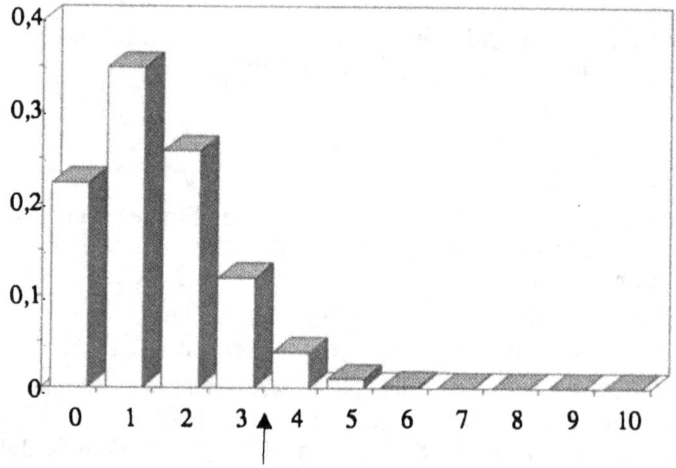

Einen Fehler zweiter Art begeht man dann, wenn man bei Gültigkeit der Alternative – der Anteil grüner Elemente ist tatsächlich 15 % – aufgrund einer Stichprobe mit bis zu drei grünen Elementen zu dem Schluß kommt, daß die Hypothese gilt, daß nämlich der Anteil grüner Elemente in der Grundgesamtheit 8 % ausmacht.

Die Wahrscheinlichkeit eines Fehlers zweiter Art ist die Wahrscheinlichkeit einer Stichprobe mit bis zu drei grünen Elementen, also $W(X \leq 3)$, falls $p = 0{,}15$ ist.

$$W(X \leq 3) = W(X = 0) + W(X = 1) + W(X = 2) + W(X = 3)$$

X=k	W(X = k)	p = 0,15
0	0,0536464	
1	0,1704062	
2	0,2556093	
3	0,2405735	
	0,7202354	

$W(X \leq 3) = 0{,}7202354$

Die Wahrscheinlichkeit eines Fehlers zweiter Art ist 72,02354 %.

Im folgenden Diagramm ist die Wahrscheinlichkeitsfunktion bei Gültigkeit der Alternative dargestellt.

In diesem Diagramm entsprechen die Frontflächen der ersten vier Säulen der Wahrscheinlichkeit 0,7202354 für einen Fehler zweiter Art.
Die Frontflächen der Säulen für größere k–Werte als drei sind gleich der Annahmewahrscheinlichkeit für die Alternative.

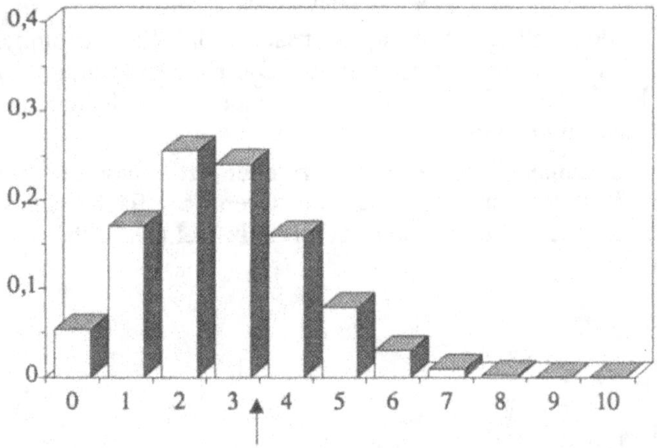

Im nächsten Diagramm sind die beiden vorherigen zu einer Darstellung zusammengefaßt. Die weißen Säulen stellen die Wahrscheinlichkeitsfunktion bei Gültigkeit der Hypothese dar, die grauen Säulen die Wahrscheinlichkeitsfunktion bei Gültigkeit der Alternative.

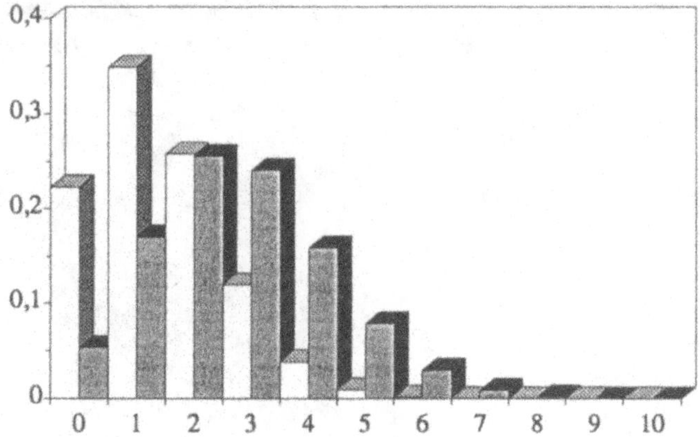

Wenn in einem anderen Fall bei unveränderter Hypothese die *Alternative* lauten würde, der Anteil grüner Elemente mache 25 % aus, ergäbe sich das folgende Diagramm, in dem der Unterschied zwischen Hypothese und Alternative deutlicher ist.

Die weißen Säulen stellen mit ihren Frontflächen die Wahrscheinlichkeitsfunktion bei Gültigkeit der Hypothese dar. Die Frontflächen der Säulen für größere k-Werte als drei machen relativ wenig aus; sie bedeuten die Wahrscheinlichkeit für einen Fehler erster Art.

Die grauen Säulen stellen mit ihren Frontflächen die Wahrscheinlichkeitsfunktion bei Gültigkeit der Alternative dar. Die Frontflächen der Säulen für größere k-Werte als drei machen relativ viel aus; sie bedeuten die Annahmewahrscheinlichkeit der Alternative.

Die Wahrscheinlichkeit für einen Fehler zweiter Art ist von den grauen Säulen für k-Werte bis zu drei dargestellt, deren Frontflächen im Vergleich zum Fehler erster Art immer noch relativ viel ausmachen.

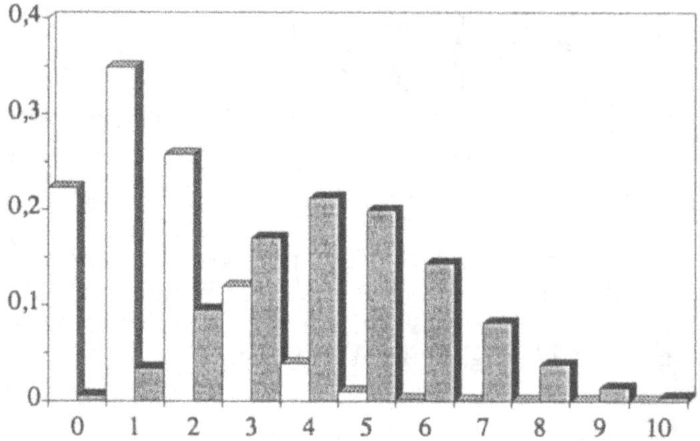

Lösung Aufgabe 15

zu a)

Die Zufallsvariable X steht für die Anzahl unbrauchbarer Schrauben unter den 20 Schrauben in der Stichprobe. X ist binomialverteilt.
Die Definitionsmenge ist die Menge $D = \{0; 1; 2; 3; 4; \ldots; 19; 20\}$.

Die Hypothese H lautet: Der Anteil unbrauchbarer Schrauben ist 4 %.
Die Alternative A lautet: Der Anteil unbrauchbarer Schrauben ist 9 %.

zu b)

Einen Fehler erster Art begeht man dann, wenn man bei Gültigkeit der Hypothese – der Anteil unbrauchbarer Schrauben ist tatsächlich 4 % – aufgrund einer Stichprobe mit mehr als zwei unbrauchbaren Schrauben zu dem Schluß kommt, daß die Alternative gilt, daß nämlich der Anteil unbrauchbarer Schrauben in der Lieferung 9 % ausmacht.

Die Wahrscheinlichkeit eines Fehlers erster Art ist die Wahrscheinlichkeit einer Stichprobe mit mehr als zwei unbrauchbaren Schrauben, nämlich $W(X > 2)$.

$W(X > 2) = 1 - W(X \leq 2)$

$W(X \leq 2) = W(X = 0) + W(X = 1) + W(X = 2)$

Diese Wahrscheinlichkeiten werden mit Hilfe der Formel der Binomialverteilung berechnet.

X=k	W(X = k)	p = 0,04
0	0,4420024	
1	0,3683353	
2	0,1457994	
	0,9561371	

$W(X > 2) = 1 - 0{,}9561371 = 0{,}0438629$

Die Wahrscheinlichkeit eines Fehlers erster Art ist 4,38629 %.

Das Risiko besteht für Gewinder darin, daß eine Lieferung abgelehnt wird, obwohl der Ausschußanteil nur 4 % beträgt. Auch dann ist es ja nicht unwahrscheinlich, eine Stichprobe mit mehr als zwei unbrauchbaren Schrauben zu ziehen. Das Risiko ist mit 4,38629 % relativ gering.

zu c)

Einen Fehler zweiter Art begeht man dann, wenn man bei Gültigkeit der Alternative - der Anteil unbrauchbarer Schrauben ist tatsächlich 9 % – aufgrund einer Stichprobe mit bis zu zwei unbrauchbaren Schrauben zu dem Schluß kommt, daß die Hypothese gilt, daß nämlich der Anteil unbrauchbarer Schrauben in der Lieferung 4 % ausmacht.

$W(X \leq 2) = W(X = 0) + W(X = 1) + W(X = 2)$

Auch diese Wahrscheinlichkeiten werden mit Hilfe der Binomialverteilung ermittelt.

X=k	W(X = k)	p = 0,09
0	0,1516449	
1	0,2999569	
2	0,2818177	
	0,7334295	

$W(X \leq 2) = 0,7334295$

Die Wahrscheinlichkeit eines Fehlers zweiter Art ist 73,34295 %.

Das Risiko besteht für Schraber darin, daß eine Lieferung akzeptiert wird, obwohl der Anteil unbrauchbarer Schrauben 9 % ausmacht; es ist mit 73,34 % relativ hoch. Trotz des höheren Anteils unbrauchbarer Schrauben ist es "recht wahrscheinlich", eine Stichprobe mit weniger als drei unbrauchbaren Schrauben zu ziehen.

Lösung Aufgabe 16

zu a)

Die Zufallsvariable X steht für die Anzahl weißer Kugeln unter den 22 Kugeln in der Stichprobe. X ist binomialverteilt.
Die Definitionsmenge ist die Menge D = {0; 1; 2; 3; 4; ...; 21; 22}.

Die Hypothese H lautet: Der Anteil weißer Kugeln ist 12 %. $p = 0{,}12$
Die Alternative A lautet: Der Anteil weißer Kugeln ist 20 %. $p^* = 0{,}20$

zu b)

Einen Fehler erster Art begeht man dann, wenn man bei Gültigkeit der Hypothese (der Anteil weißer Kugeln ist tatsächlich 12 %) aufgrund einer Stichprobe mit mehr als fünf weißen Kugeln – eine solche Stichprobe kann ja durchaus vorkommen – zu dem Schluß kommt, daß die Alternative gilt, daß nämlich der Anteil weißer Kugeln in der Grundgesamtheit 20 % ausmacht.

Die Wahrscheinlichkeit eines Fehlers erster Art ist die Wahrscheinlichkeit einer Stichprobe mit mehr als fünf weißen Kugeln, wenn $p = 0{,}12$ ist. Die Berechnung erfolgt mit Hilfe der Binomialverteilung.

$W(X > 5) = 1 - W(X \leq 5)$

$W(X \leq 5) = W(X = 0) + W(X = 1) + \ldots + W(X = 5)$

X=k	W(X = k)	p = 0,12
0	0,0600646	
1	0,1801938	
2	0,2580048	
3	0,2345498	
4	0,1519243	
5	0,0745810	
	0,9593183	

$W(X > 5) = 1 - 0{,}9593183 = 0{,}0406817$

Die Wahrscheinlichkeit eines Fehlers erster Art ist 4,06817 %.

Im folgenden Diagramm ist die Wahrscheinlichkeitsfunktion bei Gültigkeit der Hypothese dargestellt. (Auf die Darstellung der Wahrscheinlichkeiten für größere k–Werte als elf wurde verzichtet; sie sind praktisch gleich null.)

In diesem Diagramm entsprechen die Frontflächen der ersten sechs Säulen (für k–Werte von 0 bis 5) der Annahmewahrscheinlichkeit 0,9593183. Die Frontflächen der Säulen für größere k–Werte als fünf stellen die Wahrscheinlichkeit für einen Fehler erster Art dar.

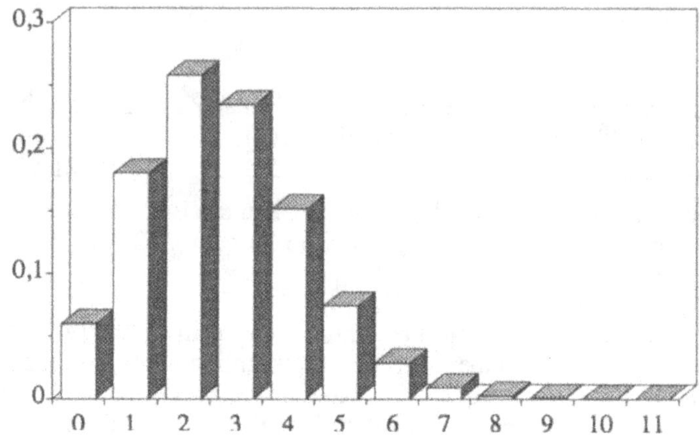

Einen Fehler zweiter Art begeht man dann, wenn man bei Gültigkeit der Alternative – der Anteil weißer Kugeln ist tatsächlich 20 % – aufgrund einer Stichprobe mit bis zu fünf weißen Kugeln zu dem Schluß kommt, daß die Hypothese gilt.

Die Wahrscheinlichkeit eines Fehlers zweiter Art ist die Wahrscheinlichkeit einer Stichprobe mit höchstens fünf weißen Kugeln, wenn $p^* = 0{,}2$.

$$W(X \leq 5) = W(X = 0) + W(X = 1) + W(X = 2) + \ldots + W(X = 5)$$

X=k	W(X = k)	p = 0,20
0	0,0073786	
1	0,0405828	
2	0,1065299	
3	0,1775499	
4	0,2108405	
5	0,1897564	
	0,7326381	

$$W(X \leq 5) = 0{,}7326381$$

Die Wahrscheinlichkeit eines Fehlers zweiter Art ist 73,26381 %.

Im nächsten Diagramm ist die Wahrscheinlichkeitsfunktion bei Gültigkeit der Alternative dargestellt. (Auf die Darstellung der Wahrscheinlichkeiten für größere k–Werte als zwölf wurde verzichtet.) Die Frontflächen der ersten sechs Säulen entsprechen der Wahrscheinlichkeit für einen Fehler zweiter Art, die 0,7326381 ausmacht. Die Frontflächen der Säulen für größere k–Werte als fünf entsprechen der Annahmewahrscheinlichkeit.

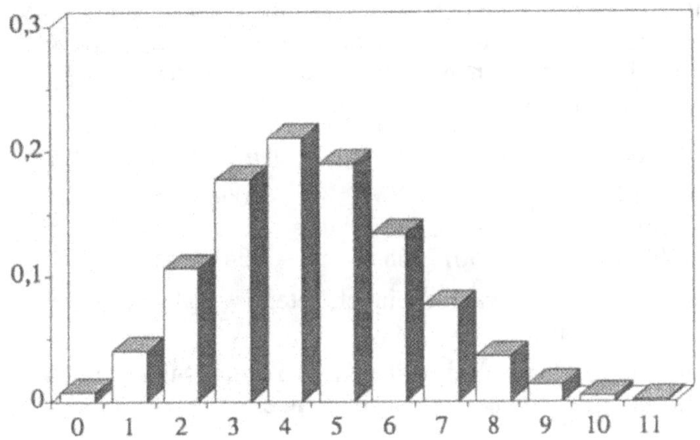

zu c)

Die Differenz der beiden Fehlerwahrscheinlichkeiten macht bei der gegebenen Entscheidungsregel 0,7326381 - 0,0406817 = 0,6919564 aus.

Würde die Entscheidungsregel so abgewandelt, daß nicht mehr als vier weiße Kugeln in der Stichprobe sein dürften, würden sich die beiden Fehlerwahrscheinlichkeiten jeweils um W(X = 5) ändern.
W(X = 5) kann aus den Berechnungen zu b) übernommen werden.

Fehlerwahrscheinlichkeiten

zweiter Art	erster Art	Differenz
0,7326381	0,0406817	0,6919564
- 0,1897564	+ 0,0745810	
0,5428817	0,1152627	0,427619

Die Differenz der Fehlerwahrscheinlichkeiten ist zwar kleiner geworden, aber immer noch ziemlich groß.

Würde nun die Entscheidungsregel weiter so abgewandelt, daß nicht mehr als drei weiße Kugeln in der Stichprobe sein dürften, würden sich die beiden Fehlerwahrscheinlichkeiten jeweils um W(X = 4) ändern.
W(X = 4) kann aus den Berechnungen zu b) übernommen werden.

Fehlerwahrscheinlichkeiten

zweiter Art	erster Art	Differenz
0,5428817	0,1152627	0,427619
- 0,2108405	+ 0,1519243	
0,3320412	0,2671870	0,0648542

Die Differenz der Fehlerwahrscheinlichkeiten ist relativ klein.

Würde die Entscheidungsregel weiter abgewandelt, so daß nicht mehr als zwei weiße Kugeln in der Stichprobe sein dürften, würden sich die beiden Fehlerwahrscheinlichkeiten jeweils um W(X = 3) ändern. W(X = 3) kann aus den Berechnungen zu b) übernommen werden.

Fehlerwahrscheinlichkeiten

zweiter Art	erster Art	Differenz
0,3320412	0,2671870	0,0648542
– 0,1775499	+ 0,2345498	
0,1544913	0,5017368	– 0,3472455

Die Differenz der Fehlerwahrscheinlichkeiten ist – absolut gesehen – wieder größer geworden.

Es dürften also höchstens drei weiße Kugeln in der Stichprobe sein, um eine Angleichung der Fehlerwahrscheinlichkeiten zu erreichen.

Lösung Aufgabe 17

zu a)

Die Zufallsvariable X steht für die Anzahl weißer Kugeln unter den 60 Kugeln der Stichprobe. X ist binomialverteilt.
Die Definitionsmenge ist die Menge {0; 1; 2; 3; 4; ...; 59; 60}.

Die Hypothese H lautet: Der Anteil weißer Kugeln ist 10 %. p = 0,1
Die Alternative A lautet: Der Anteil weißer Kugeln ist 20 %. p* = 0,2

zu b)

Einen Fehler erster Art begeht man dann, wenn man bei Gültigkeit der Hypothese (der Anteil weißer Kugeln ist tatsächlich 10 %) aufgrund einer Stichprobe mit mehr als k weißen Kugeln zu dem Schluß kommt, daß die Alternative gilt, daß nämlich der Anteil weißer Kugeln in der Grundgesamtheit 20 % ausmacht.

$W(X > k) = 1 - W(X \leq k)$

$$W(X \leq k) = W(X = 0) + W(X = 1) + \ldots + W(X = k)$$

Die gefragten Wahrscheinlichkeiten lassen sich für die Hypothese und auch für die Alternative jeweils mit Hilfe der Verteilungsfunktion ermitteln, die allerdings berechnet werden muß. Für die Fehlerwahrscheinlichkeiten erster Art muß das Komplement zu 1 gebildet werden.

Die Berechnungen müssen nach der Formel für die Binomialverteilung mühselig mit Hilfe eines Taschenrechners durchgeführt werden – ähnlich wie bei der Aufgabe 16, Teil b.
Mit einem einfach zu erstellenden Computer–Programm lassen sich schneller die Ergebnisse finden, die in der folgenden Tabelle zusammengestellt sind.

k = ...	p = 0,1	$p^* = 0{,}2$
0	0,9982029	0,0000015
1	0,9862229	0,0000229
2	0,9469549	0,0001940
3	0,8626014	0,0010134
4	0,7290417	0,0039325
5	0,5628341	0,0121061
6	0,3935485	0,0308372
7	0,2484467	0,0669615
8	0,1416356	0,1267924
9	0,0730655	0,2132147
10	0,0342091	0,3234032
11	0,0145846	0,4486174
12	0,0056810	0,5764403
13	0,0020282	0,6944306

zu c)

Einen Fehler zweiter Art begeht man dann, wenn man bei Gültigkeit der Alternative aufgrund einer Stichprobe mit nicht mehr als k weißen Kugeln zu dem Schluß kommt, daß die Hypothese gilt.
Es geht also um $W(X \leq k)$, wenn $p^* = 0{,}2$.
$W(X \leq k) = W(X = 0) + W(X = 1) + W(X = 2) + \ldots + W(X = k)$

Die Ergebnisse sind in der obigen Tabelle festgehalten.

zu d)

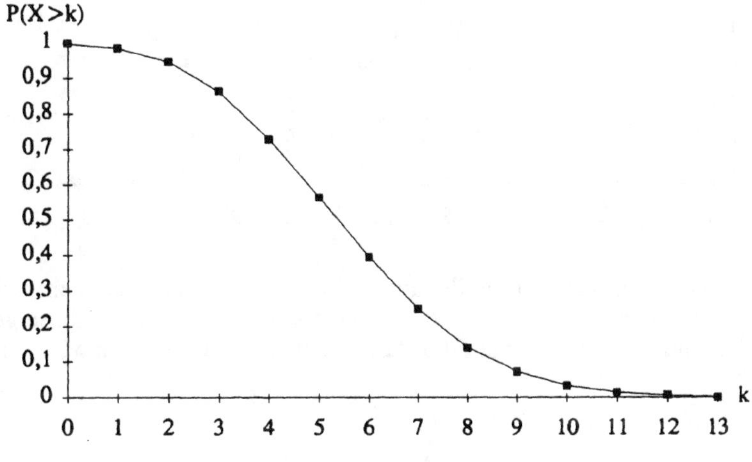

Der "Kurvenverlauf" veranschaulicht in der obigen Graphik, wie die Fehlerwahrscheinlichkeit erster Art mit zunehmendem k kleiner wird, und in der nächsten Graphik ist zu erkennen, wie die Wahrscheinlichkeit eines Fehlers zweiter Art mit zunehmendem k steigt.

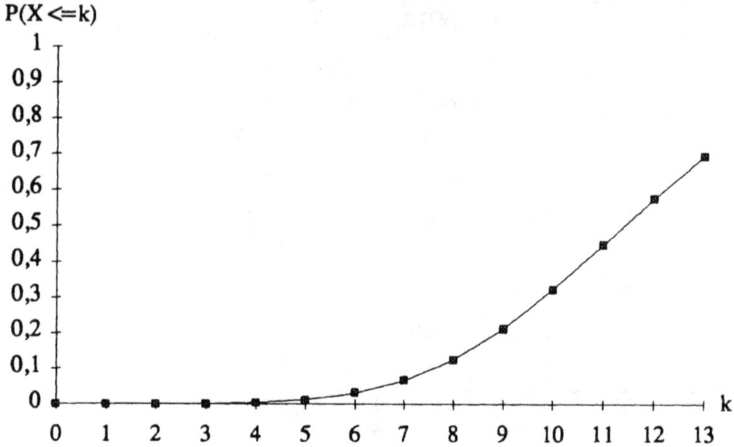

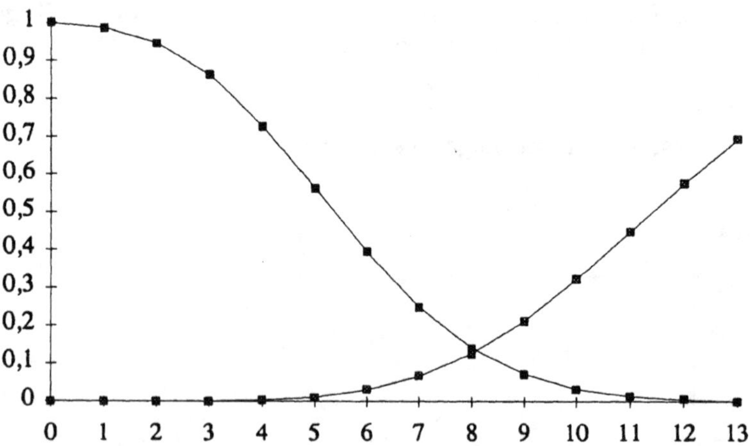

Die Entscheidungsregel müßte lauten: "Wenn nicht mehr als acht weiße Kugeln unter den 60 gezogenen zu finden sind, soll die Hypothese gelten." Denn für k = 8 liegen die Punkte beider "Kurven" am nächsten beieinander.

Lösung Aufgabe 18

zu a)

Die Zufallsvariable X steht für die Anzahl weißer Kugeln unter den 40 Kugeln in der Stichprobe.
Die Definitionsmenge ist die Menge {0; 1; 2; 3; 4; ...; 39; 40}.

Die Hypothese H lautet: Der Anteil weißer Kugeln ist 9 %. $p = 0{,}09$
Die Alternative A lautet: Der Anteil weißer Kugeln ist 26 %. $p^* = 0{,}26$

zu b)

Als erstes fehlt in der Tabelle die Wahrscheinlichkeit eines Fehlers erster Art für den Fall, daß die Entscheidungsregel lautet: "Sind nicht mehr als *drei* weiße Kugeln in der Stichprobe, so gelte die Hypothese."

Einen Fehler erster Art begeht man dann, wenn man bei Gültigkeit der Hypothese (der Anteil weißer Kugeln ist tatsächlich 9 %) aufgrund einer Stichprobe mit mehr als drei weißen Kugeln zu dem Schluß kommt, daß die Alternative gilt, daß nämlich der Anteil weißer Kugeln in der Grundgesamtheit 26 % ausmacht.

$$\begin{aligned} W(X > 3) &= 1 - W(X \le 3) \\ &= 1 - W(X \le 2) - W(X = 3) \end{aligned}$$

Nun läßt sich der Tabelle der Wert für $1 - W(X \le 2)$ entnehmen.
$1 - W(X \le 2) = 0{,}7105802$

Es muß $W(X = 3)$ berechnet und subtrahiert werden.

$$W(X = 3) = \binom{40}{3} \cdot 0{,}09^3 \cdot 0{,}91^{37} = 0{,}2197940$$

$$\begin{aligned} &W(X > 3) \\ &= 1 - W(X \le 3) = 1 - W(X \le 2) - W(X = 3) \\ &= 0{,}7105802 - 0{,}2197940 = 0{,}4907861 = W(X > 3) \end{aligned}$$

Als nächstes fehlt in der Tabelle die Wahrscheinlichkeit eines Fehlers erster Art für den Fall, daß k gleich *fünf* ist.

$$\begin{aligned} W(X > 5) &= 1 - W(X \le 5) \\ &= 1 - W(X \le 4) - W(X = 5) \end{aligned}$$

$1 - W(X \le 4) = 0{,}2897108$ (siehe Tabelle)

$$W(X = 5) = \binom{40}{5} \cdot 0{,}09^5 \cdot 0{,}91^{35} = 0{,}1431833$$

$$\begin{aligned} &W(X > 5) \\ &= 1 - W(X \le 5) = 1 - W(X \le 4) - W(X = 5) \\ &= 0{,}2897108 - 0{,}1431833 = 0{,}1465275 = W(X > 5) \end{aligned}$$

Schließlich fehlt in der Tabelle die Wahrscheinlichkeit eines Fehlers zweiter Art für den Fall, daß k gleich *neun* ist.

$W(X \leq 9) = W(X \leq 8) + W(X = 9)$

$W(X \leq 8) = 0{,}2519544$ (siehe Tabelle)

$$W(X = 9) = \binom{40}{9} \cdot 0{,}26^9 \cdot 0{,}74^{31} = 0{,}1311606$$

$W(X \leq 9) = W(X \leq 8) + W(X = 9)$

$= 0{,}2519544 + 0{,}1311606 = 0{,}3831151 = W(X \leq 9)$

zu c)

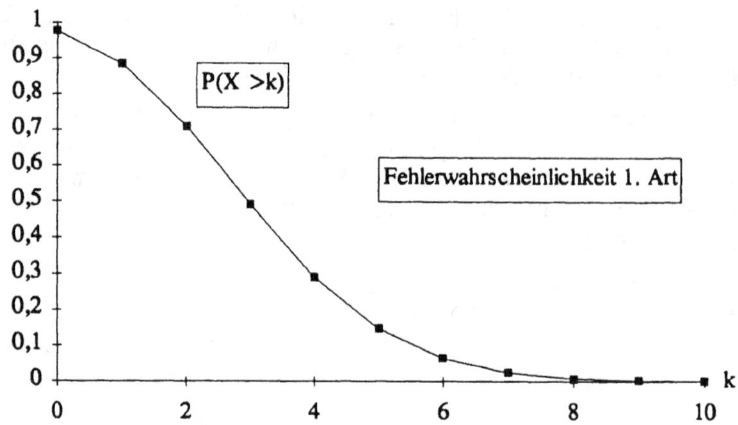

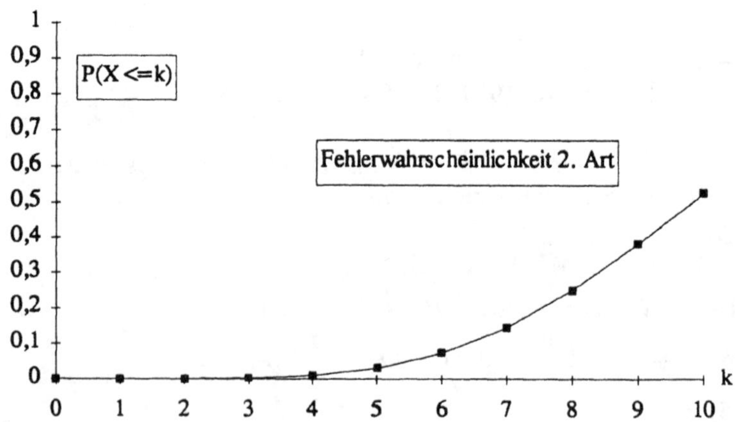

Der "Kurvenverlauf" veranschaulicht, wie sich die Fehlerwahrscheinlichkeit erster Art mit zunehmendem k verringert und wie die Wahrscheinlichkeit eines Fehlers zweiter Art mit zunehmendem k steigt.
(Die Verbindung der Punkte hat lediglich dekorative Zwecke.)

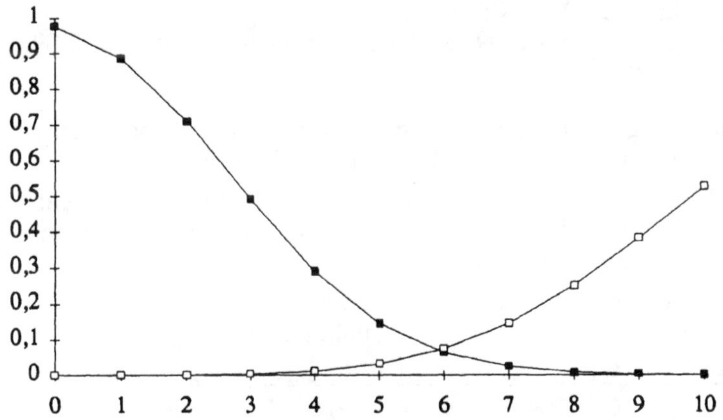

Die Entscheidungsregel müßte lauten: "Wenn nicht mehr als sechs weiße Kugeln unter den 40 gezogenen zu finden sind, soll die Hypothese als gültig angesehen werden." Denn bei k = 6 ist der senkrechte Abstand zwischen den Punkten beider Graphen am geringsten.

Lösung Aufgabe 19

zu a)

X ist die Zufallsvariable für die Anzahl der Elemente mit dem Merkmal M in der Stichprobe. D = {0; 1; 2; ... ; 19; 20}
Die Hypothese lautet: $p \leq 0{,}09$; die Gegenhypothese lautet: $p^* > 0{,}09$.

zu b)

Die Behauptung gilt als widerlegt, wenn mehr als drei Elemente mit dem Merkmal M in der Stichprobe sind, wenn also X > 3 ist.

W(X > 3) läßt sich nach der Binomialverteilung wie folgt berechnen:
W(X > 3) = 1 – W(X ≤ 3); W(X ≤ 3) läßt sich anhand der Verteilungsfunktion für p = 0,09 ermitteln.

	Wahrscheinlichkeits-funktion	Verteilungs-funktion
X=k	W(X = k)	W(X ≤ k) p = 0,09
0	0,1516449	0,1516449
1	0,2999569	0,4516018
2	0,2818277	0,7334295
3	0,1672384	0,9006680

W(X ≤ 3) = 0,9006680 ⇒ W(X > 3) = 1 – 0,9006680 = 0,099332

Die Wahrscheinlichkeit einer Stichprobe, die zur Ablehnung der besagten Behauptung führt, macht 9,9332 % aus, falls der Anteil des Merkmals M in der Grundgesamtheit genau 9 % sein sollte.

zu c)

Die Hypothese wird auch dann angenommen, obwohl der Anteil 15 % ist, wenn nicht mehr als drei Elemente mit dem Merkmal M in der Stichprobe sind, wenn also X ≤ 3 ist.

W(X ≤ 3) läßt sich mit der Verteilungsfunktion für p = 0,15 ermitteln.

	Wahrscheinlichkeits-funktion	Verteilungs-funktion
X=k	W(X = k)	W(X ≤ k) p = 0,15
0	0,0387595	0,0387595
1	0,1367983	0,1755578
2	0,2293384	0,4048962
3	0,2428288	0,6477251

W(X ≤ 3) = 0,6477251

Die Hypothese, daß der Anteil des Merkmals M nicht größer als 9 % ist, wird auch dann noch mit der Wahrscheinlichkeit von 64,77 % angenommen, wenn der Anteil 15 % ist.

zu d)

Die Behauptung gilt als erwiesen, die Hypothese wird angenommen, wenn nicht mehr als drei Elemente mit dem Merkmal M in der Stichprobe sind, wenn also $X \leq 3$ ist.

$W(X \leq 3)$ läßt sich anhand der Verteilungsfunktion für p = 0,05 ermitteln.

	Wahrscheinlichkeits-funktion	Verteilungs-funktion
X=k	W(X = k)	W(X ≤ k) p = 0,05
0	0,3584859	0,3584859
1	0,3773536	0,7358395
2	0,1886768	0,9245163
3	0,0595821	0,9840984

$W(X \leq 3) = 0{,}9840984$

Sollte tatsächlich der Anteil des Merkmals M 5 % sein, wird die Hypothese, daß der Anteil des Merkmals M nicht größer als 9 % ist, mit der Wahrscheinlichkeit von 98,40984 % angenommen.

zu e)

Die Testcharakteristik stellt graphisch dar, wie die Wahrscheinlichkeit für die Annahme der Hypothese bei der zugrundeliegenden Entscheidungsregel von dem tatsächlichen Anteil des Merkmals M abhängt.

	Annahme-wahrscheinlichkeit
p	W(X ≤ 3)
0,01	0,999957
0,02	0,999400
0,03	0,997331
0,04	0,992587
0,05	0,984098
0,06	0,971034
0,07	0,952867
0,08	0,929384
0,09	0,900668
0,10	0,867046
0,20	0,411448
0,30	0,107086
0,40	0,015961
0,50	0,001288

In der folgenden Graphik sind die Werte der unabhängigen Variablen p auf der waagerechten Achse und die sich daraus ergebenden Annahmewahrscheinlichkeiten auf der senkrechten Achse abgetragen.

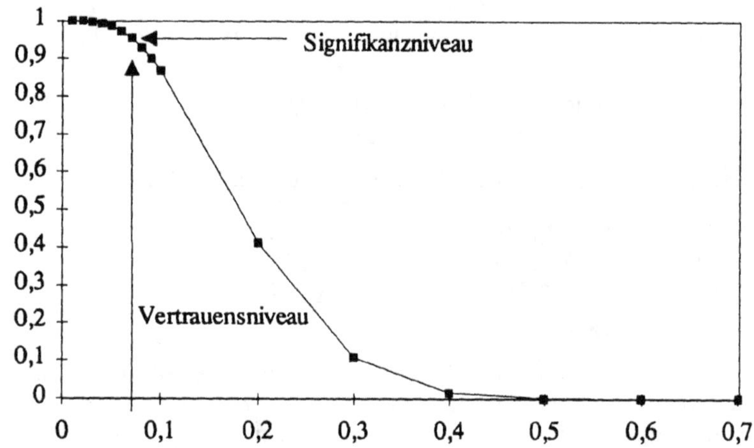

zu f)

Die Entscheidungsregel soll zu einer signifikanten Überprüfung der Behauptung führen. Dazu muß die Wahrscheinlichkeit für die Annahme der Hypothese $p \leq 0{,}09$ mindestens 95% betragen. Es muß k so bestimmt werden, daß $W(X \leq k) \geq 0{,}95$ ist (siehe Verteilungsfunktion aus Aufgabenteil b).

	Wahrscheinlichkeits-funktion	Verteilungs-funktion
X=k	W(X = k)	W(X ≤ k) p = 0,09
0	0,1516449	0,1516449
1	0,2999569	0,4516018
2	0,2818277	0,7334295
3	0,1672384	0,9006680
4	0,0702952	0,9709632

Die Entscheidungsregel müßte lauten:
"Haben in der Stichprobe höchstens vier Elemente das Merkmal M, so wird die Hypothese signifikant akzeptiert."

Lösung Aufgabe 20

In den Spalten der Tabelle sind Annahmewahrscheinlichkeiten aufgezählt, die sich bei einer bestimmten Entscheidungsregel, z. B. für k = 4, bei verschiedenen Werten von p ergeben. Die Abhängigkeit der Annahmewahrscheinlichkeit von p wird als Testcharakteristik der betreffenden Entscheidungsregel bezeichnet.

zu a)

Der erste Tabellenwert fehlt in dem Feld für p = 0,05 und k = 4. Dieser Wert ist gleich der Wahrscheinlichkeit dafür, daß die binomialverteilte Zufallsvariable X für die Anzahl auffälliger Elemente in der Stichprobe höchstens gleich 4 ist, und zwar unter der Voraussetzung, daß p = 0,05 ist. Es handelt sich also um W(X ≤ 4).

Diese Wahrscheinlichkeit läßt sich anhand der Wahrscheinlichkeitsfunktion ermitteln, indem man die Wahrscheinlichkeiten für die Realisationen 0 bis 4 addiert.

$$W(X = k) = \binom{40}{k} \cdot 0{,}05^k \cdot 0{,}95^{40-k}$$

X=k	W(X = k)	p = 0,05
0	0,128512	
1	0,270552	
2	0,277672	
3	0,185114	
4	0,090121	
	0,951971	

$$W(X \le 4) = 0{,}951971$$

Der zweite fehlende Tabellenwert gehört in das Feld für p = 0,09 und k = 5. Es handelt sich um die Wahrscheinlichkeit W(X ≤ 5).

$$W(X \le 5) = W(X \le 4) + W(X = 5)$$

W(X = 5) =	0,143183	berechnen!
W(X ≤ 4) =	0,710290	der Tabelle entnehmen!
W(X ≤ 5) =	0,853473	

Der dritte fehlende Tabellenwert gehört in das Feld für p = 0,10 und k = 6. Es handelt sich um die Wahrscheinlichkeit W(X ≤ 6).

$$W(X \le 6) = W(X \le 5) + W(X = 6)$$

W(X = 6) =	0,106756	berechnen!
W(X ≤ 5) =	0,793728	der Tabelle entnehmen!
W(X ≤ 6) =	0,900484	

zu b)

Wenn nicht mehr als *vier* auffällige Elemente in der Stichprobe sein dürfen, läßt sich die Hypothese $p \leq 0{,}05$ signifikant überprüfen. Denn in dem Feld für $p = 0{,}05$ und $k = 4$ ist die Annahmewahrscheinlichkeit mit 0,951971 letztmalig größer als 0,95.

Oder: Wenn nicht mehr als *fünf* auffällige Elemente in der Stichprobe sein dürfen, so wird damit die Hypothese $p \leq 0{,}06$ signifikant überprüft. Denn die Annahmewahrscheinlichkeit für $p = 0{,}06$ ist mit 0,969094 letztmalig größer als 0,95.

Oder: Wenn nicht mehr als *sechs* auffällige Elemente in der Stichprobe sein dürfen, läßt sich die Hypothese $p \leq 0{,}08$ signifikant überprüfen. Denn die Annahmewahrscheinlichkeit für $p = 0{,}08$ ist mit 0,962358 letztmalig größer als 0,95.

Oder: Wenn nicht mehr als *sieben* auffällige Elemente in der Stichprobe sein dürfen, läßt sich die Hypothese $p \leq 0{,}10$ signifikant überprüfen. Denn die Annahmewahrscheinlichkeit für $p = 0{,}10$ ist mit 0,958099 letztmalig größer als 0,95.

Oder: Wenn nicht mehr als *acht* auffällige Elemente in der Stichprobe sein dürfen, läßt sich die Hypothese $p \leq 0{,}12$ signifikant überprüfen. Denn die Annahmewahrscheinlichkeit für $p = 0{,}12$ ist mit 0,955689 letztmalig größer als 0,95.

zu c)

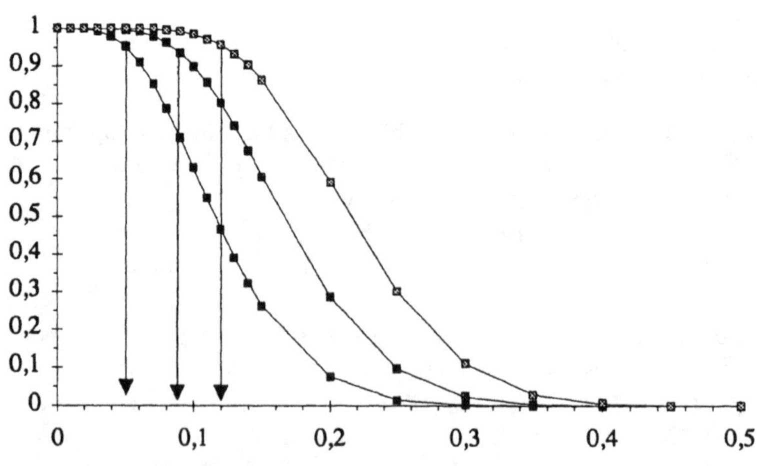

Die Pfeilspitzen weisen ungefähr auf die p–Werte, bei denen die Kurven die "0,95–Grenze" unterschreiten. Auf der senkrechten Achse sind die Annahmewahrscheinlichkeiten abgetragen.

Lösung Aufgabe 21

zu a)

Der erste Tabellenwert fehlt in dem Feld für p = 0,10 und k = 4. Dieser Wert ist gleich der Wahrscheinlichkeit dafür, daß die binomialverteilte Zufallsvariable X für die Anzahl auffälliger Elemente in der Stichprobe höchstens den Wert 4 annimmt, und zwar unter der Voraussetzung, daß p = 0,10 ist. Es handelt sich also um $W(X \leq 4)$.

Diese Wahrscheinlichkeit läßt sich anhand der Wahrscheinlichkeitsfunktion ermitteln, indem man die Wahrscheinlichkeiten für die Realisationen von 0 bis 4 addiert.

$$W(X = k) = \binom{35}{k} \cdot 0{,}10^k \cdot 0{,}90^{35-k}$$

X=k	W(X = k)	p = 0,10
0	0,025032	
1	0,097345	
2	0,183874	
3	0,224735	
4	0,199764	
	0,730750	

$W(X \leq 4) = 0{,}730750$

Der zweite fehlende Tabellenwert gehört in das Feld für p = 0,11 und k = 5. Es handelt sich um die Wahrscheinlichkeit $W(X \leq 5)$.

$$\begin{aligned} W(X \leq 5) &= W(X \leq 4) + W(X = 5) \\ W(X = 5) &= 0{,}158509 \quad \text{berechnen!} \\ W(X \leq 4) &= 0{,}660097 \quad \text{der Tabelle entnehmen!} \\ W(X \leq 5) &= 0{,}818606 \end{aligned}$$

Der dritte fehlende Tabellenwert gehört in das Feld für p = 0,12 und k = 6. Es handelt sich um die Wahrscheinlichkeit $W(X \leq 6)$.

$$\begin{aligned} W(X \leq 6) &= W(X \leq 5) + W(X = 6) \\ W(X = 6) &= 0{,}118972 \quad \text{berechnen!} \\ W(X \leq 5) &= 0{,}762006 \quad \text{der Tabelle entnehmen!} \\ W(X \leq 6) &= 0{,}880978 \end{aligned}$$

Der vierte fehlende Tabellenwert gehört in das Feld für p = 0,13 und k = 7. Es handelt sich um die Wahrscheinlichkeit $W(X \leq 7)$.

$$\begin{aligned} W(X \leq 7) &= W(X \leq 6) + W(X = 7) \\ W(X = 7) &= 0{,}085468 \quad \text{berechnen!} \\ W(X \leq 6) &= 0{,}838307 \quad \text{der Tabelle entnehmen!} \\ W(X \leq 7) &= 0{,}923775 \end{aligned}$$

zu b)

Wenn nicht mehr als *vier* auffällige Elemente in der Stichprobe sein dürfen, läßt sich die Hypothese p ≤ 0,05 signifikant überprüfen. Denn in dem Feld für p = 0,05 und k = 4 ist die Annahmewahrscheinlichkeit letztmalig größer als 0,95.

Oder: Wenn nicht mehr als *fünf* auffällige Elemente in der Stichprobe sein dürfen, läßt sich die Hypothese p ≤ 0,07 signifikant überprüfen. Denn die Annahmewahrscheinlichkeit für p = 0,07 ist letztmalig größer als 0,95.

Oder: Wenn nicht mehr als *sechs* auffällige Elemente in der Stichprobe sein dürfen, läßt sich die Hypothese p ≤ 0,09 signifikant überprüfen. Denn die Annahmewahrscheinlichkeit für p = 0,09 ist mit 0,965995 letztmalig größer als 0,95.

Oder: Wenn nicht mehr als *acht* auffällige Elemente in der Stichprobe sein dürfen, läßt sich die Hypothese p ≤ 0,14 signifikant überprüfen. Denn die Annahmewahrscheinlichkeit für p = 0,14 ist mit 0,952298 letztmalig größer als 0,95.

zu c)

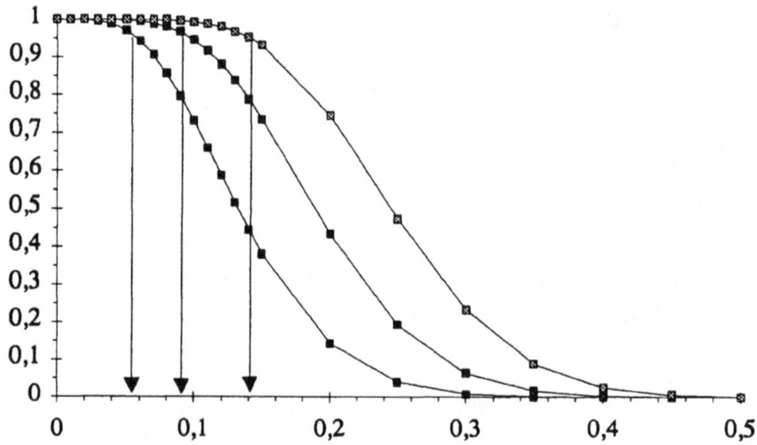

Die Pfeilspitzen weisen ungefähr auf die p–Werte, bei denen die Kurven die "0,95–Grenze" unterschreiten. Auf der senkrechten Achse sind die Annahmewahrscheinlichkeiten abgetragen.

Lösung Aufgabe 22

Einleitende Bemerkungen

Für die Lösung ist es unerheblich zu wissen, was Mumseln sind. X ist die Zufallsvariable für das Gewicht, das von Mumsel zu Mumsel unterschiedlich ist. Wie schwer eine aus der Grundgesamtheit aller Mumseln zufällig entnommene tatsächlich sein wird, ist ungewiß.

Die Wahrscheinlichkeitsfunktion kann nicht wie bei binomialverteilten Zufallsgrößen als Säulendiagramm dargestellt werden, denn die Realisationen der Zufallsgröße können nicht durch Abzählen als ganzzahlige Werte ermittelt werden. Sie müssen gemessen werden, wobei in gewissen Grenzen – in diesem Beispiel etwa von 18 bis 46 Gramm – jeder Wert aus der Menge der reellen Zahlen möglich ist.

Vielleicht sind alle Mumseln gewogen worden. Die meisten wiegen etwa 32 Gramm – jedenfalls mehr oder weniger. Eventuell findet sich auch eine Mumsel, die genau 32 Gramm wiegt; aber wie genau müßte man dann wiegen können?

Möglicherweise gibt es Mumseln, die etwa 24 Gramm wiegen – oder etwa 37 Gramm, aber nicht so viele; die meisten wiegen eben etwa 32 g.

Laut Aufgabe streut das Gewicht der Mumseln mit 4 Gramm ($\sigma = 4$) um den Durchschnitt von 32 Gramm ($\mu = 32$) und ist normalverteilt. So läßt sich die Wahrscheinlichkeitsfunktion dieser Zufallsvariablen X als Normalverteilungskurve darstellen (siehe folgende Graphik).

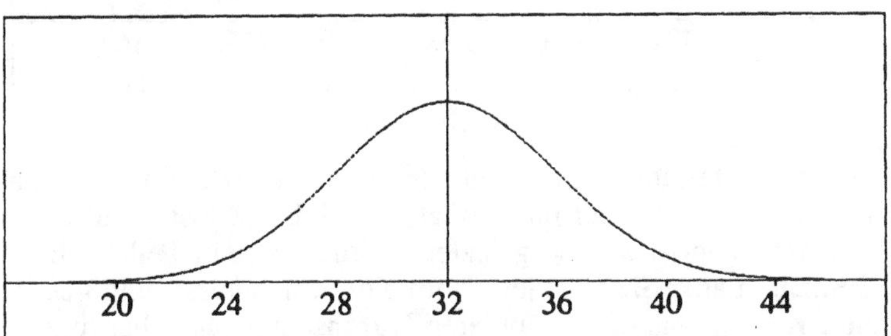

Sie hat das Maximum genau an der Stelle 32 (denn $\mu = 32$) und je einen Wendepunkt an den Stellen 28 und 36 ($\mu - \sigma = 28$ und $\mu + \sigma = 36$). Außerdem konvergiert sie "rechts" und "links" gegen die waagerechte Achse.

Der Kurve ist auch anzusehen, daß es schon recht "unwahrscheinlich" ist, eine Mumsel anzutreffen, die etwa 20 Gramm wiegt.

Die Fläche zwischen waagerechter Achse und der Normalverteilungskurve hat genau die Maßzahl eins. Denn bei einer Wahrscheinlichkeitsfunktion ist die Summe aller Wahrscheinlichkeiten gleich eins. Die Kurve ist symmetrisch zu der Senkrechten an der Stelle μ, die dann die Fläche in zwei Hälften teilt, von denen natürlich jede die Größe von 0,5 Flächeneinheiten hat.

Exkurs:

In einem anderen Beispiel könnte es sein, daß aus 200 kg Weintrauben grundsätzlich etwa 140 Liter Most gekeltert werden können – manchmal mehr und manchmal weniger, aber meistens eben ungefähr 140 Liter. Würde nun jedesmal, wenn ein Winzer 200 kg Trauben anliefert, genau gemessen, wieviel Most sie ergeben, könnte sich herausstellen, daß das Mostquantum mit der Standardabweichung $\sigma = 9$ um den Durchschnitt $\mu = 140$ streut und normalverteilt ist.

Die Wahrscheinlichkeitsfunktion für das Mostquantum ließe sich dann mit der folgenden Normalverteilungskurve darstellen.

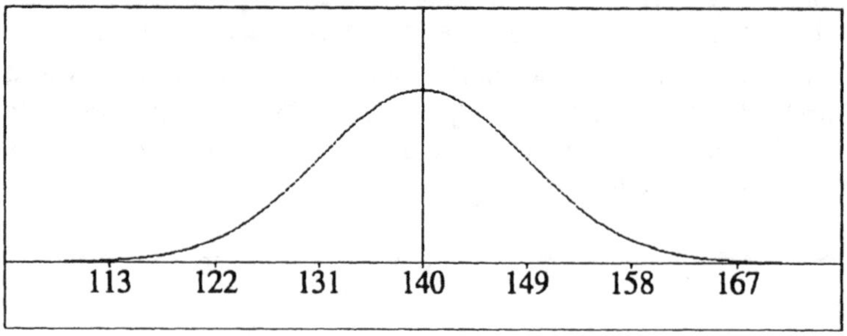

Diese Normalverteilungskurve sieht ähnlich aus wie diejenige für das Gewicht der Mumseln, aber nur deshalb, weil der Maßstab auf der waagerechten Achse entsprechend geändert worden ist; ein Teilstrich macht jetzt 9 Einheiten aus. Sie liegt jetzt vom Koordinatenursprung gesehen viel weiter rechts, was in dem anderen Durchschnittswert begründet ist. Wenn der Maßstab nicht geändert worden wäre, hätte das Maximum viel weniger Höhe und die Wendepunkte lägen weiter vom Maximum entfernt, so daß die Kurve niedriger, aber "breiter" aussehen würde.

Es könnte nun ein Beispiel denkbar sein, in dem die Zufallsvariable mit der Standardabweichung $\sigma = 1$ um den Durchschnitt $\mu = 0$ streut und normalverteilt ist. Die entsprechende Wahrscheinlichkeitsfunktion ist in der nächsten Graphik zu sehen.

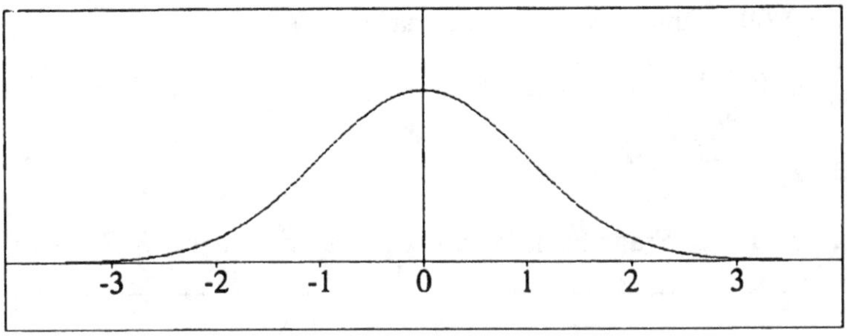

Hierbei handelt es sich um die Kurve der standardisierten Normalverteilung, bei der die Zufallsvariable nicht X, sondern Z genannt wird.

Exkurs-Ende

Wahrscheinlichkeiten lassen sich bei der Normalverteilung als Flächenstücke darstellen. So ist in der nächsten Graphik die Wahrscheinlichkeit dafür als schraffiertes Flächenstück dargestellt, daß eine zufällig angetroffene Mumsel weniger als 28 Gramm wiegt.

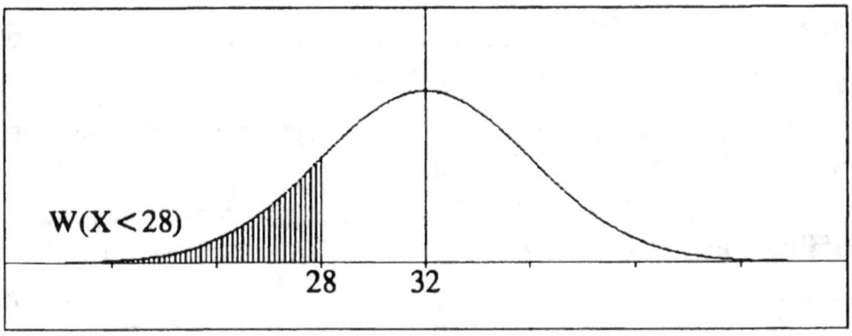

Die schraffierte Fläche bildet sich zwischen der waagerechten Achse und der Normalverteilungskurve in dem Intervall von der "unteren" Grenze $-\infty$ bis zu der "oberen" Grenze 28. Sie müßte mit Hilfe der Integralrechnung bestimmt werden, was im Falle der Normalverteilung eine ausgesprochen schwierige Prozedur ist.

Würde es sich um die Zufallsvariable Z handeln, die mit der Standardabweichung $\sigma = 1$ um den Durchschnitt $\mu = 0$ streut und normalverteilt ist, dann wäre die Prozedur viel einfacher. Denn es gibt Tabellen, in denen die Größe der entsprechenden Flächenstücke angegeben ist (s. Anhang). In der einen Tabelle können Wahrscheinlichkeiten (Flächenmaßzahlen) für negative Z–Werte, in der anderen für positive Z–Werte abgelesen werden.

Es muß nur noch der Schritt getan werden, der von W(X < 28) zu W(Z < z_o) führt, und zwar folgendermaßen:

$$z_o = \frac{x - m}{s} \quad \text{und} \quad \mu = 32 \quad \text{und} \quad \sigma = 4 \quad \text{und} \quad x = 28$$

$$\Rightarrow \; z_o = \frac{28 - 32}{4} = -1$$

Jetzt wird aus der Frage nach W(X < 28) die Frage nach W(Z < –1).

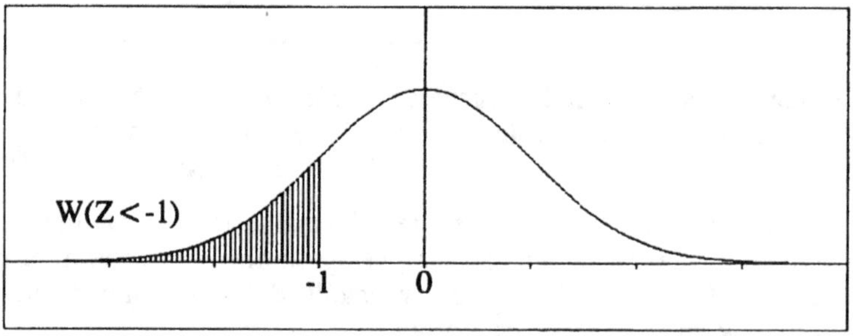

Und W(Z < –1) ist gleich dem Tabellenwert von –1, nämlich 0,15866.

Also ist W(X < 28) = 0,15866 = 15,866 %.

Mit der Wahrscheinlichkeit von 15,866 % wiegt eine zufällig entnommene Mumsel weniger als 28 Gramm.

In der folgenden Graphik ist die Wahrscheinlichkeit dafür dargestellt, daß eine zufällig angetroffene Mumsel mehr als 37 Gramm wiegt.

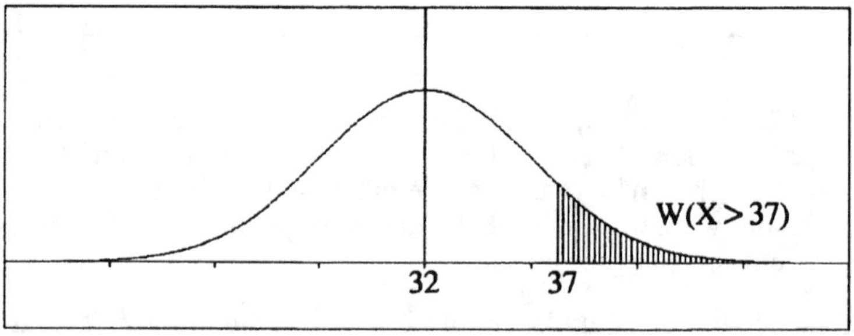

Die schraffierte Fläche bildet sich zwischen der waagerechten Achse und der Normalverteilungskurve in dem Intervall von der "unteren" Grenze 37 bis zu der "oberen" Grenze unendlich.

Wenn der x–Wert 37 in den entsprechenden Z–Wert umgerechnet wird, kann die gesuchte Wahrscheinlichkeit als Flächenstück unterhalb der standardisierten Normalverteilungskurve dargestellt werden.

Die Frage nach W(X > 37) muß zu der Frage nach $W(Z > z_u)$ umformuliert werden.

$$z_u = \frac{x - m}{s} \quad \text{und} \quad \mu = 32 \quad \text{und} \quad \sigma = 4 \quad \text{und} \quad x = 37$$

$$\Rightarrow z_u = \frac{37 - 32}{4} = 1{,}25$$

Jetzt ist die Frage nach W(X > 37) zu der Frage nach W(Z > 1,25) geworden. W(Z > 1,25) ist in der nächsten Graphik schraffiert dargestellt.

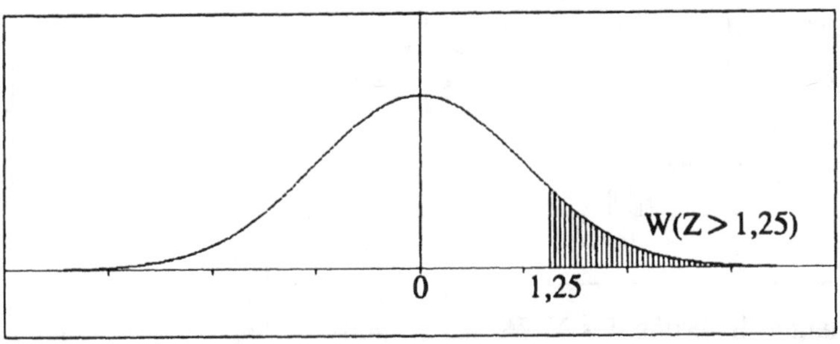

Für positive Z–Werte gibt es eine Tabelle (siehe Anhang), der sich zwar nicht die hier gesuchte Wahrscheinlichkeit entnehmen läßt, aber die Maßzahl des in der nächsten Graphik schraffierten Flächenstücks.

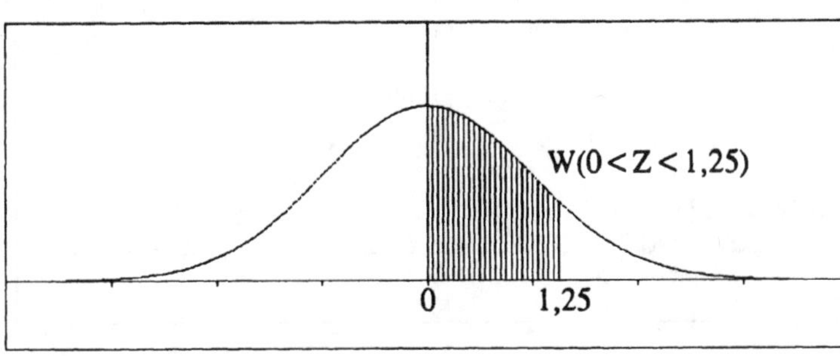

W(0 < Z < 1,25) entspricht dem Tabellenwert von 1,25, nämlich 0,39435.

Die gesuchte Wahrscheinlichkeit entspricht aber gerade der in dieser Graphik rechts *nicht* schraffierten Fläche, die wegen der Symmetrie der Normalverteilungskurve das Komplement von 0,39435 zu 0,5 ist.
W(Z > 1,25) = 0,5 – 0,39435 = 0,10565

Also ist W(X > 37) = 0,10565 = 10,565 %
Mit der Wahrscheinlichkeit von 10,565 % wiegt eine zufällig entnommene Mumsel mehr als 37 Gramm.

Lösungsmöglichkeit

zu a)

Gesucht ist die Wahrscheinlichkeit W(X < 25); sie entspricht der Fläche unter der Normalverteilungskurve, die in der folgenden Graphik schraffiert ist. Sie reicht von der unteren Grenze $-\infty$ bis zur oberen Grenze 25.

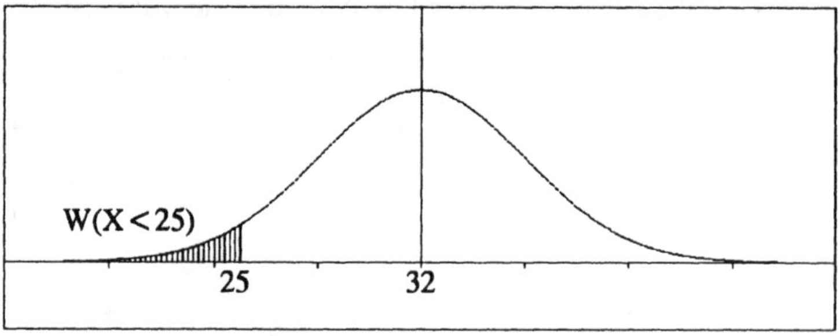

Die Standardisierung des X-Wertes 25 führt zu dem entsprechenden z_0-Wert.

$$x = 25 \;\Rightarrow\; z_0 = \frac{25-32}{4} = -1{,}75 \;\Rightarrow\; W(X < 25) = W(Z < -1{,}75)$$

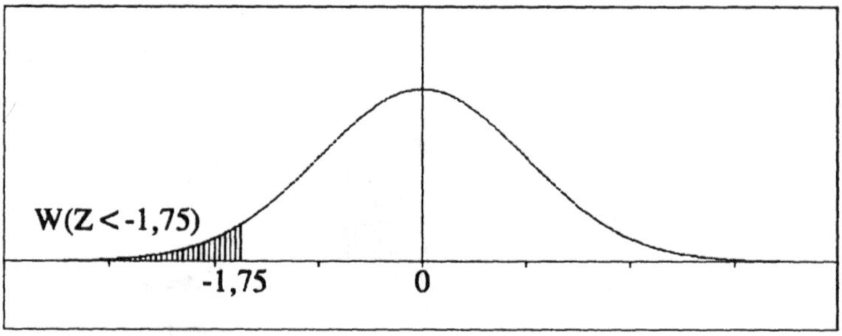

Der Tabellenwert T(−1,75) = 0,04006 bedeutet:
W(Z < −1,75) = 0,04006 ⇒ W(X < 25) = 0,04006

Die Wahrscheinlichkeit dafür, daß eine Mumsel weniger als 25 g wiegt, ist 4,006 %.

zu b)

Die gesuchte Wahrscheinlichkeit W(X > 35) entspricht der Fläche unter der Normalverteilungskurve, die in der folgenden Graphik schraffiert ist. Sie reicht von der unteren Grenze 35 bis zu der oberen Grenze unendlich.

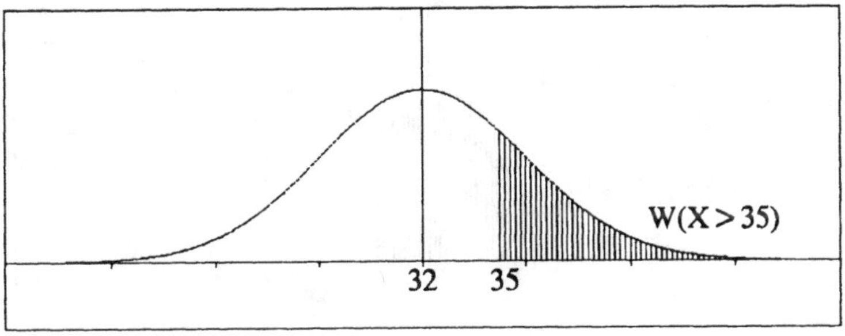

Die Standardisierung des X-Wertes 35 führt zu dem entsprechenden z_u-Wert:

$$x = 35 \Rightarrow z_u = \frac{35 - 32}{4} = 0{,}75 \Rightarrow W(X > 35) = W(Z > 0{,}75)$$

Die Wahrscheinlichkeit $W(Z > 0{,}75)$ läßt sich aus der Tabelle im Anhang nicht unmittelbar entnehmen, sondern lediglich die Maßzahl der in der folgenden Graphik schraffierten Fläche.

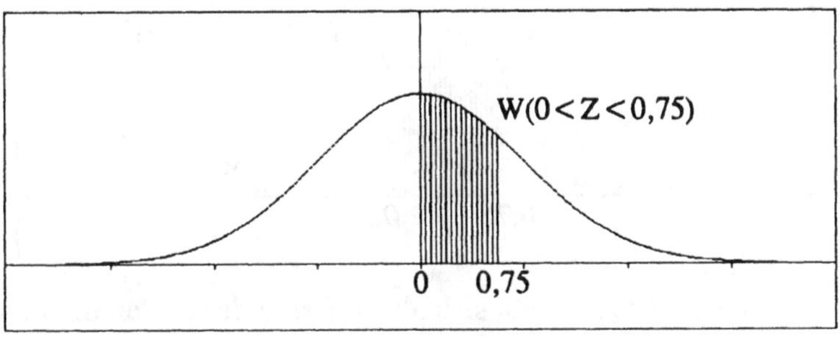

Der Tabellenwert $T(0{,}75) = 0{,}27337$ ist gleich $W(0 < Z < 0{,}75)$.

Wegen der Symmetrie der Normalverteilungskurve ist die gesuchte Wahrscheinlichkeit $W(Z > 0{,}75)$ das Komplement von 0,27337 zu 0,5.

$W(Z > 0{,}75) = 0{,}5 - 0{,}27337 = 0{,}22663$

Also ist $W(X > 35) = 0{,}22663 = 22{,}663\ \%$

Die Wahrscheinlichkeit dafür, daß eine Mumsel schwerer ist als 35 g ist, macht 22,663 % aus.

zu c)

Gefragt ist die Wahrscheinlichkeit $W(29 < X < 34)$, die in der folgenden Graphik als schraffierte Fläche dargestellt ist. Sie reicht von der unteren Grenze 29 bis zu der oberen Grenze 34.

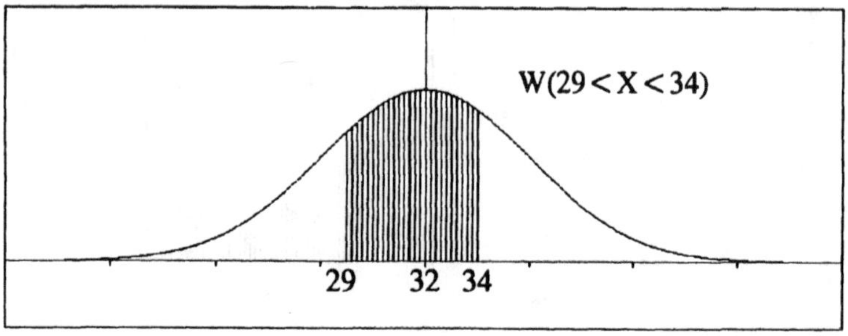

Die Standardisierung der X-Werte führt zu den Z-Werten z_u und z_o.

Aus $x = 29$ ergibt sich $z_u = \dfrac{29-32}{4} = -0{,}75$.

Aus $x = 34$ ergibt sich $z_o = \dfrac{34-32}{4} = 0{,}5$.

$W(29 < X < 34) = W(-0{,}75 < Z < 0{,}5)$

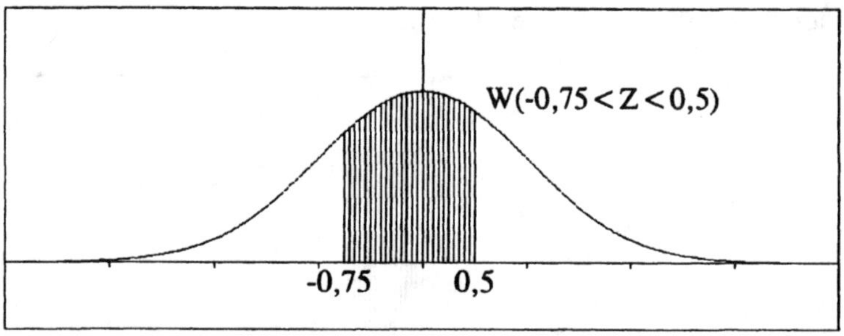

Diese schraffierte Fläche ergibt sich als Differenz der beiden im folgenden schraffierten Flächen.

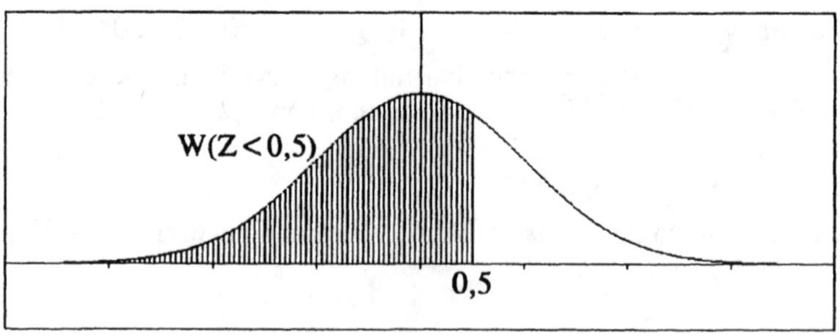

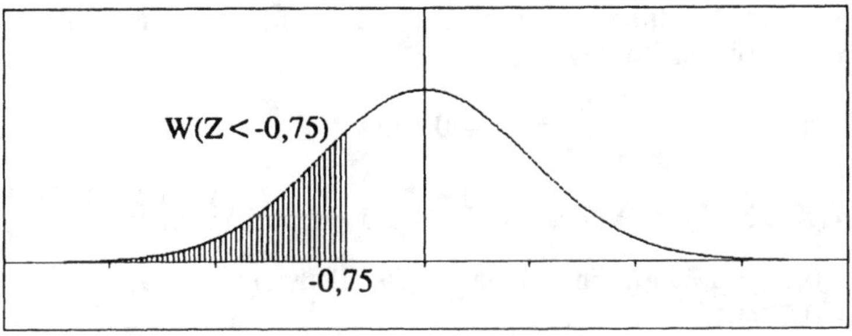

$W(-0,75 < Z < 0,5) = W(Z < 0,5) - W(Z \leq -0,75)$

$W(Z < 0,5) = \mathit{0,5} + \text{Tabellenwert } T(0,5) = \mathit{0,5} + 0,19146 = 0,69146$

0,5 steht für die linke Hälfte der Normalverteilungsfläche.

$W(Z \leq -0,75) = \text{Tabellenwert } T(-0,75) = 0,22663$

$W(Z < 0,5) - W(Z \leq -0,75) = 0,69146 - 0,22663 = 0,46483$

$W(29 < X < 34) = 0,46483$

Die Wahrscheinlichkeit dafür, daß eine Mumsel zwischen 29 und 34 g wiegt, ist 46,483 %. Oder: 46,483 % aller Mumseln wiegen zwischen 29 und 34 g.

Wer viel Übung hat, kann W(29 < X < 34) schneller bestimmen. Er standardisiert die beiden X-Werte 29 und 34 und findet die beiden Z-Werte −0,75 und 0,5. Daraufhin fertigt er eine kleine Planskizze an, ermittelt die Tabellenwerte T(0,5) und T(−0,75) und rechnet:

$$W(29 < X < 34) = T(0,5) + 0,5 - T(-0,75)$$
$$= 0,19146 + 0,5 - 0,22663 = 0,46483$$

zu d)

Die Wahrscheinlichkeit dafür, daß eine Mumsel 35 Gramm wiegt, entspricht der Fläche unter der Normalverteilungskurve in dem Intervall von 34,5 bis 35,5. Denn genau an der Stelle 35 läßt sich keine Fläche berechnen.

Es wird ein Flächenstreifen von der Breite einer Einheit, hier 1 g, berechnet.

$$W(34,5 \leq X \leq 35,5) = W(X \leq 35,5) - W(X < 34,5)$$

$$x = 35,5 \quad \Rightarrow \quad z = \frac{35,5 - 32}{4} = 0,875$$

$$\Rightarrow \quad W(X \leq 35,5) = W(Z \leq 0,875) = 0,5 + \frac{0,30785 + 0,31057}{2}$$

$$= 0,5 + 0,30921 \text{ (interpolierter Tabellenwert)}$$
$$= 0,80921$$

Die dritte Nachkommastelle des Z-Wertes muß mit linearer Anpassung zwischen dem Tabellenwert des nächst kleineren und des nächst größeren Z-Wertes berücksichtigt werden.

$$x = 34{,}5 \quad \Rightarrow \quad z = \frac{34{,}5 - 32}{4} = 0{,}625$$

$$\Rightarrow \quad W(X \leq 34{,}5) = W(Z \leq 0{,}625) = 0{,}5 + \frac{0{,}23237 + 0{,}23565}{2}$$

$$= 0{,}5 + 0{,}23401 \text{ (interpolierter Tabellenwert)}$$
$$= 0{,}73401$$

$$W(34{,}5 \leq X \leq 35{,}5) = 0{,}5 + 0{,}30921 - (0{,}5 + 0{,}23401)$$
$$= 0{,}30921 - 0{,}23401 = 0{,}0752$$

Die Wahrscheinlichkeit dafür, daß eine zufällig angetroffene Mumsel 35 g wiegt, ist 0,0752. Oder: 7,52 % aller Mumseln wiegen etwa 35 Gramm.

Lösung Aufgabe 23

Da das Gewicht der Walnüsse normalverteilt ist, lassen sich die Wahrscheinlichkeiten $W(X < x)$ bzw. $W(X \leq x)$ mit Hilfe der Tabelle der standardisierten Normalverteilung als $W(Z < z)$ bzw. $W(Z \leq z)$ berechnen,

wobei $z = \frac{x - \mu}{\sigma}$ und $\mu = 5$ und $\sigma = 1$.

zu a)

Die gesuchte Wahrscheinlichkeit $W(X < 3{,}75)$ entspricht der Fläche unter der Normalverteilungskurve, die in der folgenden Graphik schraffiert ist. Sie reicht von der unteren Grenze $-\infty$ bis zur oberen Grenze 3,75.

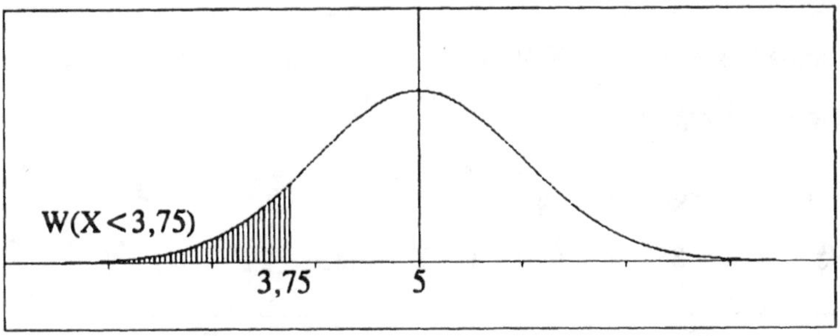

Die Standardisierung des X-Wertes 3,75 führt zu dem entsprechenden z_o-Wert.

$$x = 3{,}75 \Rightarrow z_o = \frac{3{,}75 - 5}{1} = -1{,}25$$

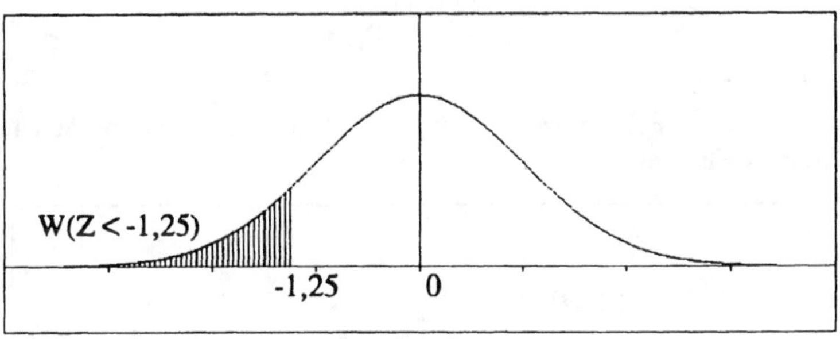

Der Tabellenwert $T(-1{,}25) = 0{,}10565$ ist gleich $W(Z < -1{,}25)$
$W(X < 3{,}75) = 0{,}10565$

Die Wahrscheinlichkeit dafür, daß eine Nuß weniger als 3,75 g wiegt, ist 10,565 %.

zu b)

Gefragt ist die Wahrscheinlichkeit W(4,35 < X < 5,85), die in der folgenden Graphik als schraffierte Fläche dargestellt ist. Sie reicht von der unteren Grenze 4,35 bis zur oberen Grenze 5,85.

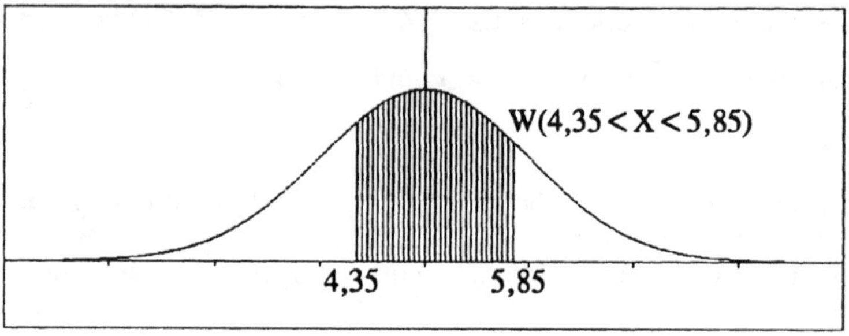

Die Standardisierung der X-Werte führt zu den Z-Werten z_u und z_o.

Aus $x = 4{,}35$ ergibt sich $z_u = \dfrac{4{,}35 - 5}{1} = -0{,}65$

Aus $x = 5{,}85$ ergibt sich $z_o = \dfrac{5{,}85 - 5}{1} = 0{,}85$

$W(4{,}35 < X < 5{,}85) = W(-0{,}65 < Z < 0{,}85)$

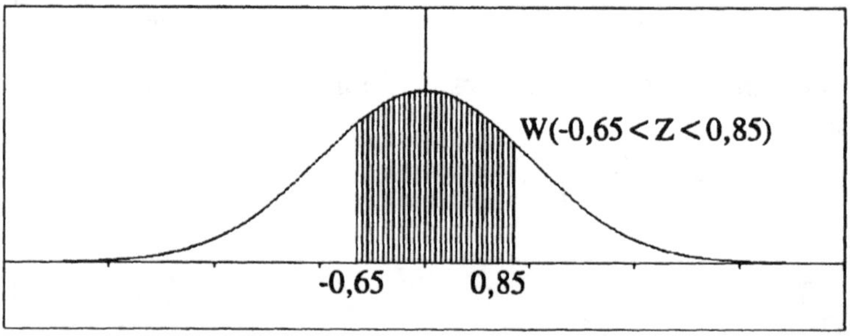

Diese schraffierte Fläche ergibt sich als Differenz der beiden nächsten schraffierten Flächen.

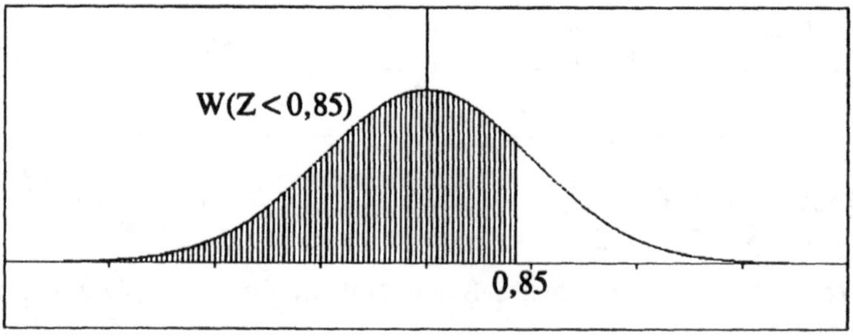

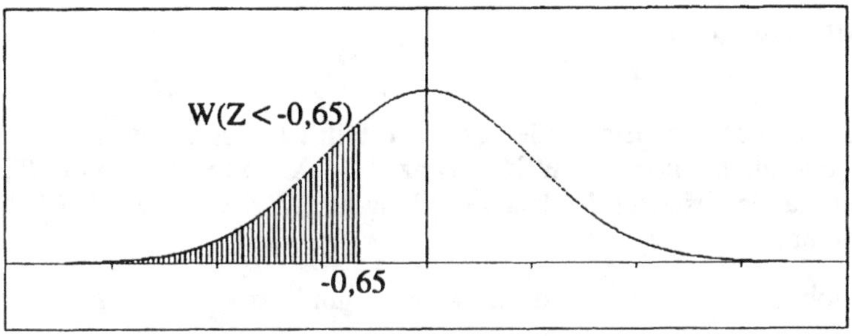

$W(-0{,}65 < Z < 0{,}85) = W(Z < 0{,}85) - W(Z \leq -0{,}65)$

$W(Z < 0{,}85) = 0{,}5 + \text{Tabellenwert } T(0{,}85) = 0{,}5 + 0{,}30234$
$= 0{,}80234$

$W(Z \leq -0{,}65) = \text{Tabellenwert } T(-0{,}65) = 0{,}25785$

$W(Z < 0{,}85) - W(Z \leq -0{,}65) = 0{,}80234 - 0{,}25785 = 0{,}54449$

$W(4{,}35 < X < 5{,}85) = 0{,}54449$

Die Wahrscheinlichkeit dafür, daß eine Walnuß zwischen 4,35 und 5,85 Gramm wiegt, ist 54,449 %. Anders ausgedrückt, 54,449 % aller Walnüsse wiegen zwischen 4,35 und 5,85 Gramm.

zu c)

Die Wahrscheinlichkeit dafür, daß eine Walnuß 4,5 Gramm wiegt, entspricht der Fläche unter der Normalverteilungskurve in dem Intervall von 4,45 bis 4,55. Denn an der Stelle 4,5 läßt sich keine Fläche berechnen.

Es wird ein Flächenstreifen berechnet, der eine Einheit breit ist. Diese Einheit ist hier ein Zehntelgramm (0,1 g).

$W(4{,}45 \leq X \leq 4{,}55) = W(X \leq 4{,}55) - W(X < 4{,}45)$
$x = 4{,}55 \Rightarrow z = -0{,}45 \Rightarrow$ Tabellenwert 0,32636
$x = 4{,}45 \Rightarrow z = -0{,}55 \Rightarrow$ Tabellenwert 0,29116

$W(4{,}45 \leq X \leq 4{,}55) = 0{,}32636 - 0{,}29116 = 0{,}03520$

Die Wahrscheinlichkeit dafür, daß eine Nuß 4,5 g wiegt, ist 0,03520.

Lösung Aufgabe 24

zu a)

Da das Gewicht der Eisenteile normalverteilt ist, lassen sich die gesuchten Wahrscheinlichkeiten wie $W(X < x)$ bzw. $W(X \leq x)$ mit Hilfe der Tabellen der standardisierten Normalverteilung als $W(Z < z)$ bzw. $W(Z \leq z)$ berechnen,

$$\text{wobei } z = \frac{x - \mu}{\sigma} \quad \text{und} \quad \mu = 2800 \quad \text{und} \quad \sigma = 50.$$

1. Fall: Gesucht ist die Wahrscheinlichkeit $W(X < 2731)$.

$W(X < 2731)$ ist gleich der Fläche unter der Normalverteilungskurve in dem Intervall von minus unendlich bis zu der oberen Grenze 2731.

Die Standardisierung der oberen Grenze 2731 führt zu dem Z-Wert z_o.

$$x = 2731 \quad \Rightarrow \quad z_o = \frac{2731 - 2800}{50} = -1{,}38.$$

So ergibt sich: $W(X < 2731) = W(Z < -1{,}38)$

$W(X < 2731) = W(Z < -1{,}38)$ entspricht in der folgenden Graphik der schraffierten Fläche unter der standardisierten Normalverteilungskurve.

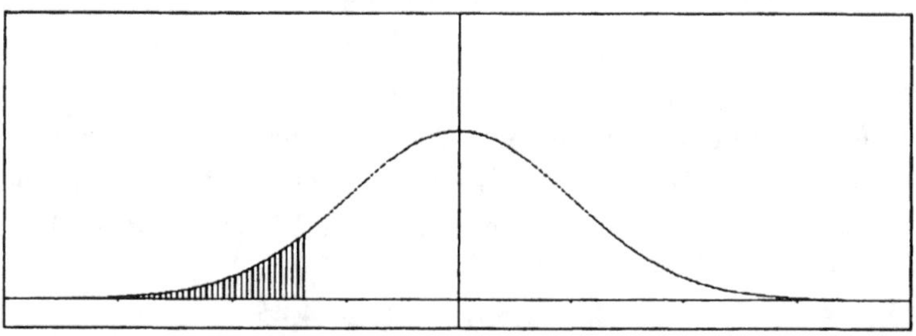

Der Tabellenwert $T(-1{,}38) = 0{,}08379$ entspricht ebenfalls der Fläche, die in der obigen Graphik schraffiert ist.

Also ist $W(X < 2731) = 0{,}08379 = 8{,}379\ \%$.

2. Fall: Gesucht ist die Wahrscheinlichkeit $W(2753 \leq X \leq 2876)$.

$W(2753 \leq X \leq 2876)$ ist gleich der Fläche unter der Normalverteilungskurve in dem Intervall von der unteren Grenze 2753 bis zu der oberen Grenze 2876.

Die Standardisierung der unteren Grenze führt zu dem Z–Wert z_u.

$$x = 2753 \quad \Rightarrow \quad z_u = \frac{2753 - 2800}{50} = -0{,}94$$

Die Standardisierung der oberen Grenze führt zu dem Z–Wert z_o.

$$x = 2876 \quad \Rightarrow \quad z_o = \frac{2876 - 2800}{50} = 1{,}52$$

So ergibt sich: $W(2753 \leq X \leq 2876) = W(-0{,}94 \leq Z \leq 1{,}52)$.

$W(-0{,}94 \leq Z \leq 1{,}52)$ entspricht der nächsten schraffierten Fläche.

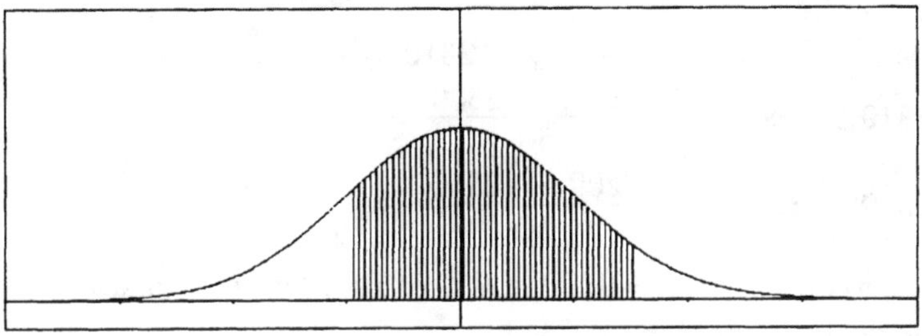

Der Tabellenwert von $-0{,}94 = 0{,}17361$ entspricht der Fläche, die in der nächsten Graphik schraffiert ist.

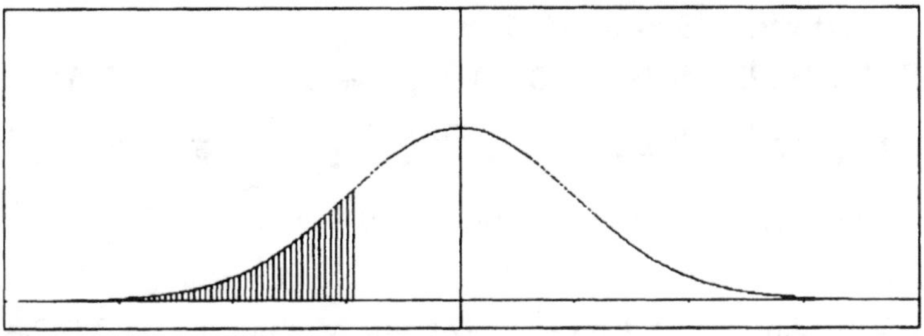

Der Tabellenwert von $1{,}52 = 0{,}43574$ entspricht der Fläche, die in der nächsten Graphik schraffiert ist.

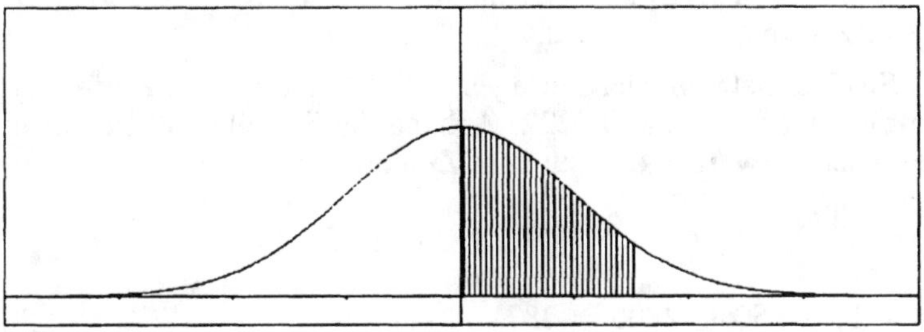

So ergibt sich die gesuchte Wahrscheinlichkeit wie folgt:

$$W(2753 \leq X \leq 2876) = W(-0{,}94 \leq Z \leq 1{,}52)$$
$$= (0{,}5 - 0{,}17361) + 0{,}43574 = 0{,}76213$$

Die Wahrscheinlichkeit dafür, daß ein Eisenteil zwischen 2753 g und 2876 g wiegt, macht 76,213 % aus.

3. Fall: Gesucht ist die Wahrscheinlichkeit W(X = 2810).

Die Wahrscheinlichkeit dafür, daß ein Eisenteil 2810 Gramm wiegt, entspricht der Fläche unter der Normalverteilungskurve in dem Intervall von 2809,5 bis 2810,5. Denn genau an der Stelle 2810 läßt sich keine Fläche berechnen. Es wird ein Flächenstreifen berechnet, der eine Einheit (hier: 1 g) breit ist.

$$W(2809{,}5 \le X \le 2810{,}5) = W(X \le 2810{,}5) - W(X < 2809{,}5)$$

$$x = 2810{,}5 \quad \Rightarrow \quad z_o = \frac{2810{,}5 - 2800}{50} = 0{,}21$$

$$x = 2809{,}5 \quad \Rightarrow \quad z_u = \frac{2809{,}5 - 2800}{50} = 0{,}19$$

$W(X \le 2810{,}5) = W(Z \le 0{,}21) = 0{,}5 +$ Tabellenwert von 0,21

Tabellenwert von 0,21 = 0,08317

$$W(X \le 2810{,}5) = W(Z \le 0{,}21) = 0{,}5 + 0{,}08317 = 0{,}58317$$

$W(X < 2809{,}5) = W(Z \le 0{,}19) = 0{,}5 +$ Tabellenwert von 0,19

Tabellenwert von 0,19 = 0,07535

$$W(X < 2809{,}5) = W(Z \le 0{,}19) = 0{,}5 + 0{,}07535 = 0{,}57535$$

$$W(2809{,}5 \le X \le 2810{,}5) = W(X \le 2810{,}5) - W(X \le 2809{,}5)$$
$$= 0{,}58317 - 0{,}57535 = 0{,}00782$$

0,782 % aller Eisenteile wiegen (etwa) 2810 Gramm.

zu b)

Die Aufgabe gibt mit 92,22 % = 0,9222 die Maßzahl für die Fläche unter der Normalverteilungskurve vor, die sich von minus unendlich bis zu der unbekannten oberen Grenze g erstreckt, die es zu berechnen gilt.

Es geht - anders ausgedrückt - darum, die Gleichung $W(X \le g) = 0{,}9222$ nach g aufzulösen.

Dieses Flächenmaß läßt sich zerlegen in 0,5 (für die linke Hälfte der Normalverteilungsfläche) und 0,4222. Anhand der Tabelle läßt sich ermitteln, daß der Tabellenwert 0,4222 zu dem Z-Wert 1,42 gehört.

$$\frac{g - 2800}{50} = 1{,}42 \quad \Leftrightarrow \quad g - 2800 = 1{,}42 \cdot 50$$

$$\Leftrightarrow \quad g = 1{,}42 \cdot 50 + 2800 = 2871$$

Ein zufällig entnommenes Eisenteil darf demnach höchstens 2871 g wiegen, damit sein zufälliges Auftreten nicht wahrscheinlicher als 92,22 % ist. Oder: Wenn ein zufällig entnommenes Eisenteil nicht schwerer als 2871 g ist, dann ist die Wahrscheinlichkeit seines Auftretens 0,9222.

Lösung Aufgabe 25

X sei die Zufallsvariable für das Gewicht der "Viererpacks". Da X die Summe der Gewichte von vier Kassetten ist, die ihrerseits unabhängig voneinander normalverteilt sind, ist X ebenfalls normalverteilt. Dabei ist das Durchschnittsgewicht μ_V der "Viererpacks" die Summe der Durchschnitte der vier addierten Zufallsvariablen, in diesem besonderen Fall, da die Durchschnitte gleich sind, das Vierfache des Durchschnittsgewichts der Kassetten.

$\Rightarrow \quad \mu_V = 4 \cdot \mu_K \quad \Leftrightarrow \quad \mu_V = 320$

Die Varianz σ_V^2 des Gewichts der "Viererpacks" ist die Summe der Varianzen der vier addierten Zufallsvariablen, in diesem besonderen Fall, da die Varianzen gleich sind, das Vierfache der Varianz des Gewichts der Kassetten. Die Varianz des Gewichts der Kassetten ist $\sigma_K^2 = 3^2 = 9$.

$\Rightarrow \quad \sigma_V^2 = 4 \cdot 9 = 36 \quad \Rightarrow \quad \sigma_V = 6$

Die gesuchten Wahrscheinlichkeiten $W(X < x)$ bzw. $W(X \le x)$ lassen sich nun mit Hilfe der Tabelle der standardisierten Normalverteilung als $W(Z < z)$ bzw. $W(Z \le z)$ berechnen,

$$\text{wobei } z = \frac{x - \mu}{\sigma} \quad \text{und} \quad \mu = 320 = \mu_V \quad \text{und} \quad \sigma = 6 = \sigma_V.$$

zu a)

1. Fall: Zunächst ist die Wahrscheinlichkeit $W(X > 330{,}62)$ gesucht; sie entspricht der Fläche unter der Normalverteilungskurve, die in der folgenden Graphik schraffiert ist.

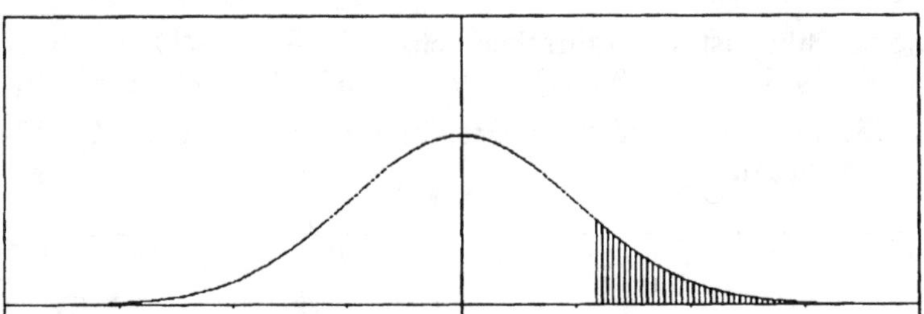

$W(X > 330{,}62) = 1 - W(X \le 330{,}62)$

$W(X \le 330{,}62)$ entspricht dem in der obigen Graphik *nicht* schraffierten Teil der Normalverteilungsfläche.

$$x = 330{,}62 \quad \Rightarrow \quad z = \frac{330{,}62 - 320}{9} = 1{,}18$$

Der Tabellenwert $T(1{,}18) = 0{,}38100$
$W(X \leq 330{,}62) = 0{,}5 + 0{,}38100 = 0{,}88100$

$W(X > 330{,}62) = 1 - 0{,}88100 = 0{,}11900$

Die Wahrscheinlichkeit, daß ein "Viererpack" schwerer als 330,62 g ist, macht 11,9 % aus.

2. Fall: Hier geht es um die Wahrscheinlichkeit $W(X < 325{,}67)$; sie entspricht der Fläche unter der Normalverteilungskurve, die in der nächsten Graphik schraffiert ist.

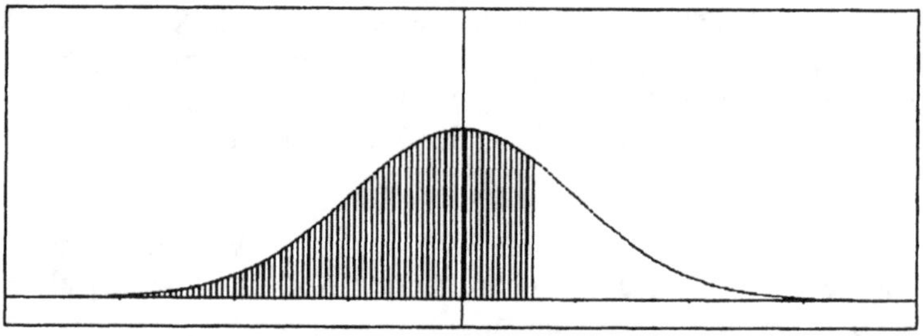

$W(X < 325{,}67) = 0{,}5 + \text{Tabellenwert } T(Z)$

$$x = 325{,}67 \quad \Rightarrow \quad z = \frac{325{,}67 - 320}{9} = 0{,}63$$

Tabellenwert $T(0{,}63) = 0{,}23565$
$W(X < 325{,}67) = 0{,}5 + 0{,}23565 = 0{,}73565$

Die Wahrscheinlichkeit, daß ein "Viererpack" leichter als 325,67 g ist, macht 73,565 % aus.

3. Fall: Schließlich ist die Wahrscheinlichkeit $W(324{,}5 < X < 331{,}7)$ gefragt. $W(324{,}5 < X < 331{,}7) = W(X < 331{,}7) - W(X \leq 324{,}5)$

$W(X < 331{,}7)$ ist in der nächsten Graphik schraffiert und $W(X \leq 324{,}5)$ in der übernächsten.

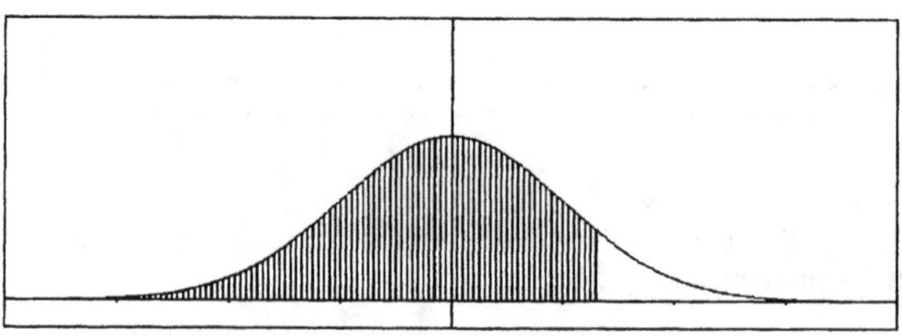

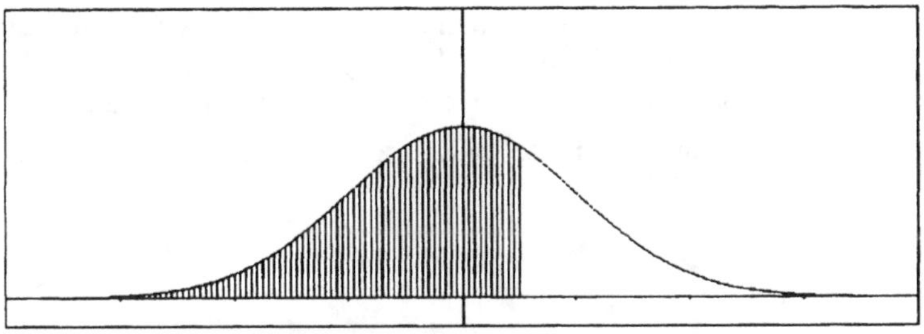

$$x = 331{,}7 \Rightarrow z = \frac{331{,}7 - 320}{9} = 1{,}3$$

Tabellenwert T(1,3) = 0,40320

W(X < 331,7) = 0,5 + 0,40320 = 0,90320

$$x = 324{,}5 \Rightarrow z = \frac{324{,}5 - 320}{9} = 0{,}5$$

Tabellenwert T(0,5) = 0,19146

W(X ≤ 324,5) = 0,5 + 0,19146 = 0,69146

W(324,5 < X < 331,7) = 0,90320 - 0,69146 = 0,21174

Die Wahrscheinlichkeit, daß ein "Viererpack" zwischen 324,5 g und 331,7 g wiegt, beträgt 21,174 %.

zu b)

Das durchschnittliche Gewicht pro "Viererpack" ist 320 g. Dabei ist zu bedenken, daß möglicherweise kein einziger "Viererpack" genau 320 g wiegt; aber das Durchschnittsgewicht von allen "Viererpacks" beträgt eben 320 g.

Wenn nun eine Stichprobe von 36 "Viererpacks" gezogen wird, kann erwartet werden, daß das Durchschnittsgewicht $\overline{X}$ dieser 36 "Viererpacks" ebenfalls 320 g beträgt.

Der Erwartungswert $\mu(\overline{X})$ für das Stichprobenmittel ist 320 Gramm, womit aber noch nicht gesagt ist, wie groß das Durchschnittsgewicht in der geplanten Stichprobe tatsächlich sein wird.

Das tatsächliche Stichprobenmittel weicht vom Erwartungswert mehr oder weniger ab. Die Durchschnittsgewichte aller möglichen Stichproben werden um den Erwartungswert streuen. Diese Streuung ist jedoch kleiner als die Streuung der Gewichte der einzelnen "Viererpacks" um das Durchschnittsgewicht.

Denn in einer Stichprobe von 36 "Viererpacks" können beispielsweise nicht alle 36 so wenig wiegen wie der leichteste. Wenn der leichteste

"Viererpack" überhaupt in dieser Stichprobe vorkommt, dann müssen 35 "Viererpacks" schwerer sein, so daß sich ein größeres Stichprobenmittel als das Gewicht des leichtesten "Viererpacks" ergeben muß. Also streuen die Stichprobenmittel weniger als das Gewicht der "Viererpacks".

Die Streuung der Stichprobenmittel $\sigma(\overline{X})$ ergibt sich aus der Streuung der "Viererpacks" σ_V wie folgt:

$$\sigma(\overline{X}) = \frac{\sigma_V}{\sqrt{n}}$$

Außerdem sind die Stichprobenmittel normalverteilt, weil das Gewicht der "Viererpacks" normalverteilt ist. So läßt sich die gesuchte Wahrscheinlichkeit $W(317{,}22 < \overline{X} < 321{,}55)$ mit Hilfe der Tabelle der standardisierten Normalverteilung berechnen,

$$\text{wobei } z = \frac{\overline{X} - \mu(\overline{X})}{\sigma(\overline{X})}$$

$$\text{und } \mu(\overline{X}) = 320 = \mu_V \text{ und } \sigma(\overline{X}) = \frac{6}{\sqrt{36}} = 1.$$

Gefragt ist die Wahrscheinlichkeit $W(317{,}22 < \overline{X} < 321{,}55)$, die in der folgenden Graphik schraffiert dargestellt ist.

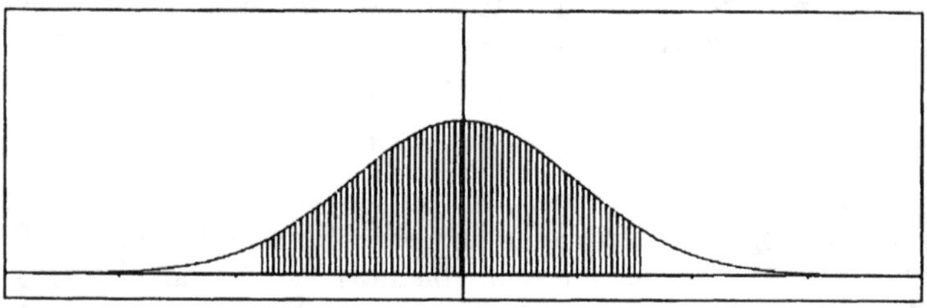

$$W(317{,}22 < \overline{X} < 321{,}55) = W(\overline{X} < 321{,}55) - W(\overline{X} \leq 317{,}22)$$

$W(\overline{X} < 321{,}55)$ ist in der nächsten Graphik dargestellt, $W(\overline{X} \leq 317{,}22)$ in der übernächsten.

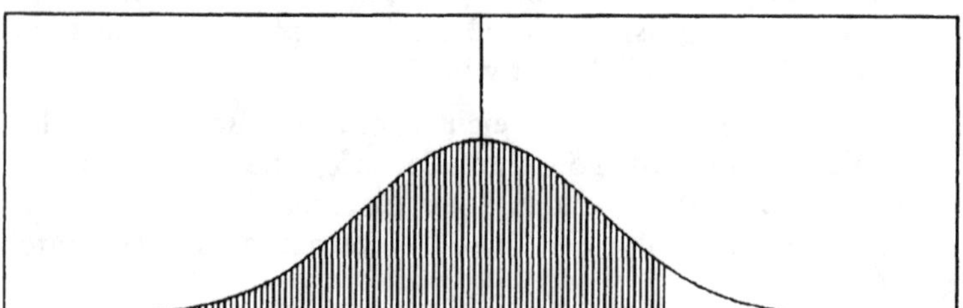

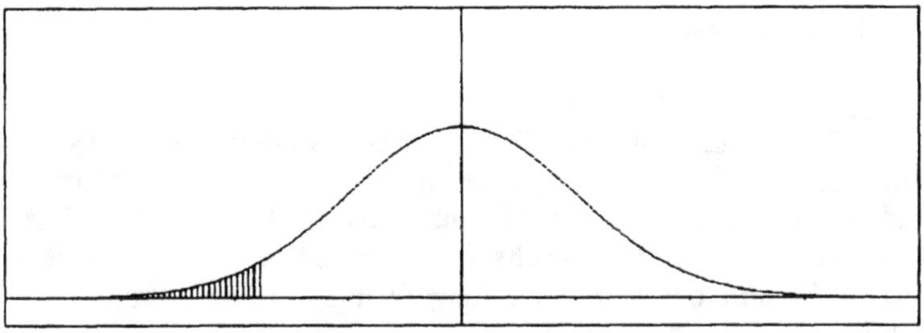

$W(\overline{X} < 321{,}55) \Rightarrow z = \dfrac{321{,}55 - 320}{1} = 1{,}55$

$W(\overline{X} < 321{,}55) = 0{,}5 + \text{Tabellenwert } (1{,}55)$

Tabellenwert (1,55) = 0,43943

$W(\overline{X} < 321{,}55) = 0{,}5 + 0{,}43943 = 0{,}93943$

$W(\overline{X} \leq 317{,}22) \Rightarrow z = \dfrac{317{,}22 - 320}{1} = -2{,}78$

Tabellenwert (–2,78) = 0,00272

$W(\overline{X} \leq 317{,}22) = 0{,}00272$

$W(317{,}22 < \overline{X} < 321{,}55) = 0{,}93943 - 0{,}00272 = 0{,}93671$

Die Wahrscheinlichkeit, daß in einer geplanten Stichprobe von 36 "Viererpacks" das Durchschnittsgewicht der "Viererpacks" zwischen 317,22 g und 321,55 g liegt, beträgt 93,671 %.

Lösung Aufgabe 26

zu a)

X sei die Zufallsvariable für das Gewicht der kompletten Schraube. Da X die Summe des Gewichts der Schraube und des Gewichts der Mutter ist, die ihrerseits unabhängig voneinander normalverteilt sind, ist X ebenfalls normalverteilt. Dabei ist das Durchschnittsgewicht μ_K der kompletten Schraube die Summe des Durchschnittsgewichts der Schraube und des Durchschnittsgewichts der Mutter.

$$\Rightarrow \quad \mu_K = \mu_S + \mu_M \quad \wedge \quad \mu_S = 100 \quad \wedge \quad \mu_M = 9 \quad \Rightarrow \quad \mu_K = 109$$

Die Varianz $\sigma_K{}^2$ des Gewichts der kompletten Schraube ist die Summe der Varianz der Schraube und der Varianz der Mutter.

$$\Rightarrow \quad \sigma_K{}^2 = \sigma_S{}^2 + \sigma_M{}^2 \quad \wedge \quad \sigma_S{}^2 = 2^2 = 4 \quad \wedge \quad \sigma_M{}^2 = 1{,}5^2 = 2{,}25$$

$$\Rightarrow \quad \sigma_K{}^2 = 6{,}25 \quad \Rightarrow \quad \sigma_K = 2{,}5$$

Gesuchte Wahrscheinlichkeiten $W(X \leq x)$ lassen sich nun mit Hilfe der Tabelle der standardisierten Normalverteilung als $W(Z \leq z)$ berechnen,

$$\text{wobei } z = \frac{x - \mu}{\sigma} \quad \text{und} \quad \mu = 109 = \mu_K \quad \text{und} \quad \sigma = 2{,}5 = \sigma_K.$$

Gesucht ist die Wahrscheinlichkeit $W(104{,}175 < X < 111{,}125)$; sie entspricht der Fläche unter der Normalverteilungskurve, die in der folgenden Graphik schraffiert ist.

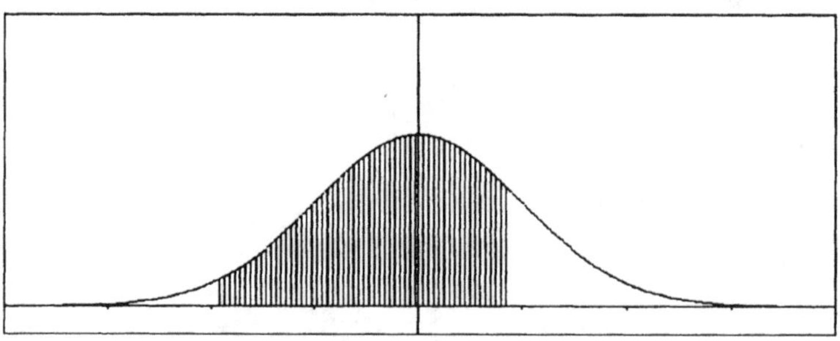

$$W(104{,}175 < X < 111{,}125) = W(X < 111{,}125) - W(X \leq 104{,}175)$$

$W(X < 111{,}125)$ ist in der nächsten Graphik schraffiert dargestellt und $W(X \leq 104{,}175)$ in der übernächsten.

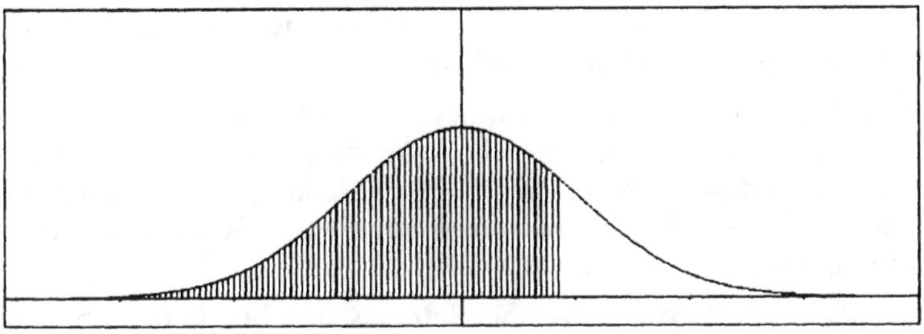

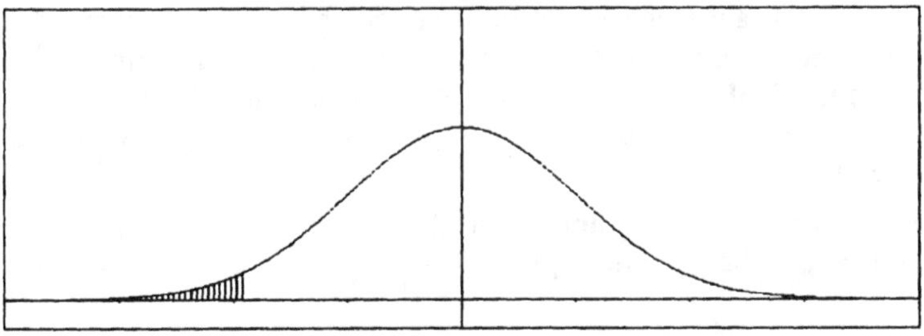

$$x = 111{,}125 \rightarrow z = \frac{111{,}125 - 109}{2{,}5} = 0{,}85$$

Tabellenwert T(0,85) = 0,30234

W(X < 111,125) = 0,5 + 0,30234 = 0,80234

$$x = 104{,}175 \rightarrow z = \frac{104{,}175 - 109}{2{,}5} = -1{,}93$$

Tabellenwert T(−1,93) = 0,02680

W(X ≤ 140,175) = 0,02680

W(104,175 < X < 331,7) = 0,80234 − 0,02680 = 0,77554

Die Wahrscheinlichkeit, daß eine komplette Schraube zwischen 104,175 g und 111,125 g wiegt, beträgt 77,554 %.

zu b)

Das durchschnittliche Gewicht pro kompletter Schraube ist 109 g. Dabei ist zu bedenken, daß möglicherweise keine einzige komplette Schraube genau 109 g wiegt; aber das Durchschnittsgewicht von allen kompletten Schrauben beträgt eben 109 g.

Wenn nun eine Stichprobe von 64 kompletten Schrauben gezogen wird, so ist zu erwarten, daß das Durchschnittsgewicht in dieser Stichprobe ebenfalls 109 g beträgt.

Der Erwartungswert $\mu(\overline{X})$ für das Stichprobenmittel ist 109 Gramm, womit aber noch nicht gesagt ist, wie groß das Durchschnittsgewicht in der geplanten Stichprobe tatsächlich sein wird.

Das tatsächliche Stichprobenmittel weicht vom Erwartungswert mehr oder weniger ab. Die Durchschnittsgewichte aller möglichen Stichproben werden um den Erwartungswert streuen. Diese Streuung ist jedoch kleiner als die Streuung der Gewichte der einzelnen kompletten Schrauben um das Durchschnittsgewicht.

Denn in einer Stichprobe von 64 kompletten Schrauben können beispielsweise nicht alle 64 so wenig wiegen wie die leichteste. Wenn die leichteste komplette Schraube überhaupt in dieser Stichprobe vorkommt, dann müssen 63 komplette Schrauben schwerer sein, so daß sich ein größeres Stichprobenmittel als das Gewicht der leichtesten Schraube ergeben muß. Also streuen die Stichprobenmittel weniger als das Gewicht der kompletten Schrauben.

Die Streuung der Stichprobenmittel $\sigma(\overline{X})$ ergibt sich aus der Streuung der kompletten Schraube σ_K wie folgt:

$$s(\overline{X}) = \frac{s_K}{\sqrt{n}}$$

Außerdem sind die Stichprobenmittel normalverteilt, weil das Gewicht der kompletten Schrauben normalverteilt ist. So läßt sich die gesuchte Wahrscheinlichkeit $W(108{,}65 < \overline{X} < 109{,}45)$ mit Hilfe der Tabelle der standardisierten Normalverteilung berechnen,

$$\text{wobei } z = \frac{\overline{X} - \mu(\overline{X})}{\sigma(\overline{X})}$$

$$\text{und } \mu(\overline{X}) = 109 = \mu_K \text{ und } \sigma(\overline{X}) = \frac{2{,}5}{\sqrt{64}} = 0{,}3125.$$

Gefragt ist die Wahrscheinlichkeit $W(108{,}65 < \overline{X} < 109{,}45)$, die in der folgenden Graphik schraffiert dargestellt ist.

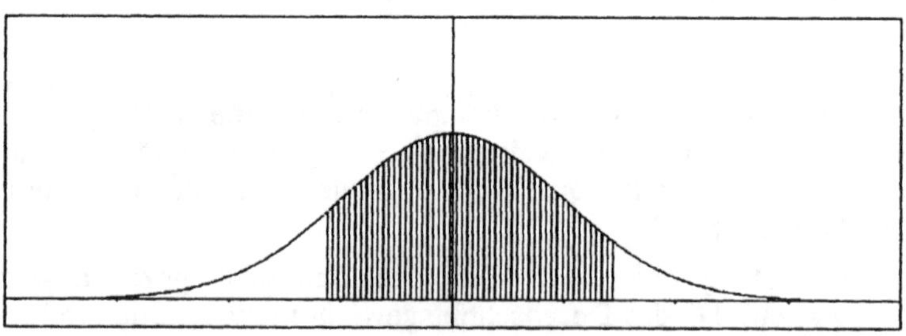

$$W(108{,}65 < \overline{X} < 109{,}45) = W(\overline{X} < 109{,}45) - W(\overline{X} \leq 108{,}65)$$

$W(\overline{X} < 109{,}45)$ ist in der nächsten Graphik dargestellt, $W(\overline{X} \leq 108{,}65)$ in der übernächsten.

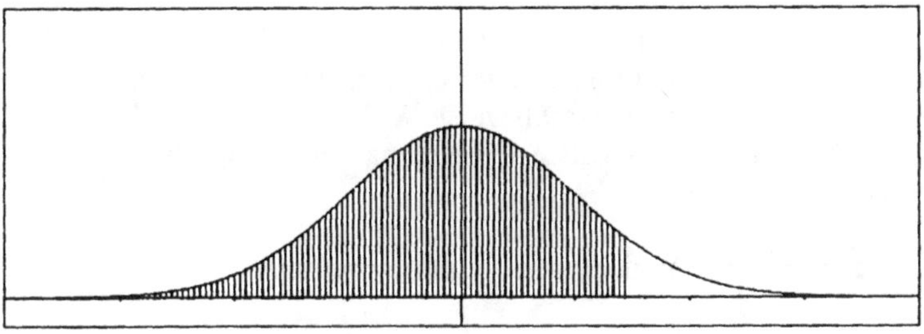

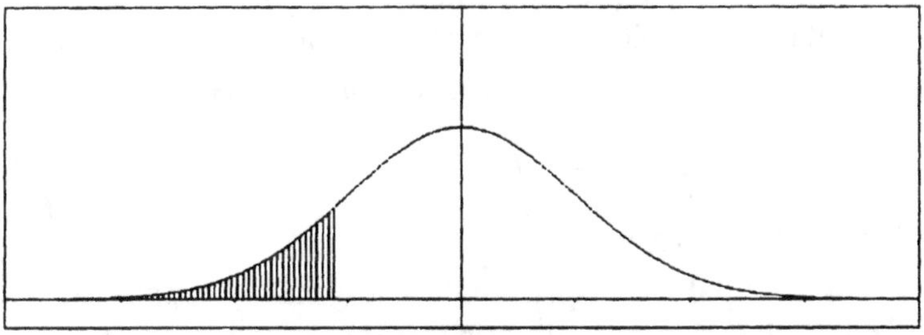

$$W(\overline{X} < 109{,}45) \quad \Rightarrow \quad z = \frac{109{,}45 - 109}{0{,}3125} = 1{,}44$$

$W(\overline{X} < 109{,}45) = 0{,}5 + \text{Tabellenwert}\ (1{,}44)$

Tabellenwert $(1{,}44) = 0{,}42507$

$W(\overline{X} < 109{,}45) = 0{,}5 + 0{,}42507 = 0{,}92507$

$$W(\overline{X} \leq 108{,}65) \quad \Rightarrow \quad z = \frac{108{,}65 - 109}{0{,}3125} = -1{,}12$$

Tabellenwert $(-1{,}12) = 0{,}13136$

$W(\overline{X} \leq 108{,}65) = 0{,}13136$

$W(108{,}65 < \overline{X} < 109{,}45) = 0{,}92507 - 0{,}13136 = 0{,}79371$

Die Wahrscheinlichkeit, daß in einer geplanten Stichprobe von 64 kompletten Schrauben das Durchschnittsgewicht zwischen 108,65 g und 109,45 g liegt, beträgt 79,371 %.

Lösung Aufgabe 27

zu a)

Da das Gewicht der Kugeln normalverteilt ist, lassen sich die gesuchten Wahrscheinlichkeiten wie beispielsweise $W(X < x)$ bzw. $W(X \leq x)$ mit Hilfe der Tabelle der standardisierten Normalverteilung als $W(Z < z)$ bzw. $W(Z \leq z)$ berechnen,

$$\text{wobei } z = \frac{x - \mu}{\sigma} \text{ und } \mu = 20 \text{ und } \sigma = 2{,}5.$$

1. Fall: Gesucht ist die Wahrscheinlichkeit $W(X > 24)$.

$W(X > 24)$ ist gleich der Fläche unter der Normalverteilungskurve in dem Intervall von der unteren Grenze 24 bis unendlich.

Die Standardisierung der unteren Grenze 24 führt zu dem Z-Wert z_u.

$$x = 24 \;\Rightarrow\; z_u = \frac{24 - 20}{2{,}5} = 1{,}6$$

Nun ist $W(X > 24)$ gleich $W(Z > 1{,}6)$.

$W(X > 24) = W(Z > 1{,}6)$ entspricht in der folgenden Graphik der schraffierten Fläche unter der standardisierten Normalverteilungskurve.

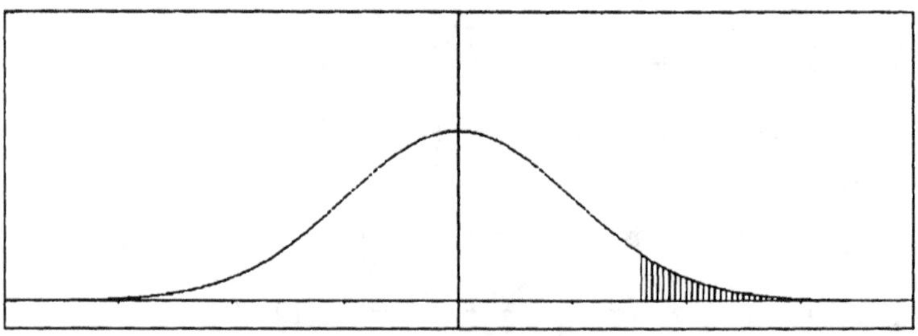

Der Tabellenwert $T(1{,}6) = 0{,}44520$ entspricht aber der Fläche, die in der nächsten Graphik schraffiert ist.

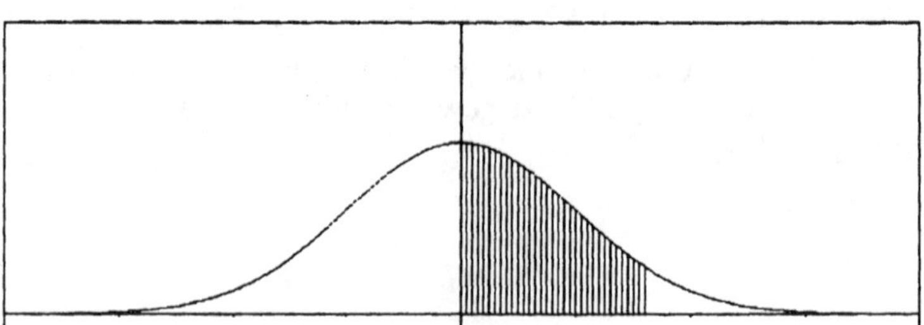

So ergibt sich die gesuchte Wahrscheinlichkeit $W(X > 24)$ als die Differenz $W(X > 24) = 0{,}5 - 0{,}44520 = 0{,}05480$. Dabei steht 0,5 für die rechte Hälfte der Normalverteilungsfläche.

Die Wahrscheinlichkeit, daß eine Kugel mehr als 24 g wiegt, ist 5,48 %.

2. Fall: Gesucht ist die Wahrscheinlichkeit $W(X \le 16{,}5)$.

$W(X \le 16{,}5)$ ist gleich der Fläche unter der Normalverteilungskurve in dem Intervall von minus unendlich bis zu der oberen Grenze 16,5.

Die Standardisierung der oberen Grenze 16,5 führt zu dem Z-Wert z_o.

$$x = 16{,}5 \quad \Rightarrow \quad z_o = \frac{16{,}5 - 20}{2{,}5} = -1{,}4$$

$$\Rightarrow \quad W(X \le 16{,}5) = W(Z \le -1{,}4)$$

$W(Z \le -1{,}4)$ entspricht in der folgenden Graphik der schraffierten Fläche unter der standardisierten Normalverteilungskurve.

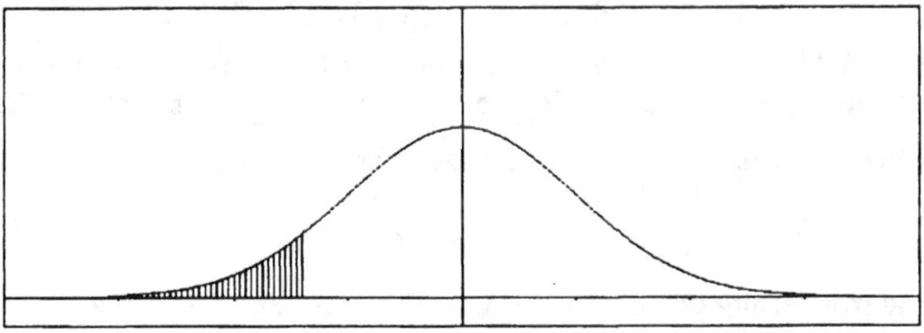

Der Tabellenwert $T(-1{,}4) = 0{,}08076$ entspricht ebenfalls der Fläche, die in der obigen Graphik schraffiert ist.

$W(X \le 16{,}5) = W(Z \le -1{,}4) = 0{,}08076$. Die Wahrscheinlichkeit, daß eine Kugel höchstens 16,5 g wiegt, ist 8,076 %.

3. Fall: Gesucht ist die Wahrscheinlichkeit $W(X \ge 19)$.

$W(X \ge 19)$ ist gleich der Fläche unter der Normalverteilungskurve in dem Intervall von der unteren Grenze 19 bis unendlich.

Die Standardisierung der unteren Grenze führt zu dem Z–Wert z_u.

$$x = 19 \quad \Rightarrow \quad z_u = \frac{19 - 20}{2{,}5} = -0{,}4$$

$W(X \ge 19)$ ist jetzt gleich $W(Z \le -0{,}4)$.

$W(Z \le -0{,}4)$ entspricht in der folgenden Graphik der schraffierten Fläche unter der standardisierten Normalverteilungskurve.

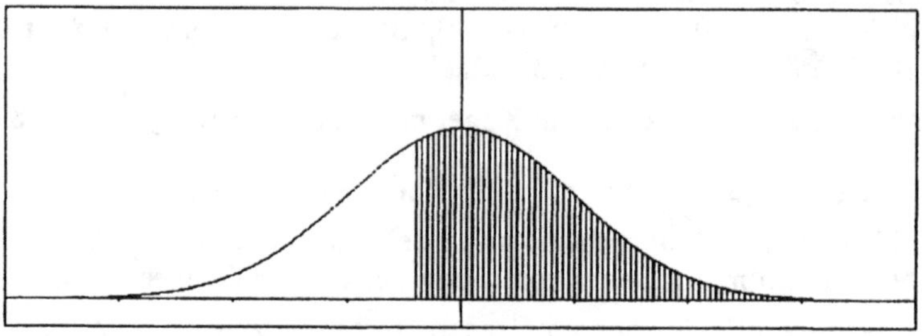

Der Tabellenwert von −0,4 = 0,34458 entspricht aber genau der Fläche, die in der obigen Graphik *nicht* schraffiert ist.

Die gesuchte Wahrscheinlichkeit ist dann die folgende Differenz.

$W(X \geq 19) = W(Z \geq -0{,}4) = 1 - 0{,}34458 = 0{,}65542$. Die Wahrscheinlichkeit dafür, daß eine Kugel mindestens 19 g wiegt, ist 65,542 %.

4. Fall: Gesucht ist die Wahrscheinlichkeit $W(17 \leq X \leq 22)$.

$W(17 \leq X \leq 22)$ ist gleich der Fläche unter der Normalverteilungskurve in dem Intervall von der unteren Grenze 17 bis zu der oberen Grenze 22.

Die Standardisierung der unteren Grenze führt zu dem Z–Wert z_u.

$$x = 17 \quad \Rightarrow \quad z_u = \frac{17 - 20}{2{,}5} = -1{,}2$$

Die Standardisierung der oberen Grenze führt zu dem Z–Wert z_o.

$$x = 22 \quad \Rightarrow \quad z_o = \frac{22 - 20}{2{,}5} = 0{,}8$$

$$\Rightarrow \quad W(17 \leq X \leq 22) = W(-1{,}2 \leq Z \leq 0{,}8)$$

$W(-1{,}2 \leq Z \leq 0{,}8)$ entspricht in der folgenden Graphik der schraffierten Fläche unter der standardisierten Normalverteilungskurve.

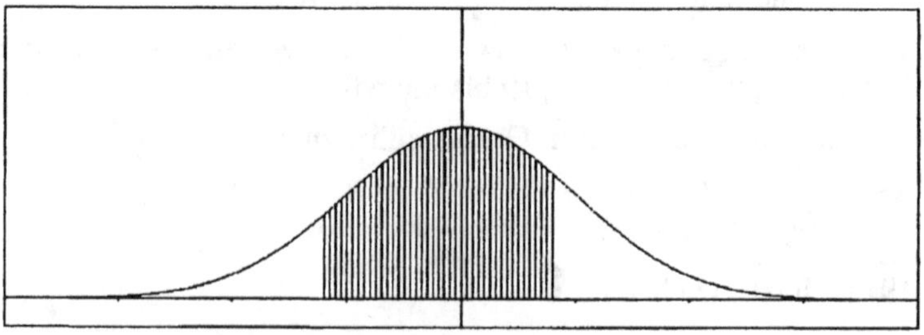

Der Tabellenwert von 0,8 = 0,28814 entspricht der Fläche, die in der nächsten Graphik schraffiert ist.

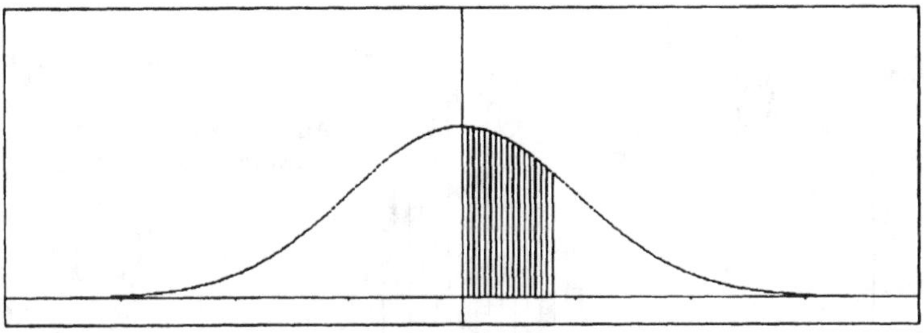

Der Tabellenwert von $-1{,}2 = 0{,}11507$ entspricht der Fläche, die in der nächsten Graphik schraffiert ist.

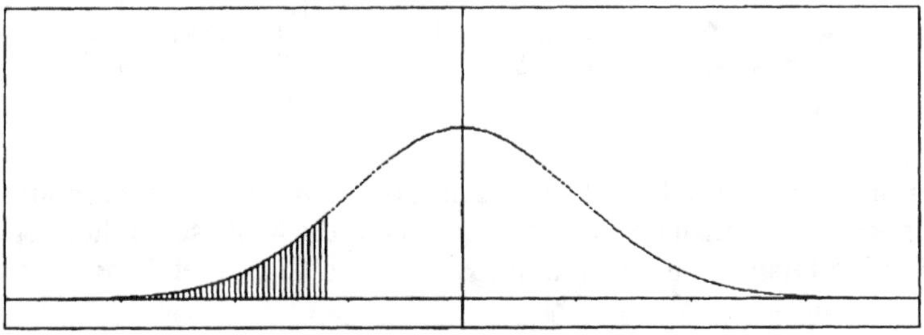

Die gesuchte Wahrscheinlichkeit ergibt sich nun wie folgt:

$$W(17 \leq X \leq 22) = W(-1{,}2 \leq Z \leq 0{,}8)$$
$$= (0{,}5 - 0{,}11507) + 0{,}28814 = 0{,}67307$$

Die Wahrscheinlichkeit, daß eine Kugel zwischen 17 g und 22 g wiegt, macht 67,307 % aus.

zu b)

Bei diesem Sachverhalt, bei dem es nicht mehr um das *Gewicht einzelner* Kugeln geht, ist X die Zufallsvariable für die *Anzahl* roter Kugeln unter den 300 Kugeln in einer Stichprobe.

X ist binomialverteilt mit $n = 300$ und $p = 0{,}2$.

$$W(X = k) = \binom{300}{k} \cdot 0{,}2^k \cdot 0{,}8^{300-k}$$

Diese Binomialverteilung ist in der folgenden Graphik als Säulendiagramm dargestellt. Auf die Darstellung der Wahrscheinlichkeiten für k-Werte kleiner 30 und für k-Werte größer 90 wurde verzichtet, da sie praktisch gleich null sind. Es muß aber darauf hingewiesen werden, daß hier zu einer Stichprobe insgesamt 300 Kugeln gehören.

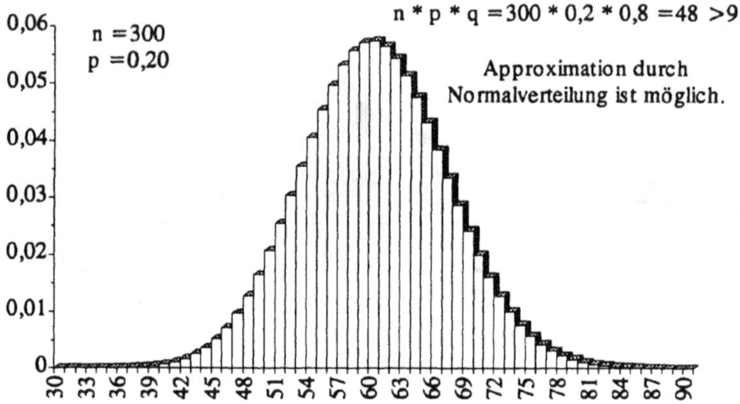

Die Binomialverteilung bringt bei einem größeren Stichprobenumfang, so wie hier, rechentechnische Probleme mit sich; die Wahrscheinlichkeiten für das obige Diagramm wurden mit Hilfe eines Computer-Programms berechnet.

In der nächsten Graphik ist der Maßstab auf der senkrechten Achse des Säulendiagramms so verändert, daß die Darstellung niedriger wird und die Ähnlichkeit mit der Normalverteilungskurve recht gut zu erkennen ist.

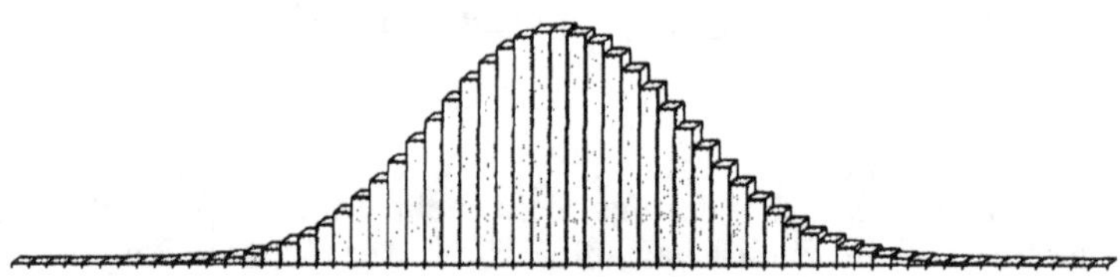

Die Möglichkeit, eine Binomialverteilung durch eine Normalverteilung zu approximieren, ist dann gegeben, wenn $n \cdot p \cdot q > 9$ ist.

Hier ist $n \cdot p \cdot q = 300 \cdot 0{,}2 \cdot 0{,}8 = 48 > 9$.

Die für die Normalverteilung benötigten Parameter errechnen sich wie folgt:

$$\mu = n \cdot p = 300 \cdot 0{,}2 = 60$$

$$\sigma = \sqrt{n \cdot p \cdot q} = \sqrt{300 \cdot 0{,}2 \cdot 0{,}8} = \sqrt{48}$$

$$\sigma = 6{,}928\ldots$$

1. Fall: Gefragt ist die Wahrscheinlichkeit $W(X \leq 40)$.

Diese Wahrscheinlichkeit ist in dem Diagramm der Binomialverteilung dargestellt mit den Frontflächen der Säulen von 0 bis 40. Die Säule für eine Stichprobe mit 40 roten Kugeln steht auf der waagerechten Achse "in voller Breite mitten auf der Stelle 40"; sie reicht von 39,5 bis 40,5. Wenn nun die Wahrscheinlichkeit $W(X \leq 40)$ mit Hilfe der Normalverteilung berechnet werden soll bzw. kann, so entspricht die gesuchte Wahrscheinlichkeit der Fläche unter der Normalverteilungskurve von minus unendlich bis zu der oberen Grenze 40 + 0,5.

Die Standardisierung der oberen Grenze 40 führt also unter Berücksichtigung des Korrekturwertes 0,5 zu dem Z-Wert z_o.

$$x = 40 \quad \Rightarrow \quad z_o = \frac{40 + 0{,}5 - 60}{6{,}928\ldots} = -2{,}81 \text{ (gerundet)}$$

So ist $W(X \leq 40) = W(Z \leq -2{,}81)$.

Der Tabellenwert von –2,81 ist 0,00248 und entspricht der gefragten Wahrscheinlichkeit, daß höchstens 40 rote unter den 300 gezogenen Kugeln zu finden sind.

$W(X \leq 40) = 0{,}00248 = 0{,}248\ \%$

2. Fall: Gefragt ist $W(X \geq 75)$.

Da die Säule für eine Stichprobe mit 75 roten Kugeln auf der waagerechten Achse "in voller Breite mitten auf der Stelle 75" steht - sie reicht von 74,5 bis 75,5 - entspricht die gesuchte Wahrscheinlichkeit der Fläche unter der Normalverteilungskurve von der unteren Grenze 75 – 0,5 bis unendlich.

$W(X \geq 75)$ entspricht unter Berücksichtigung des Korrekturwertes 0,5 der Fläche unter der Normalverteilung von der unteren Grenze 74,5 bis ∞.

Die Standardisierung der unteren Grenze führt zu dem Z-Wert z_u.

$$x = 75 \quad \Rightarrow \quad z_u = \frac{75 - 0{,}5 - 60}{6{,}928\ldots} = 2{,}09 \text{ (gerundet)}$$

Also: $W(X \geq 75) = W(Z \geq 2{,}09)$.

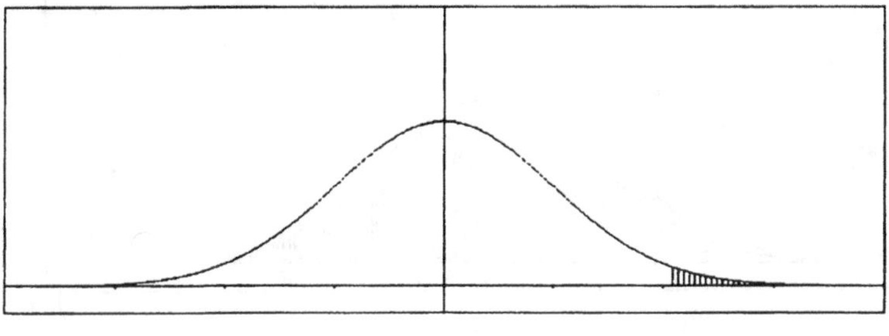

$W(X \geq 75) = W(Z \geq 2{,}09)$ ist in der obigen Graphik dargestellt.

Der Tabellenwert von 2,09 = 0,48169 gibt aber die in der nächsten Graphik schraffierte Fläche an.

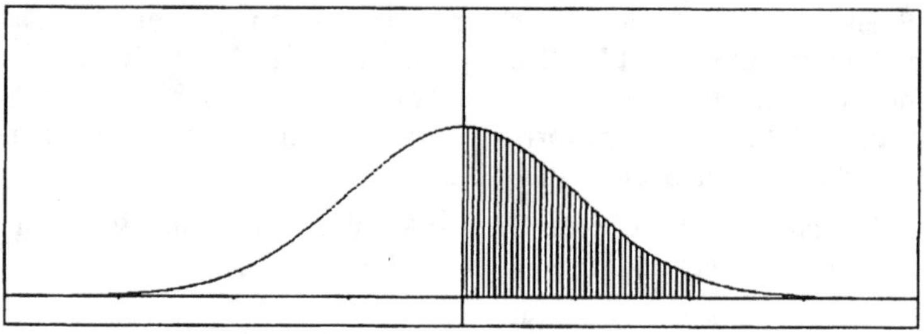

Dann ist die gefragte Wahrscheinlichkeit $W(X \geq 75)$ die folgende Differenz:

$$W(X \geq 75) = 0{,}5 - 0{,}48169 = 0{,}01831 = 1{,}831\ \%$$

3. ***Fall:*** Gefragt ist $W(X = 66)$.

Die Säule für eine Stichprobe mit 66 roten Kugeln steht auf der waagerechten Achse "in voller Breite mitten auf der Stelle 66"; sie reicht von 65,5 bis 66,5. Die gesuchte Wahrscheinlichkeit entspricht also genau der Frontfläche dieser Säule. Unter der Normalverteilungskurve ist damit die Fläche von der unteren Grenze 65,5 bis zur oberen Grenze 66,5 gemeint.

Die Standardisierung von 66 führt zu der unteren Grenze

$$z_u = \frac{66 - 0{,}5 - 60}{6{,}928\ldots} = 0{,}79 \text{ (gerundet)}$$

und zu der oberen Grenze

$$z_o = \frac{66 + 0{,}5 - 60}{6{,}928\ldots} = 0{,}94 \text{ (gerundet).}$$

Demnach ist $W(X = 66) = W(0{,}79 \leq Z \leq 0{,}94)$.

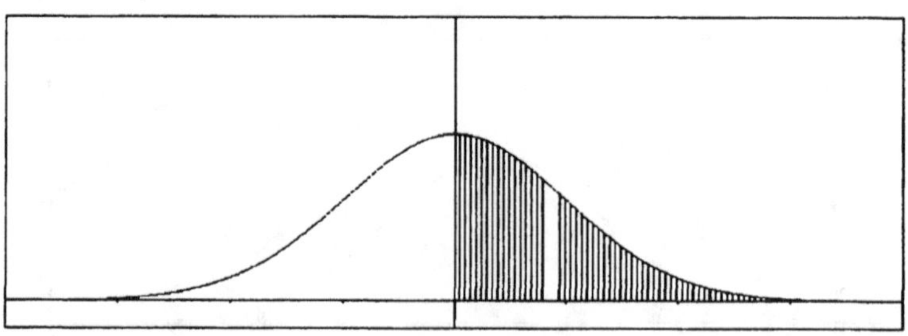

W(X = 66) = W(0,79 ≤ Z ≤ 0,94) ist in der obigen Graphik der nicht schraffierte Streifen in der rechten Hälfte unter der Normalverteilungskurve. Der linke Teil der schraffierten Fläche entspricht dem Tabellenwert von 0,79, also 0,28524.

Der rechte Teil der schraffierten Fläche ergibt sich als die Differenz 0,5 minus dem Tabellenwert von 0,94, nämlich 0,5 – 0,32639 = 0,17361. Die schraffierten Teilflächen machen demnach 0,28524 + 0,17361 = 0,45885 aus.

Der nicht schraffierte Teil ergibt dann 0,04115.

W(X = 66) = 0,04115 = 4,115 %.

Die Wahrscheinlichkeit, daß in einer Stichprobe genau 66 rote Kugeln sind, beträgt 0,04115.

Lösung Aufgabe 28

zu a)

Da das Gewicht der Kugeln normalverteilt ist, lassen sich die gesuchten Wahrscheinlichkeiten wie beispielsweise $W(X < x)$ bzw. $W(X \leq x)$ mit Hilfe der Tabelle der standardisierten Normalverteilung als $W(Z < z)$ bzw. $W(Z \leq z)$ berechnen,

$$\text{wobei } z = \frac{x - \mu}{\sigma} \text{ und } \mu = 350 \text{ und } \sigma = 12{,}5.$$

1. Fall: Gesucht ist die Wahrscheinlichkeit $W(X > 367)$.

$W(X > 367)$ ist gleich dem Inhalt der Fläche unter der Normalverteilungskurve in dem Intervall von der unteren Grenze 367 bis unendlich.

Die Standardisierung der unteren Grenze 367 führt zu dem Z-Wert z_u.

$$x = 367 \Rightarrow z_u = \frac{367 - 350}{12{,}5} = 1{,}36$$

Nun ist $W(X > 367)$ gleich $W(Z > 1{,}36)$.

$W(Z > 1{,}36)$ entspricht in der folgenden Graphik der schraffierten Fläche unter der standardisierten Normalverteilungskurve.

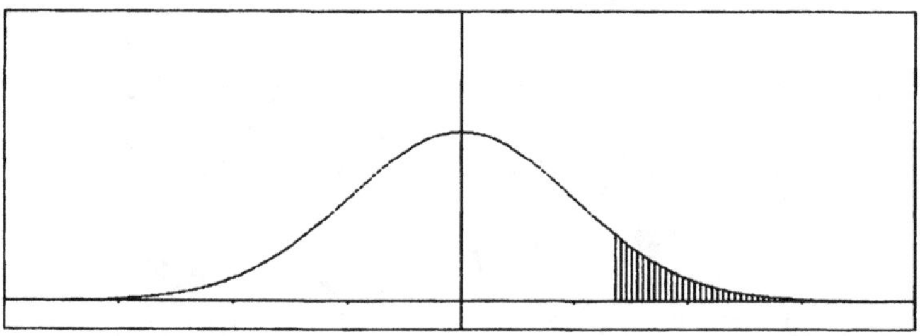

Der Tabellenwert $T(1{,}36) = 0{,}41308$ entspricht aber der Fläche, die in der nächsten Graphik schraffiert ist.

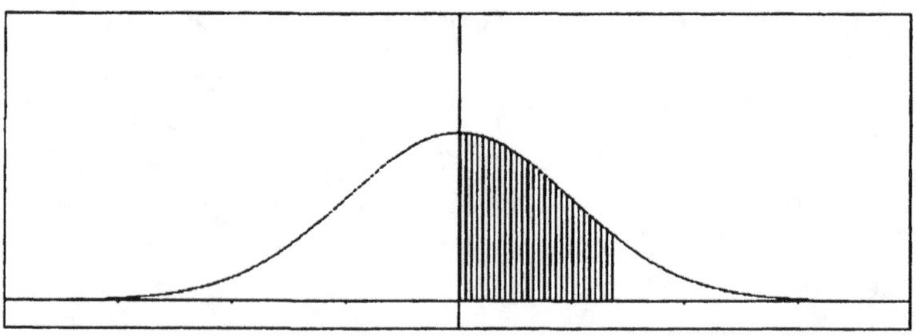

Die gesuchte Wahrscheinlichkeit W(X > 24) ist dann die folgende Differenz:
W(X > 367) = 0,5 − 0,41308 = 0,08692.
Dabei steht 0,5 für die rechte Hälfte der Normalverteilungsfläche.

Die Wahrscheinlichkeit, daß eine Kugel mehr als 367 g wiegt, ist 8,69 %.

2. Fall: Gesucht ist die Wahrscheinlichkeit W(X ≤ 336).

W(X ≤ 336) entspricht der Fläche unter der Normalverteilungskurve in dem Intervall von minus unendlich bis zu der oberen Grenze 336.

Die Standardisierung der oberen Grenze 336 führt zu dem Z-Wert z_o.

$$x = 336 \quad \Rightarrow \quad z_o = \frac{336 - 350}{12{,}5} = -1{,}12$$

⇒ W(X ≤ 336) = W(Z ≤ −1,12)

W(Z ≤ −1,12) entspricht in der folgenden Graphik der schraffierten Fläche unter der standardisierten Normalverteilungskurve.

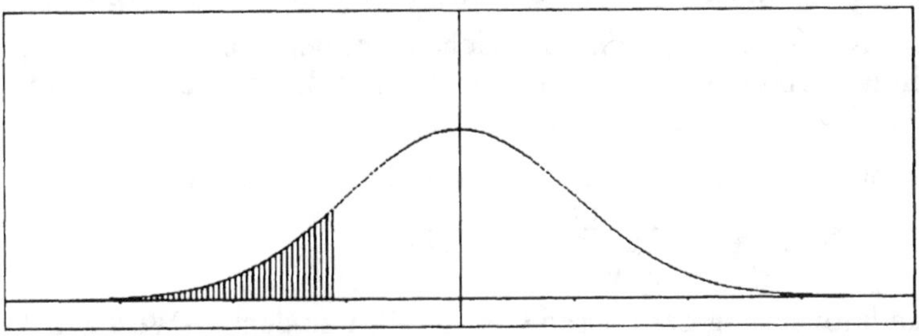

Der Tabellenwert T(−1,12) = 0,13136 entspricht ebenfalls der Fläche, die in der obigen Graphik schraffiert ist.

W(X ≤ 336) = W(Z > −1,12) = 0,13136. Die Wahrscheinlichkeit, daß eine Kugel höchstens 336 g wiegt, ist 13,136 %.

3. Fall: Gesucht ist die Wahrscheinlichkeit W(X ≥ 344).

W(X ≥ 344) entspricht der Fläche unter der Normalverteilungskurve in dem Intervall von der unteren Grenze 344 bis unendlich.

Die Standardisierung der unteren Grenze führt zu dem Z−Wert z_u.

$$x = 344 \quad \Rightarrow \quad z_u = \frac{344 - 350}{12{,}5} = -0{,}48$$

So ergibt sich: W(X ≥ 344) = W(Z ≥ −0,48).

W(X ≥ 344) = W(Z ≥ −0,48) entspricht in der folgenden Graphik der schraffierten Fläche unter der standardisierten Normalverteilungskurve.

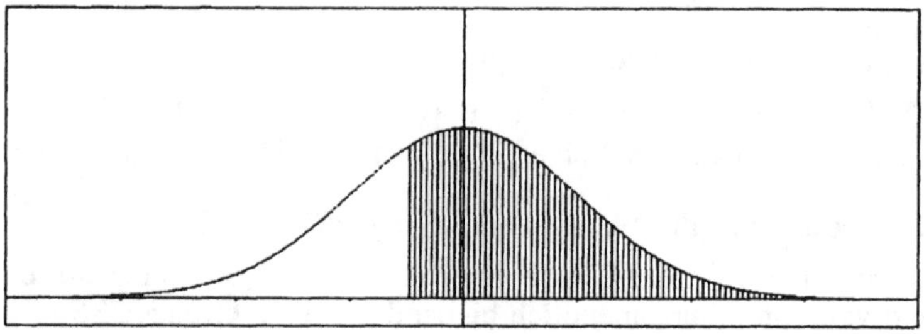

Der Tabellenwert von −0,48 = 0,31561 entspricht aber genau der Fläche, die in der obigen Graphik *nicht* schraffiert ist.

Nun ist die gesuchte Wahrscheinlichkeit die folgende Differenz.

$W(X \geq 344) = W(Z > -0,48) = 1 - 0,31561 = 0,68439$. Die Wahrscheinlichkeit, daß eine Kugel mindestens 344 g wiegt, ist 68,439 %.

4. Fall: Gesucht ist die Wahrscheinlichkeit $W(332 \leq X \leq 362)$.

$W(332 \leq X \leq 362)$ entspricht der Fläche unter der Normalverteilungskurve in dem Intervall von der unteren Grenze 332 bis zu der oberen Grenze 362.

Die Standardisierung der unteren Grenze führt zu dem Z–Wert z_u.

$$x = 332 \quad \Rightarrow \quad z_u = \frac{332 - 350}{12,5} = -1,44$$

Die Standardisierung der oberen Grenze führt zu dem Z–Wert z_o.

$$x = 362 \quad \Rightarrow \quad z_o = \frac{362 - 350}{12,5} = 0,96$$

$\Rightarrow \quad W(332 \leq X \leq 362) = W(-1,44 \leq Z \leq 0,96)$

$W(-1,44 \leq Z \leq 0,96)$ entspricht in der folgenden Graphik der schraffierten Fläche unter der standardisierten Normalverteilungskurve.

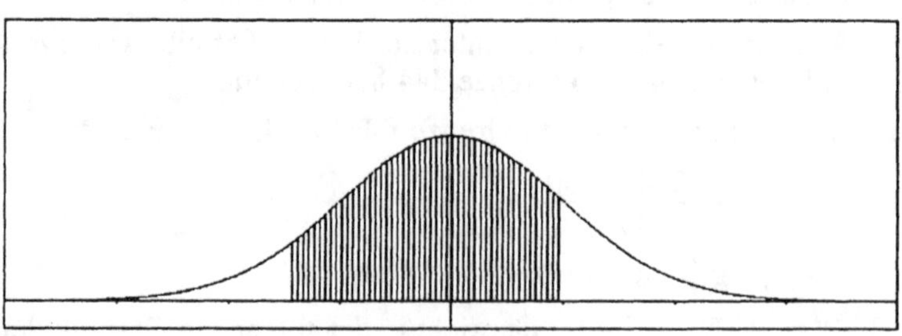

Der Tabellenwert von 0,96 = 0,33147 entspricht der Fläche, die in der nächsten Graphik schraffiert ist.

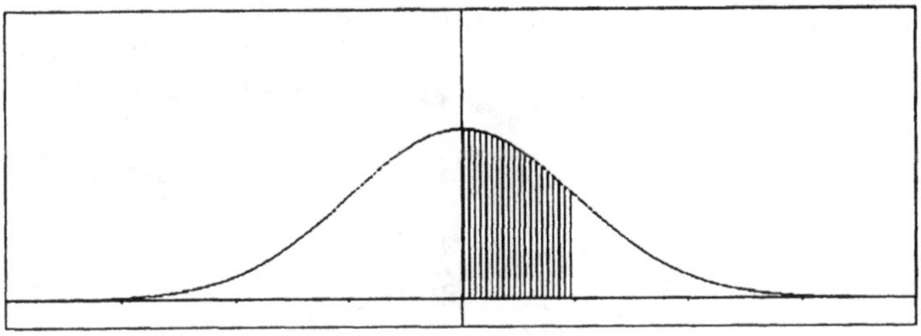

Der Tabellenwert von −1,44 = 0,07493 entspricht der Fläche, die in der nächsten Graphik schraffiert ist.

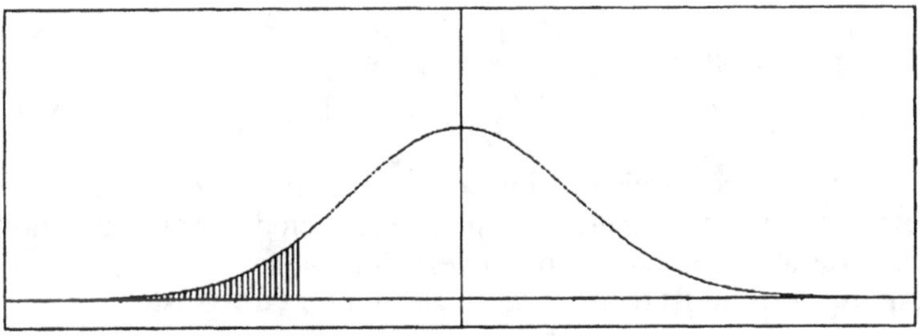

Demnach ergibt sich die gesuchte Wahrscheinlichkeit wie folgt:

$$W(332 \leq X \leq 362) = W(-1{,}44 \leq Z \leq 0{,}96)$$
$$= (0{,}5 - 0{,}07493) + 0{,}33147 = 0{,}75654$$

Die Wahrscheinlichkeit dafür, daß eine Kugel zwischen 332 g und 362 g wiegt, macht 75,654 % aus.

zu b)

Bei diesem neuen Sachverhalt, bei dem es nicht mehr um das *Gewicht einzelner* Kugeln geht, ist X die Zufallsvariable für die *Anzahl* grüner Kugeln unter den 240 Kugeln in einer Stichprobe.

X ist binomialverteilt mit n = 240 und p = 0,375.

$$W(X = k) = \binom{240}{k} \cdot 0{,}375^k \cdot 0{,}625^{240-k}$$

Diese Binomialverteilung ist in der folgenden Graphik als Säulendiagramm dargestellt. Auf die Darstellung der Wahrscheinlichkeiten für k-Werte kleiner 63 und für k-Werte größer 115 wurde verzichtet, weil sie praktisch gleich null sind. Trotzdem gehören zu einer Stichprobe insgesamt 240 Kugeln.

Die Wahrscheinlichkeiten für dieses Säulendiagramm wurden mit Hilfe eines Computer-Programms berechnet.

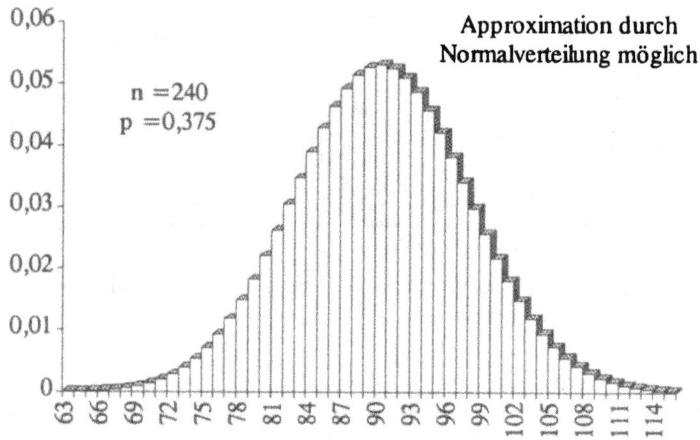

Wegen der rechentechnischen Schwierigkeiten, die die Binomialverteilung in diesem Fall mit sich bringt, liegt die Frage nach der Approximation der Binomialverteilung durch die Normalverteilung nahe.
Diese Approximation ist dann erlaubt, wenn $n \cdot p \cdot q > 9$ ist.

Hier ist $n \cdot p \cdot q = 240 \cdot 0{,}375 \cdot 0{,}625 = 56{,}25$.

In der nächsten Graphik ist zu sehen, daß der Maßstab auf der senkrechten Achse im Säulendiagramm der Binomialverteilung so verändert ist, daß die Darstellung insgesamt niedriger wird. Daraufhin läßt sich die "Ähnlichkeit" mit der Normalverteilungskurve recht gut erkennen.

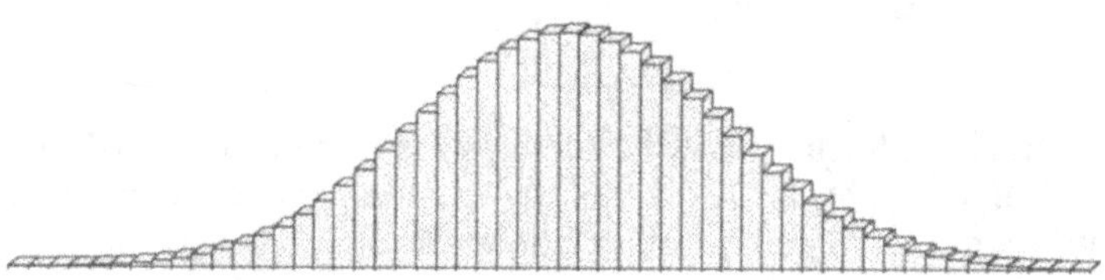

Die für die Normalverteilung benötigten Parameter erhält man wie folgt:

$$\mu = n \cdot p = 240 \cdot 0{,}375 = 90$$

$$\sigma = \sqrt{n \cdot p \cdot q} = \sqrt{240 \cdot 0{,}375 \cdot 0{,}625} = \sqrt{56{,}25}$$

$$\sigma = 7{,}5$$

1. Fall: Gefragt ist die Wahrscheinlichkeit $W(X \leq 106)$.

Diese Wahrscheinlichkeit ist in dem Diagramm der Binomialverteilung dargestellt mit den Frontflächen der Säulen von 0 bis 106. Die Säule für eine Stichprobe mit 106 grünen Kugeln steht auf der waagerechten Achse mit der Breite von einer Einheit mitten auf der Stelle 106; sie reicht von 105,5 bis 106,5. Wenn nun die Wahrscheinlichkeit $W(X \leq 106)$ mit Hilfe der Normalverteilung berechnet werden soll bzw. kann, so entspricht die gesuchte Wahrscheinlichkeit der Fläche unter der Normalverteilungskurve von minus unendlich bis zu der oberen Grenze 106 + 0,5.

Die Standardisierung der oberen Grenze 106 führt also unter Berücksichtigung des Korrekturwertes 0,5 zu dem Z-Wert z_o.

$$x = 106 \quad \Rightarrow \quad z_o = \frac{106 + 0{,}5 - 90}{7{,}5} = 2{,}20$$

So ist $W(X \leq 106) = W(Z \leq 2{,}20)$.

Der Tabellenwert T(2,20) ist 0,48610 und entspricht der Fläche, die in der folgenden Graphik schraffiert ist.

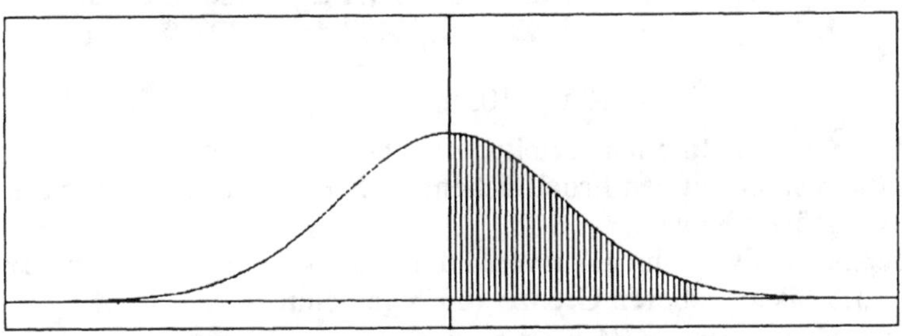

Um die gefragte Wahrscheinlichkeit zu erhalten, muß 0,5 addiert werden; denn 0,5 ist das Flächenmaß für die gesamte linke Hälfte der Normalverteilungsfläche.

Die Wahrscheinlichkeit, daß höchstens 106 grüne unter den 240 gezogenen Kugeln zu finden sind, ist also 0,98610.

$W(X \leq 106) = 0{,}98610 = 98{,}61\ \%$

2. Fall: Gefragt ist $W(X \geq 77)$.

Da die Säule für eine Stichprobe mit 77 grünen Kugeln auf der waagerechten Achse "in voller Breite mitten auf der Stelle 77" steht - sie reicht von 76,5 bis 77,5 - entspricht die gesuchte Wahrscheinlichkeit der Fläche unter der Normalverteilungskurve von der unteren Grenze 77 – 0,5 bis unendlich.

$W(X \geq 77)$ entspricht unter Berücksichtigung des Korrekturwertes 0,5 der Fläche unter der Normalverteilungskurve von der unteren Grenze 76,5 bis unendlich.

Die Standardisierung der unteren Grenze führt zu dem Z-Wert z_u.

$$x = 77 \quad \Rightarrow \quad z_u = \frac{77 - 0{,}5 - 90}{7{,}5} = -1{,}8$$

So ist also $W(X \geq 77) = W(Z \geq -1{,}8)$.

$W(X \geq 77) = W(Z \geq -1{,}8)$ ist in der folgenden Graphik dargestellt.

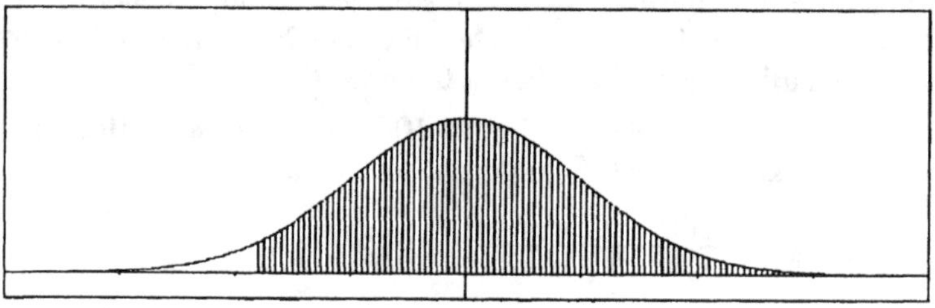

Der Tabellenwert von $-1{,}8 = 0{,}03593$ gibt aber genau die Fläche an, die in der obigen Graphik *nicht* schraffiert ist.

Dann ist die gefragte Wahrscheinlichkeit $W(X \geq 77)$ die folgende Differenz: $W(X \geq 77) = 1 - 0{,}03593 = 0{,}96407 = 96{,}407\ \%$.

3. Fall: Gefragt ist $W(74 \leq X \leq 103)$.

In der Graphik der Binomialverteilung (siehe oben) ist diese Wahrscheinlichkeit dargestellt mit den Frontflächen der Säulen für Stichproben mit 74 bis 103 grünen Kugeln.
Unter der Normalverteilungskurve ist damit die Fläche von der unteren Grenze 73,5 bis zur oberen Grenze 103,5 gemeint.
Die Standardisierung von 74 führt zu der unteren Grenze

$$z_u = \frac{74 - 0{,}5 - 90}{7{,}5} = -2{,}2.$$

Die Standardisierung von 103 führt zu der oberen Grenze

$$z_o = \frac{103 + 0{,}5 - 90}{7{,}5} = 1{,}8.$$

Demnach ist $W(74 \leq X \leq 103) = W(-2{,}2 \leq Z \leq 1{,}8)$.

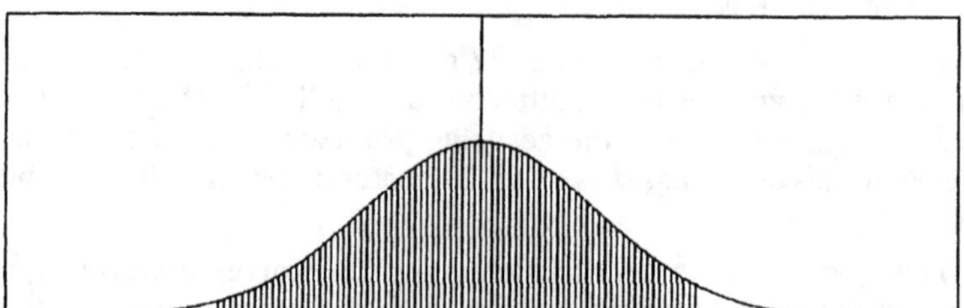

Die linke, *nicht* schraffierte Teilfläche entspricht dem Tabellenwert von −2,2: T(−2,2) = 0,01390.

Die rechte, *nicht* schraffierte Teilfläche entspricht der Differenz 0,5 minus dem Tabellenwert T(1,8) = 0,5 − 0,46407 = 0,03593.

Die gesamte schraffierte Fläche ergibt sich, wenn von der Normalverteilungsfläche die beiden *nicht* schraffierten Flächen subtrahiert werden.

$W(74 \leq X \leq 103) = 1 - (0{,}01390 + 0{,}03593) = 1 - 0{,}04983 = 0{,}95017$

Die Wahrscheinlichkeit, daß 74 bis 103 grüne Kugeln in der Stichprobe sind, beträgt 0,95017, also 95,017 %.

Lösung Aufgabe 29

zu a)

X ist die Zufallsvariable für die Anzahl der Vereinsmitglieder unter den zufällig angetroffenen 20 Österreichern und binomialverteilt.

$$W(X=k) = \binom{20}{k} \cdot 0{,}2^k \cdot 0{,}8^{20-k}$$

Die Wahrscheinlichkeit für k = 2 ist:

$$W(X=2) = \binom{20}{2} \cdot 0{,}2^2 \cdot 0{,}8^{18} = 0{,}1369094$$

Die Wahrscheinlichkeit für k = 3 ist:

$$W(X=3) = \binom{20}{3} \cdot 0{,}2^3 \cdot 0{,}8^{17} = 0{,}2053641$$

$$W(X=2 \vee X=3) = 0{,}1369094 + 0{,}2053641 = 0{,}3422735$$

Die Wahrscheinlichkeit, unter 20 zufällig angetroffenen Österreichern zwei oder drei Vereinsmitglieder zu finden, ist 34,22... %.

zu b)

Auch für die folgenden Aufgabenteile gilt, daß die Zufallsvariable binomialverteilt ist. Wegen der rechentechnischen Probleme, die die Binomialverteilung bei einem größeren Stichprobenumfang mit sich bringt, liegt jedoch die Frage nach der Approximation durch die Normalverteilung nahe. Die Voraussetzung dafür, daß $n \cdot p \cdot q > 9$, ist hier erfüllt; denn $n \cdot p \cdot q = 625 \cdot 0{,}2 \cdot 0{,}8 = 100 > 9$.

Die Parameter der Normalverteilung sind $\mu = 125$ und $\sigma = 10$.
Denn $\mu = n \cdot p = 625 \cdot 0{,}2$ und $\sigma = \sqrt{n \cdot p \cdot q} = \sqrt{625 \cdot 0{,}2 \cdot 0{,}8}$.

Die Wahrscheinlichkeit, unter den Gästen 118 bis 127 Vereinsmitglieder zu finden, ist $W(118 \le X \le 127)$. Die untere (linke) Intervallgrenze 118 führt unter Berücksichtigung des Korrekturwertes 0,5 zu dem Z-Wert z_u.

$$z_u = \frac{118 - 0{,}5 - 125}{10} = -0{,}75$$

Die obere (rechte) Intervallgrenze 127 führt unter Berücksichtigung des Korrekturwertes 0,5 zu dem Z-Wert z_o.

$$z_o = \frac{127 + 0{,}5 - 125}{10} = 0{,}25$$

$$W(118 \le X \le 127) = W(-0{,}75 \le Z \le 0{,}25)$$

$W(118 \le X \le 127)$ entspricht der Fläche unter der Kurve der Normalverteilung in dem Intervall von $z_u = -0{,}75$ bis $z_o = 0{,}25$.

Diese Fläche ist in der folgenden Graphik schraffiert hervorgehoben.

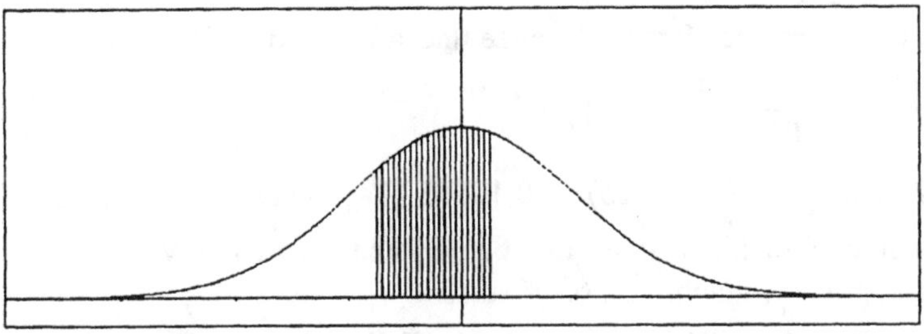

$W(118 \leq X \leq 127) = W(-0{,}75 \leq Z \leq 0{,}25)$
$= W(Z \leq 0{,}25) - W(Z < -0{,}75)$

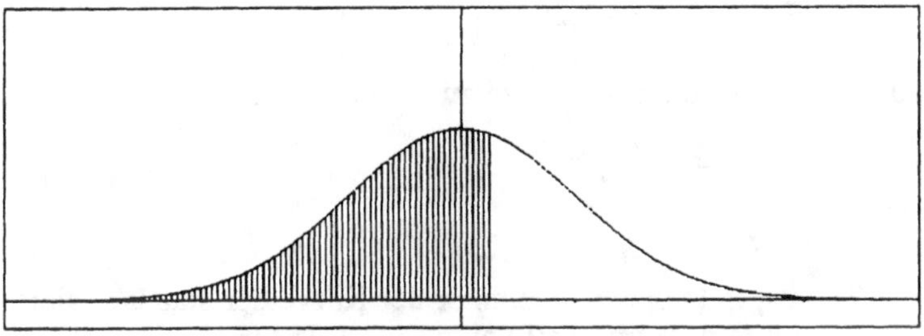

$W(Z \leq 0{,}25)$ ist in der obigen Graphik als schraffierte Fläche dargestellt.
$W(Z \leq 0{,}25) = 0{,}5 + 0{,}09871 = 0{,}59871$
Der Tabellenwert von 0,25 ist 0,09871, und 0,5 steht für die linke Hälfte der Normalverteilungsfläche.

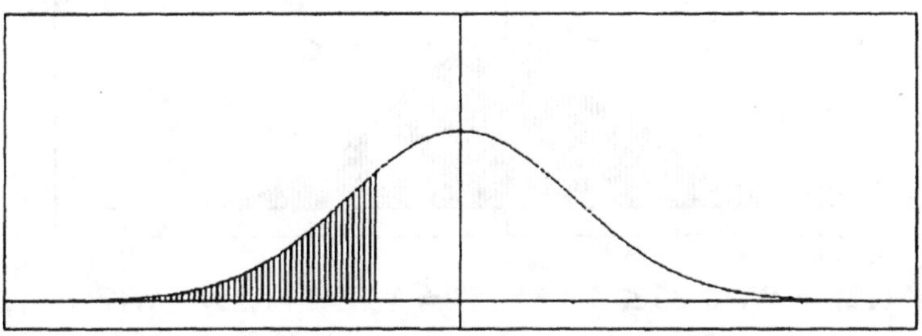

$W(Z < -0{,}75)$ ist in der obigen Graphik schraffiert dargestellt.
$W(Z < -0{,}75) = 0{,}22663$ (Tabellenwert von $-0{,}75$)
$W(118 \leq X \leq 127) = 0{,}59871 - 0{,}22663 = 0{,}37208$

Mit einer Wahrscheinlichkeit von 37,208 % findet man unter den 625 zufällig ausgewählten Österreichern 118 bis 127 Vereinsmitglieder.

zu c)

Gesucht ist die Wahrscheinlichkeit $W(X \leq 112)$.

112 ist obere (rechte) Intervallgrenze und führt zu dem Z-Wert z_o.

$$z_o = \frac{112 + 0{,}5 - 125}{10} = -1{,}25$$

$W(X \leq 112) = W(Z \leq -1{,}25) = 0{,}10565$ (Tabellenwert von $-1{,}25$)

Die Wahrscheinlichkeit, unter den 625 Gästen bis zu 112 Vereinsmitglieder zu finden, macht 10,565 % aus.

Des weiteren ist die Wahrscheinlichkeit $W(X = 112)$ gefragt. 112 ist untere (linke) und obere (rechte) Intervallgrenze zugleich. 112 führt als obere (rechte) Intervallgrenze zu dem Z-Wert

$$z_o = \frac{112 + 0{,}5 - 125}{10} = -1{,}25$$

und als untere (linke) Intervallgrenze zu dem Z-Wert

$$z_u = \frac{112 - 0{,}5 - 125}{10} = -1{,}35.$$

$W(X = 112) = W(-1{,}35 \leq Z \leq -1{,}25)$

$W(X = 112)$ entspricht der Fläche unter der Kurve der standardisierten Normalverteilung in dem Intervall von $z_u = -1{,}35$ bis $z_o = -1{,}25$.

Diese Fläche ist in der folgenden Graphik als *nicht* schraffierte Teilfläche unter der Normalverteilungskurve dargestellt.

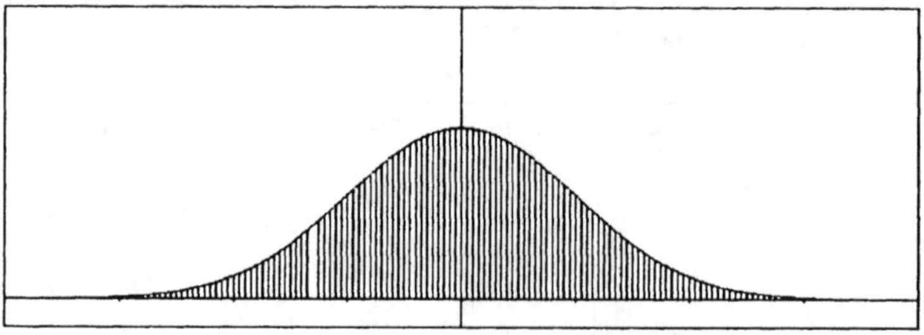

$W(X = 112) = W(-1{,}35 \leq Z \leq -1{,}25) = W(Z \leq -1{,}25) - W(Z < -1{,}35)$

$W(Z < -1{,}25) = 0{,}10565$ (Tabellenwert von $-1{,}25$)
$W(Z \leq -1{,}35) = 0{,}08851$ (Tabellenwert von $-1{,}35$)

$W(X = 112) = 0{,}10565 - 0{,}08851 = 0{,}01714$

Die Wahrscheinlichkeit, unter den 625 zufällig ausgewählten Österreichern genau 112 Vereinsmitglieder zu finden, ist 0,01714 = 1,714 %.

zu d)

Die angegebene Wahrscheinlichkeit entspricht der Fläche unter der Normalverteilungskurve von $-\infty$ bis zu demjenigen z_0-Wert, dem die gesuchte Anzahl von Vereinsmitgliedern entspricht.
Sie führt - vermindert um 0,5 für die linke Hälfte der Normalverteilungsfläche - zu dem Z-Wert 1,75.

Aus der Formel für z ergibt sich: $1{,}75 = \dfrac{x + 0{,}5 - 125}{10} \quad \Leftrightarrow \quad x = 142$

Es sind bis zu 142 Vereinsmitglieder unter den 625 geladenen Gästen, wenn die Wahrscheinlichkeit genau 0,95994 ausmacht.

Weiterhin ist die Wahrscheinlichkeit $W(X = 142)$ gefragt.
142 ist untere (linke) und obere (rechte) Intervallgrenze zugleich.
142 führt als obere (rechte) Intervallgrenze zu dem Z-Wert

$$z_o = \frac{142 + 0{,}5 - 125}{10} = 1{,}75$$

und als untere (linke) Intervallgrenze zu dem Z-Wert

$$z_u = \frac{142 - 0{,}5 - 125}{10} = 1{,}65.$$

$W(X = 142) = W(1{,}65 \le Z \le 1{,}75)$

$W(X = 142)$ entspricht der Fläche unter der Kurve der standardisierten Normalverteilung in dem Intervall von $z_u = 1{,}65$ bis $z_o = 1{,}75$.

Diese Fläche ist in der folgenden Graphik als *nicht* schraffierte Teilfläche unter der Normalverteilungskurve dargestellt.

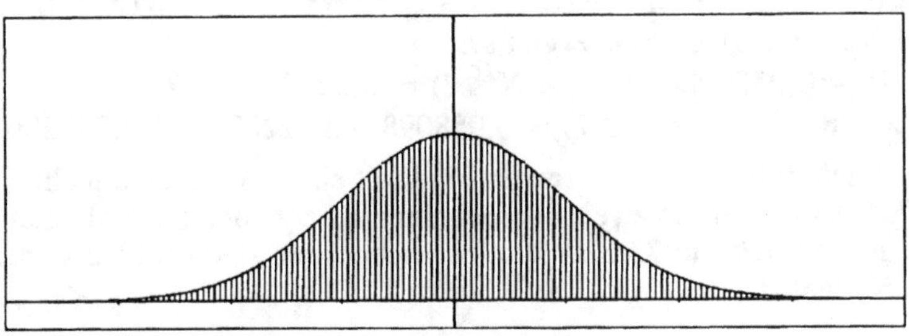

$W(X = 142) = W(-1{,}65 \le Z \le -1{,}65) = W(Z \le 1{,}75) - W(Z < 1{,}65)$

$W(Z < 1{,}65) = 0{,}45053$ (Tabellenwert von 1,65)
$W(Z \le 1{,}75) = 0{,}45994$ (Tabellenwert von 1,75)
$W(X = 142) = 0{,}45994 - 0{,}45053 = 0{,}00941$

Die Wahrscheinlichkeit, unter den 625 zufällig ausgewählten Österreichern genau 142 Vereinsmitglieder zu finden, ist $0{,}00941 = 0{,}941\ \%$.

Lösung Aufgabe 30

zu a)

In diesem Fall ist X die Zufallsvariable für die Anzahl defekter Kalmaten in der Stichprobe vom Umfang 40.
X ist binomialverteilt mit $p = 0{,}1$ und $n = 40$.

zu aa)

Gefragt ist $W(X > 7) = 1 - W(X \leq 7)$.

X = k	Wahrscheinlichkeits-funktion W(X = k)	Verteilungs-funktion W(X ≤ k)	n = 40
0	0,0147808	0,0147808	
1	0,0656928	0,0804736	
2	0,1423344	0,2228081	
3	0,2003225	0,4231306	
4	0,2058870	0,6290176	
5	0,1647096	0,7937273	
6	0,1067562	0,9004835	
7	0,0576144	0,9580980	

$W(X > 7) = 1 - W(X \leq 7) = 1 - 0{,}9580980 = 0{,}041902$

In einer Stichprobe von 40 Kalmaten sind mit einer Wahrscheinlichkeit von 0,041902 mehr als sieben defekte Kalmaten. Anders ausgedrückt, in 4,19 % aller Stichproben sind mehr als sieben defekte Kalmaten.

zu ab)

Gefragt ist $W(2 < X < 8) = W(3 \leq X \leq 7) = W(X \leq 7) - W(X \leq 2)$.
Aus der Verteilungsfunktion ergibt sich:
$W(X \leq 7) = 0{,}958098$ und $W(X \leq 2) = 0{,}2228081$
$W(2 < X < 8) = W(3 \leq X \leq 7) = 0{,}958098 - 0{,}2228081 = 0{,}7352899$

In einer Stichprobe von 40 Kalmaten sind mit einer Wahrscheinlichkeit von 0,7352899 mehr als zwei, aber weniger als acht defekte Kalmaten. Anders ausgedrückt, in 73,529 % aller Stichproben sind drei bis sieben defekte Kalmaten.

zu b)

Auch hier ist die Zufallsvariable X (Anzahl defekter Kalmaten in der Stichprobe vom Umfang 380) binomialverteilt. Jedoch liegt wegen der rechentechnischen Schwierigkeiten die Approximation durch die Normalverteilung nahe, die dann möglich ist, wenn $n \cdot p \cdot q > 9$ ist.

Hier ist $p = 0{,}1$ und $q = 0{,}9$ und $n = 380$,
so daß $0{,}1 \cdot 0{,}9 \cdot 380 = 34{,}2 > 9$.

Bei der Approximation durch die Normalverteilung werden die Parameter $\mu = n \cdot p$ und $\sigma = \sqrt{n \cdot p \cdot q}$ aus der Binomialverteilung übernommen. Hier gilt $\mu = 380 \cdot 0{,}1 = 38$ und $\sigma = \sqrt{380 \cdot 0{,}1 \cdot 0{,}9} = 5{,}848\ldots$

zu ba)

Die Wahrscheinlichkeit dafür, 32 defekte Kalmaten in der Stichprobe zu haben, ist W(X = 32). 32 ist untere (linke) und obere (rechte) Intervallgrenze zugleich. 32 führt als untere Intervallgrenze unter Berücksichtigung des Korrekturwertes 0,5 zu dem Z–Wert

$$z_u = \frac{32 - 0{,}5 - 38}{5{,}848\ldots} = -1{,}111 \text{ (gerundet)}$$

und als obere Intervallgrenze zu dem Z–Wert

$$z_o = \frac{32 + 0{,}5 - 38}{5{,}848\ldots} = -0{,}94 \text{ (gerundet).}$$

W(X = 32) entspricht der Fläche unter der Kurve der standardisierten Normalverteilung in dem Intervall von $z_u = -1{,}111$ bis $z_o = -0{,}94$. Diese Fläche ist in der folgenden Graphik als *nicht* schraffierter Flächenteil hervorgehoben.

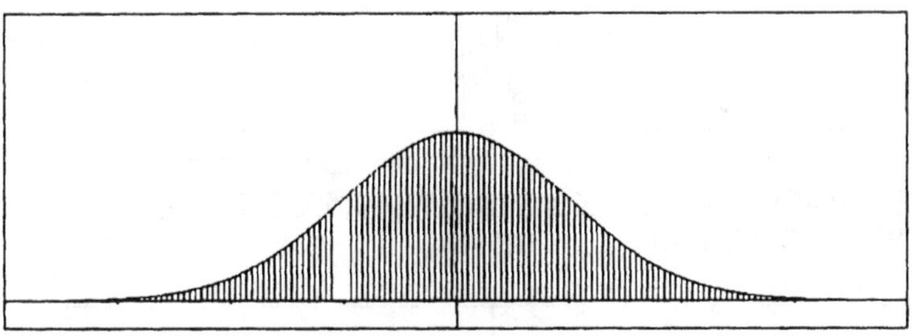

$$\begin{aligned} W(X = 32) &= W(-1{,}111 \le Z \le -0{,}94) \\ &= W(Z \le -0{,}94) - W(Z < -1{,}111) \end{aligned}$$

$W(Z \le -0{,}94) = 0{,}17361$ (Tabellenwert von $-0{,}94$)

$W(Z < -1{,}111)$ läßt sich wie folgt berechnen:

Tabellenwert von −1,11 + 0,1 · (Tabellenwert von −1,12 − Tabellenwert von −1,11) = 0,13350 + 0,1 · (0,13136 − 0,13350) = 0,13350 + 0,1 · (−0,00214) = 0,13350 − 0,000214 = 0,133286

$W(Z < -1{,}111) = 0{,}133286$

$W(X = 32) = 0{,}17361 - 0{,}133286 = 0{,}040324$

Die Wahrscheinlichkeit dafür, unter 380 gezogenen Kalmaten genau 32 defekte zu haben, ist 4,032 %.

zu bb)

Gesucht ist die Wahrscheinlichkeit $W(34 < X < 40) = W(35 \leq X \leq 39)$. Die untere (linke) Intervallgrenze 35 führt unter Berücksichtigung des Korrekturwertes 0,5 zu dem Z–Wert

$$z_u = \frac{35 - 0{,}5 - 38}{5{,}848\ldots} = -0{,}598 \text{ (gerundet).}$$

Die obere (rechte) Intervallgrenze 39 führt unter Berücksichtigung des Korrekturwertes 0,5 zu dem Z–Wert

$$z_o = \frac{39 + 0{,}5 - 38}{5{,}848\ldots} = 0{,}256 \text{ (gerundet).}$$

$W(34 < X < 40) = W(35 \leq X \leq 39)$ entspricht der Fläche unter der Kurve der standardisierten Normalverteilung in dem Intervall von $z_u = -0{,}598$ bis $z_o = 0{,}256$. Diese Fläche ist in der folgenden Graphik schraffiert.

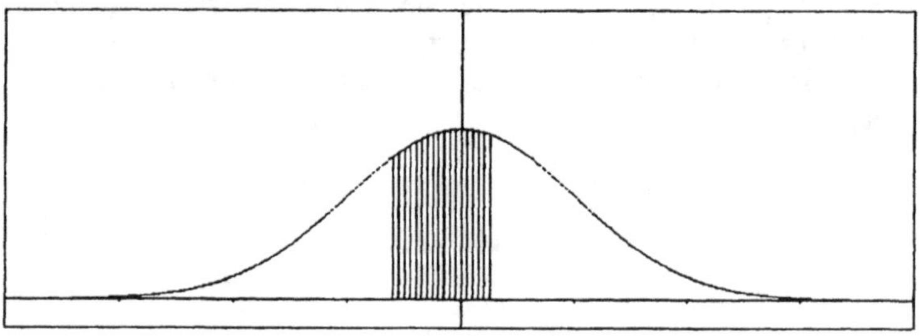

$$W(34 < X < 40) = W(35 \leq X \leq 39) = W(-0{,}598 \leq Z \leq 0{,}256)$$
$$= W(Z \leq 0{,}256) - W(Z < -0{,}598)$$

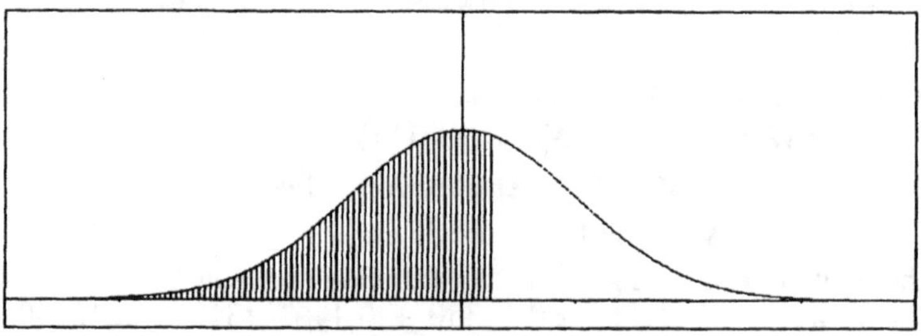

$W(Z \leq 0{,}256)$ ist in der obigen Graphik schraffiert dargestellt.

$W(Z \leq 0{,}256) = 0{,}5 +$ Tabellenwert von 0,256

Der Tabellenwert von 0,256 muß interpoliert werden:

Tabellenwert von 0,25 + 0,6 · (Tabellenwert von 0,26 –
Tabellenwert von 0,25) = 0,09871 + 0,6 · (0,10257 – 0,09871)
= 0,09871 + 0,6 · (0,00386) = 0,09871 + 0,002316 = 0,101026

$W(Z \leq 0{,}256) = 0{,}5 + 0{,}101026 = 0{,}601026$

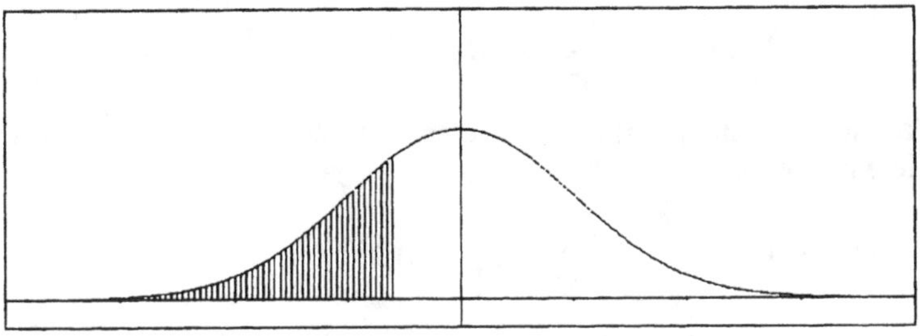

$W(Z < -0{,}598)$ ist in der obigen Graphik schraffiert dargestellt.

$W(Z < -0{,}598)$ = Tabellenwert von $-0{,}598$

Berechnung wie folgt:

Tabellenwert von $-0{,}59$ + 0,8 · (Tabellenwert von $-0{,}60$ minus
Tabellenwert von $-0{,}59$) = 0,27760 + 0,8 · (0,27425 – 0,27760)
= 0,27760 + 0,8 · (–0,00335) = 0,27760 – 0,00268 = 0,27492

$W(Z < -0{,}598) = 0{,}27492$

$W(34 < X < 40) = 0{,}601026 - 0{,}27492 = 0{,}326106$

Die Wahrscheinlichkeit dafür, unter 380 gezogenen Kalmaten mehr als 34, aber weniger als 40 defekte zu haben, ist 0,326106 = 32,6106 %. Mit anderen Worten: In 32,6106 % aller denkbaren Stichproben sind 35 bis 39 defekte Kalmaten.

Lösung Aufgabe 31

X ist die Zufallsvariable für die Anzahl der Elemente mit dem Merkmal M unter den 400 gezogenen Elementen in der Stichprobe. X ist binomialverteilt.

$$W(X = k) = \binom{400}{k} \cdot 0{,}1^k \cdot 0{,}9^{400-k}$$

Die Wahrscheinlichkeit dafür, beispielsweise mehr als 44 Elemente mit dem Merkmal M in der Stichprobe zu haben, ist

$$W(X > 44) = \sum_{k=45}^{400} \binom{400}{k} \cdot 0{,}1^k \cdot 0{,}9^{400-k}.$$

Die dazugehörige Wahrscheinlichkeitsfunktion wurde mit Hilfe eines Computer-Programms berechnet und im folgenden als Säulendiagramm dargestellt, und zwar ohne Achseneinteilungen. Links fehlen die Säulen für Realisationen, die kleiner sind als 22; rechts fehlen die Säulen für Realisationen, die größer sind als 60; sie haben praktisch die Höhe null.

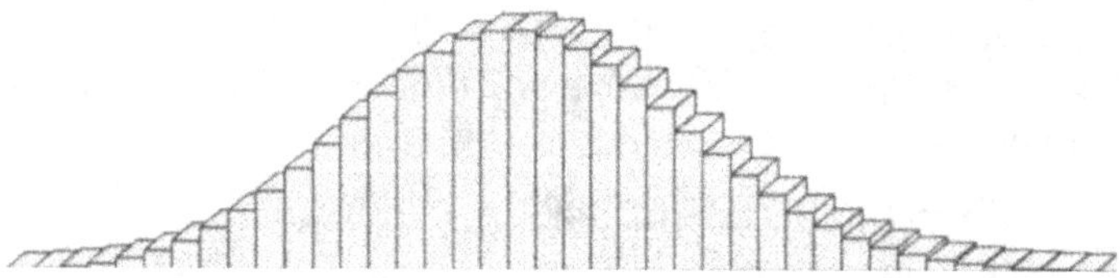

Auf diese Weise "zurechtgemacht", läßt das Säulendiagramm eine Ähnlichkeit mit der Normalverteilungskurve erkennen und die Frage aufkommen, ob sich nicht mit der Normalverteilung die rechnerischen Schwierigkeiten umgehen lassen, die die Binomialverteilung bei einem größeren Stichprobenumfang mit sich bringt.

Um eine Binomialverteilung durch eine Normalverteilung approximieren zu können, muß sie die Voraussetzung erfüllen, daß $n \cdot p \cdot q > 9$ ist.

Diese Voraussetzung ist erfüllt, denn $n \cdot p \cdot q = 400 \cdot 0{,}1 \cdot 0{,}9 = 36$.

Die Parameter μ und σ, die die entsprechende Normalverteilung charakterisieren, ergeben sich aus der Binomialverteilung.

$$\mu = n \cdot p \quad \text{und} \quad \sigma = \sqrt{n \cdot p \cdot q}$$

zu a)

Gesucht ist die Wahrscheinlichkeit $W(X > 44) = W(45 \leq X)$.

45 ist untere (linke) Grenze des Intervalls $[45; \infty[$ und führt unter Berücksichtigung des Korrekturwertes 0,5 zu dem Z-Wert z_u.

$$z_u = \frac{45 - 0{,}5 - 40}{6} = 0{,}75 \text{ (gerundet)}$$

$W(X > 44) = W(45 \leq X) = W(0{,}75 \leq Z)$

$W(45 \leq X)$ entspricht der Fläche unter der Kurve der standardisierten Normalverteilung in dem Intervall von 0,75 bis ∞. Diese Fläche ist in der folgenden Graphik schraffiert hervorgehoben.

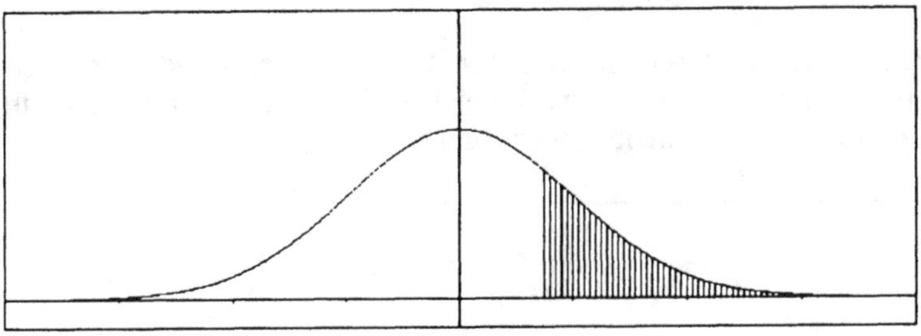

$W(0{,}75 \leq Z) = 1 - W(Z < 0{,}75)$
$W(Z < 0{,}75)$ ist in der nächsten Graphik schraffiert dargestellt.

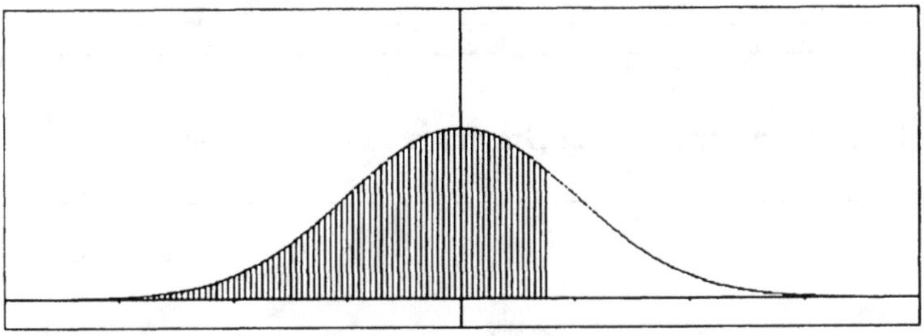

$W(Z < 0{,}75) = 0{,}5 + 0{,}27337$ (Tabellenwert von 0,75)
0,5 steht für die linke Hälfte der Normalverteilungsfläche.

$W(Z < 0{,}75) = 0{,}5 + 0{,}27337 = 0{,}77337$

$W(X > 44) = W(45 \leq X) = W(0{,}75 \leq Z) = 1 - W(Z < 0{,}75)$
$= 1 - 0{,}77337 = 0{,}22663$

$W(X > 44) = 0{,}22663$

Mit der Wahrscheinlichkeit von 22,663 % findet man in einer Stichprobe von 400 zufällig gezogenen Elementen mehr als 44 Elemente mit dem Merkmal M.

zu b)

$W(X \geq 51) = W(51 \leq X)$

51 ist untere (linke) Grenze des Intervalls $[51; \infty[$ und führt unter Berücksichtigung des Korrekturwertes 0,5 zu dem Z–Wert z_u.

$$z_u = \frac{51 - 0{,}5 - 40}{6} = 1{,}75$$

$W(51 \leq X) = W(1{,}75 \leq Z)$

$W(51 \leq X)$ entspricht der Fläche unter der Kurve der standardisierten Normalverteilung in dem Intervall von 1,75 bis ∞. Diese Fläche ist in der folgenden Graphik schraffiert hervorgehoben.

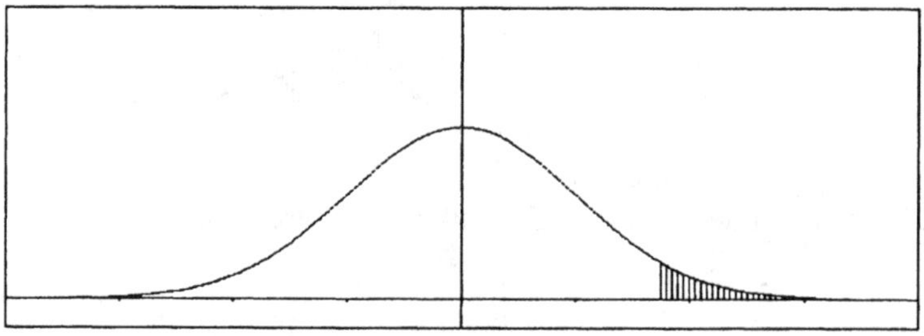

$W(1{,}75 \leq Z) = 1 - W(Z < 1{,}75)$
$W(Z < 1{,}75)$ ist in der nächsten Graphik schraffiert dargestellt.

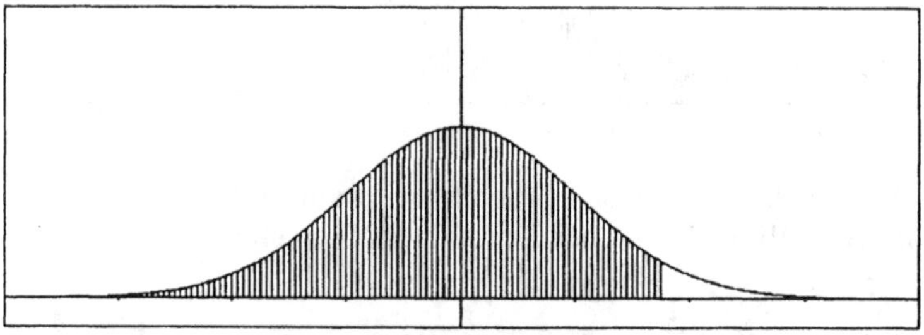

$W(Z < 1{,}75) = 0{,}5 + 0{,}45994$ (Tabellenwert von 1,75)

$W(Z < 1{,}75) = 0{,}5 + 0{,}45994 = 0{,}95994$

$W(51 \leq X) = W(1{,}75 \leq Z) = 1 - W(Z < 1{,}75) = 1 - 0{,}95994$
$= 0{,}04006$

Mit der Wahrscheinlichkeit von 4,006 % findet man in einer Stichprobe von 400 mindestens 51 Elemente mit dem Merkmal M.

zu c)

Es ist die *Höchst*zahl von Elementen gesucht, die die *obere* (rechte) Grenze z_o des Intervalls festlegt, über dem sich die entsprechende Fläche unter der Normalverteilungskurve bildet, deren Größe mit 0,22663 angegeben ist. Links "reicht" das Intervall bis ins negativ Unendliche.

Da die angegebene Flächenmaßzahl (0,22663) kleiner als 0,5 ist, "endet" das Intervall bei einem negativen Z–Wert, so daß die Tabelle für negative Z–Werte weiterhilft.

In dieser Tabelle läßt sich feststellen, daß der Wert 0,22663 zu dem Z–Wert −0,75 gehört.

Aus der Formel für $z_o = \frac{x + 0{,}5 - m}{s}$ ergibt sich

$$-0{,}75 = \frac{x + 0{,}5 - 40}{6} \qquad | \text{ nach x auflösen!}$$

$$\Leftrightarrow \; x = 35.$$

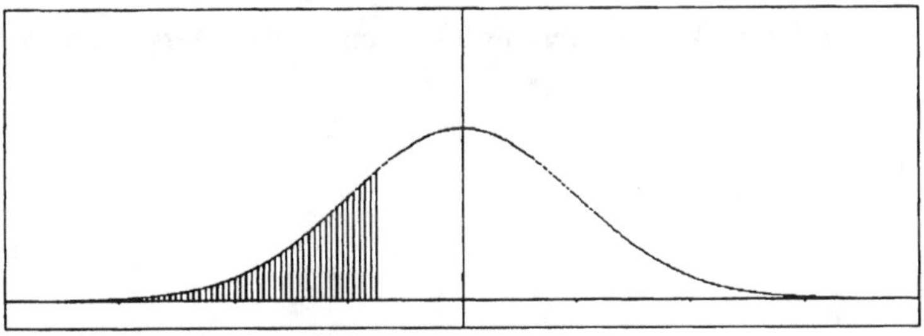

In der Stichprobe dürfen höchstens 35 Elemente das Merkmal M haben.

zu d)

Es ist die *Mindest*anzahl von Elementen gesucht, die die *untere* Grenze z_u des Intervalls festlegt, über dem sich die entsprechende Fläche unter der Normalverteilungskurve bildet, deren Größe mit 0,59871 angegeben ist. 0,59871 läßt sich mit 100 erweitern, so daß 0,59781 gleich 59,871 % ist.

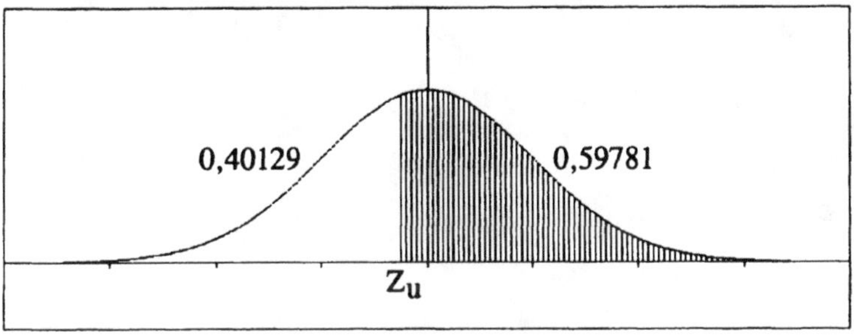

Da die Flächenmaßzahl größer als 0,5 ist, "beginnt" das Intervall bei einem negativen z_u–Wert und reicht bis ins Unendliche (siehe obige Graphik). Deshalb hilft hier die Tabelle für negative Z–Werte weiter.

Die Tabelle für negative Z–Werte enthält aber Maßzahlen von solchen Flächen, die sich über dem Intervall von $-\infty$ bis zu einem z_o–Wert bilden. Eine solche Flächenmaßzahl ist das Komplement der angegebenen Größe 0,59871 zu 1.

$$1 - 0{,}59871 = 0{,}40129.$$

Diesen Wert findet man in der Tabelle, so daß man den dazugehörigen Z–Wert ablesen kann, in diesem Fall −0,25.

Aus der Formel für $z_u = \dfrac{x - 0{,}5 - m}{s}$ ergibt sich

$$-0{,}25 = \frac{x - 0{,}5 - 40}{6} \qquad \Big| \text{ nach x auflösen!}$$

$$\Leftrightarrow \; x = 39.$$

In der Stichprobe müßten mindestens 39 Elemente das Merkmal M haben.

Lösung Aufgabe 32

zu a)

In diesem Fall ist X die Zufallsvariable für die Anzahl defekter Eumel in der Stichprobe vom Umfang 50.
X ist binomialverteilt mit $p = 0{,}07$ und $n = 50$.

zu aa) Gefragt ist $W(X > 6)$.

Statt $W(X > 6)$ zu berechnen, berechnet man einfacher die Gegenwahrscheinlichkeit und bildet das Komplement zu 1.

$W(X > 6) = 1 - W(X \leq 6)$

	Wahrscheinlichkeits-funktion	Verteilungs-funktion	
X = k	W(X = k)	W(X ≤ k)	n = 50
0	0,0265550	0,0265550	
1	0,0999384	0,1264934	
2	0,1842950	0,3107885	
3	0,2219467	0,5327353	
4	0,1962916	0,7290269	
5	0,1359266	0,8649535	
6	0,0767357	0,9416863	

$W(X > 6) = 1 - W(X \leq 6) = 1 - 0{,}9416863 = 0{,}0583137$

Die Wahrscheinlichkeit dafür, in einer Stichprobe von 50 Eumeln mehr als sechs defekte Eumel vorzufinden, ist 0,0583137. Anders ausgedrückt, in 5,83 % aller Stichproben sind mehr als sechs Eumel defekt.

zu ab) Gefragt ist $W(2 < X < 5)$.

$W(2 < X < 5) = W(3 \leq X \leq 4) = W(X \leq 4) - W(X \leq 2)$

Aus der Verteilungsfunktion (siehe a) ergibt sich:

$W(X \leq 4) = 0{,}7290269$ und $W(X \leq 2) = 0{,}3107885$

$W(2 < X < 5) = W(3 \leq X \leq 4) = 0{,}7290269 - 0{,}3107885 = 0{,}4182384$

Mit der Wahrscheinlichkeit von 0,4182384 sind in einer Stichprobe von 50 Eumeln mehr als zwei, aber weniger als fünf defekte Eumel. Anders ausgedrückt, in 41,82... % aller Stichproben sind mehr als zwei, aber weniger als fünf Eumel defekt.

zu b)

Vorbemerkungen

Auch bei Stichproben vom Umfang 300 ist die Zufallsvariable X (Anzahl defekter Eumel in der Stichprobe) binomialverteilt. Die Wahrscheinlichkeitsfunktion läßt sich mit erheblichem Aufwand oder mit Hilfe eines

Computerprogramms berechnen, so daß die hier gefragten Wahrscheinlichkeiten exakt angegeben werden könnten. Diese Wahrscheinlichkeitsfunktion ist in der nächsten Graphik als Säulendiagramm zu sehen. Die fehlenden Säulen für größere k–Werte als 60 haben die Höhe null.

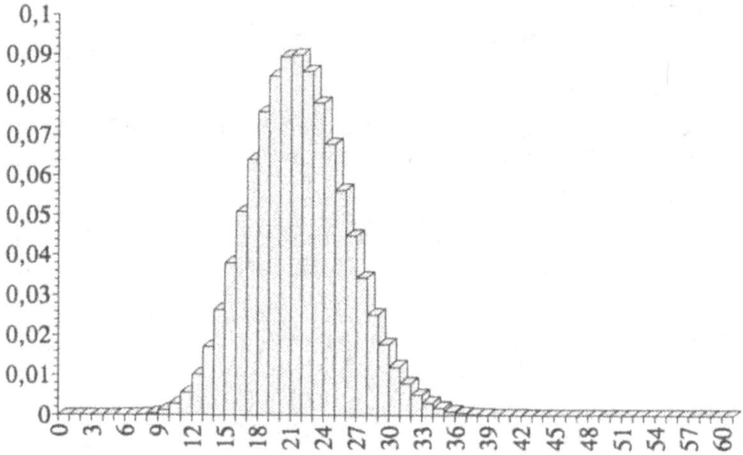

Wählt man Maßstab und Ausschnitt entsprechend, so ist die Ähnlichkeit mit einer Normalverteilung unverkennbar.

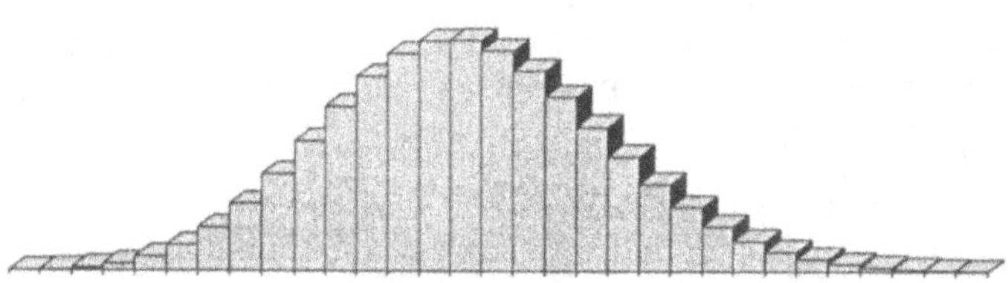

Es ist deshalb praktischer, diese Binomialverteilung durch eine Normalverteilung zu approximieren, was dann möglich ist, wenn $n \cdot p \cdot q > 9$ ist.

Hier ist $p = 0{,}07$ und $q = 0{,}93$ und $n = 300$,
so daß $n \cdot p \cdot q = 0{,}07 \cdot 0{,}93 \cdot 300 = 19{,}53 > 9$.

Die Parameter, die für die Normalverteilung benötigt werden, ergeben sich aus der Binomialverteilung: $\mu = n \cdot p$ und $\sigma = \sqrt{n \cdot p \cdot q}$.

Hier gilt $\mu = 300 \cdot 0{,}07 = 21$ und $\sigma = \sqrt{300 \cdot 0{,}07 \cdot 0{,}93} = 4{,}419\ldots$

zu ba)

Die Wahrscheinlichkeit dafür, 15 defekte Eumel in der Stichprobe zu haben, ist W(X = 15).

15 ist untere (linke) und obere (rechte) Intervallgrenze zugleich.
15 führt als *untere* Intervallgrenze unter Berücksichtigung des Korrekturwertes 0,5 zu dem Z–Wert

$$z_u = \frac{15 - 0{,}5 - 21}{4{,}419\ldots} = -1{,}471 \text{ (gerundet)}$$

und als *obere* Intervallgrenze zu dem Z–Wert z_o

$$z_o = \frac{15 + 0{,}5 - 21}{4{,}419\ldots} = -1{,}245 \text{ (gerundet).}$$

W(X = 15) entspricht der Fläche unter der Kurve der standardisierten Normalverteilung in dem Intervall von $z_u = -1{,}471$ bis $z_o = -1{,}245$. Diese Fläche ist in der folgenden Graphik als *nicht* schraffierter Flächenteil hervorgehoben.

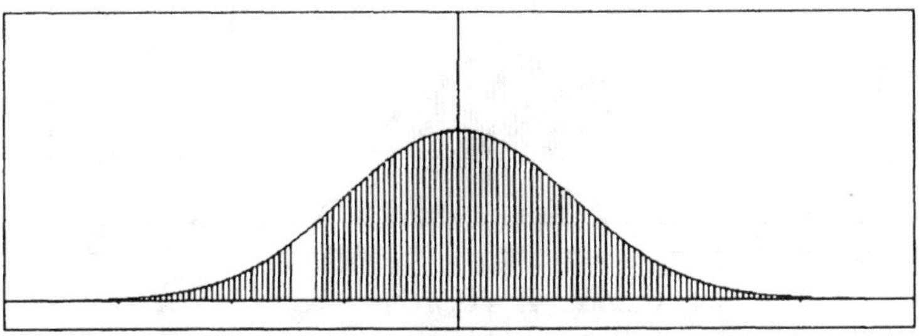

$$W(X = 15) = W(-1{,}471 \le Z \le -1{,}245)$$
$$= W(Z \le -1{,}245) - W(Z \le -1{,}471)$$

Berechnung von $W(Z \le -1{,}245)$ wie folgt:

Tabellenwert von −1,24 + 0,5 · (Tabellenwert von −1,25 minus Tabellenwert von −1,24) = 0,10749 + 0,5 · (0,10565 − 0,10749)
= 0,10749 + 0,5 · (−0,00184) = 0,10749 − 0,00092 = 0,10657

$W(Z \le -1{,}245) = 0{,}10657$

Berechnung von $W(Z \le -1{,}471)$ wie folgt:

Tabellenwert von −1,47 + 0,1 · (Tabellenwert von −1,48 minus Tabellenwert von −1,47) = 0,07078 + 0,1 · (0,06944 − 0,07078)
= 0,07078 + 0,1 · (−0,00134) = 0,07078 − 0,00013 = 0,07065

$W(Z \le -1{,}471) = 0{,}07065$

$W(X = 15) = 0{,}10657 - 0{,}07065 = 0{,}03592$

Die Wahrscheinlichkeit dafür, daß unter 300 gezogenen Eumeln genau 15 defekt sind, ist 3,592 %.

zu bb)

Gesucht ist $W(18 < X < 25) = W(19 \leq X \leq 24)$.

Die untere (linke) Intervallgrenze 19 führt unter Berücksichtigung des Korrekturwertes 0,5 zu dem Z–Wert z_u.

$$z_u = \frac{19 - 0{,}5 - 21}{4{,}419\ldots} = -0{,}566 \text{ (gerundet)}$$

Die obere (rechte) Intervallgrenze 24 führt unter Berücksichtigung des Korrekturwertes 0,5 zu dem Z–Wert z_o.

$$z_o = \frac{24 + 0{,}5 - 21}{4{,}419\ldots} = 0{,}792 \text{ (gerundet)}$$

$W(18 < X < 25) = W(19 \leq X \leq 24)$ entspricht der Fläche unter der standardisierten Normalverteilungskurve in dem Intervall von $z_u = -0{,}566$ bis $z_o = 0{,}792$, die in der folgenden Graphik schraffiert ist.

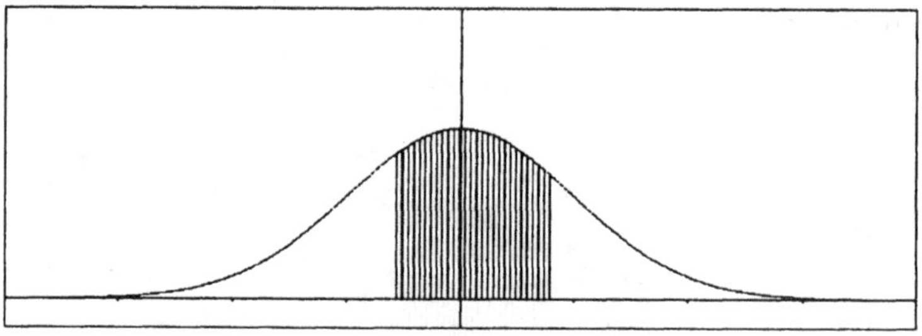

$$W(19 \leq X \leq 24) = W(-0{,}566 \leq Z \leq 0{,}792)$$
$$= W(Z \leq 0{,}792) - W(Z < -0{,}566)$$

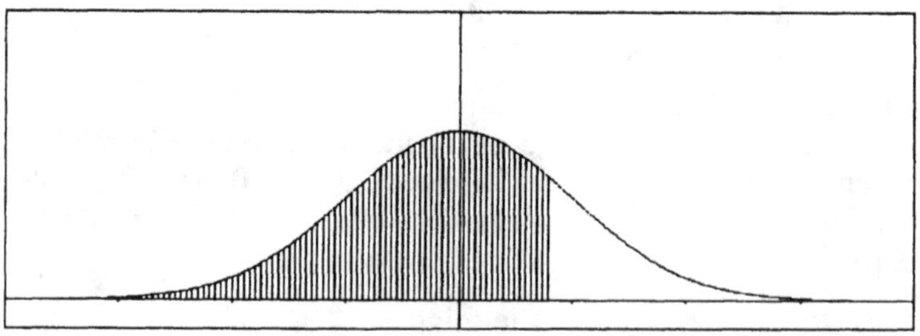

$W(Z \leq 0{,}792)$ ist in der obigen Graphik als schraffierte Fläche dargestellt.

$W(Z \leq 0{,}792) = 0{,}5 +$ Tabellenwert von 0,792

Der Tabellenwert von 0,792 kann wie folgt interpoliert werden: Tabellenwert von 0,79 + 0,2 · (Tabellenwert von 0,80 minus Tabellenwert von 0,79) = 0,28524 + 0,2 · (0,28814 – 0,28524) = 0,28524 + 0,2 · (0,00290) = 0,28524 + 0,00058 = 0,28582

$W(X < 24{,}5) = 0{,}5 + 0{,}28582 = 0{,}78582$

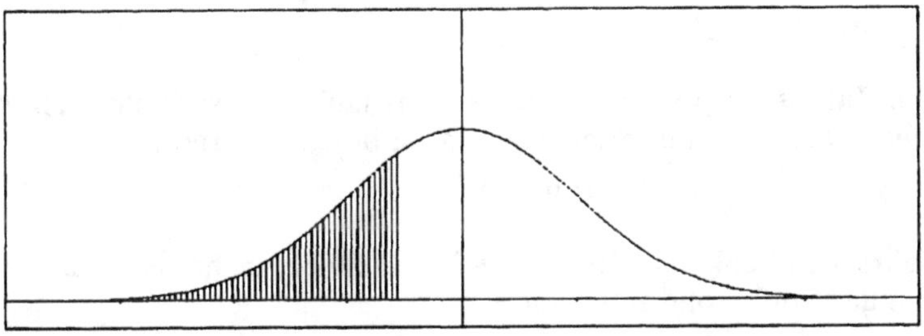

$W(Z < -0{,}566)$ ist in der obigen Graphik schraffiert dargestellt.

Berechnung von $W(Z < -0{,}566)$:

Tabellenwert von $-0{,}56$ + $0{,}6 \cdot$ (Tabellenwert von $-0{,}57$ minus Tabellenwert von $-0{,}56$) $= 0{,}28774 + 0{,}6 \cdot (0{,}28434 - 0{,}28774)$ $= 0{,}28774 + 0{,}6 \cdot (-0{,}0034) = 0{,}28774 - 0{,}00204 = 0{,}28570$

$W(Z < -0{,}566) = 0{,}28570$

Die Differenz $W(Z \leq 0{,}792) - W(Z < -0{,}566)$ ist in der nächsten Graphik hervorgehoben.

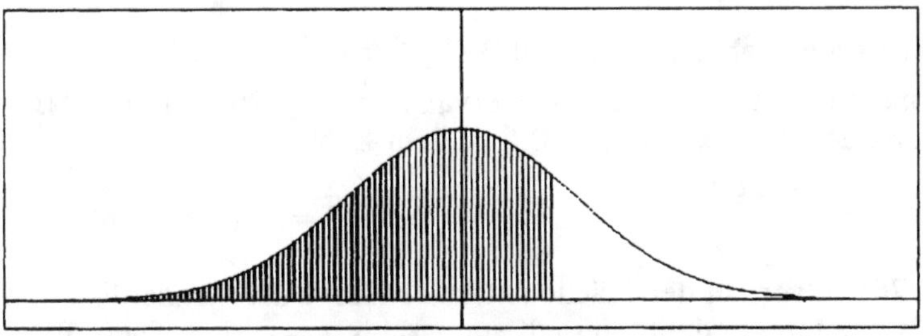

$W(19 \leq X \leq 24) = W(-0{,}566 \leq Z \leq 0{,}792)$
$= 0{,}78582 - 0{,}28570 = 0{,}50012$

Die Wahrscheinlichkeit dafür, unter 300 gezogenen Eumel mehr als 18, aber weniger als 25 defekte zu haben, ist 0,50012 = 50,012 %.

Lösung Aufgabe 33

X ist die Zufallsvariable für die Anzahl der tauben Nüsse unter den 900 gezogenen Nüssen in der Stichprobe. X ist binomialverteilt.

$$W(X = k) = \binom{900}{k} \cdot 0{,}1^k \cdot 0{,}9^{900-k}$$

Die Wahrscheinlichkeit dafür, beispielsweise nicht mehr als 76 taube Nüsse in der Stichprobe zu haben, ist

$$W(X \leq 76) = \sum_{k=0}^{76} \binom{900}{k} \cdot 0{,}1^k \cdot 0{,}9^{900-k}.$$

Wegen der rechentechnischen Probleme, die die Binomialverteilung bei einem größeren Stichprobenumfang mit sich bringt, liegt die Approximation durch die Normalverteilung nahe. Die Voraussetzung dafür ist hier erfüllt: $n \cdot p \cdot q > 9$. Denn $n \cdot p \cdot q = 900 \cdot 0{,}1 \cdot 0{,}9 = 81$.

Die Parameter der Normalverteilung sind $\mu = 90$ und $\sigma = 9$, denn $\mu = n \cdot p$ und $\sigma = \sqrt{n \cdot p \cdot q}$.

zu a)

Gesucht ist die Wahrscheinlichkeit $W(X \leq 76)$.

76 ist obere (rechte) Grenze des Intervalls $]\infty; 76]$. 76 führt unter Berücksichtigung des Korrekturwertes 0,5 zu dem Z–Wert z_o.

$$z_o = \frac{76 + 0{,}5 - 90}{9} = -1{,}5 \quad \Rightarrow \quad W(X \leq 76) = W(Z \leq -1{,}5)$$

$W(X \leq 76)$ entspricht der Fläche unter der Kurve der standardisierten Normalverteilung in dem Intervall von $-\infty$ bis $z_o = -1{,}5$. Diese Fläche ist in der folgenden Graphik schraffiert hervorgehoben.

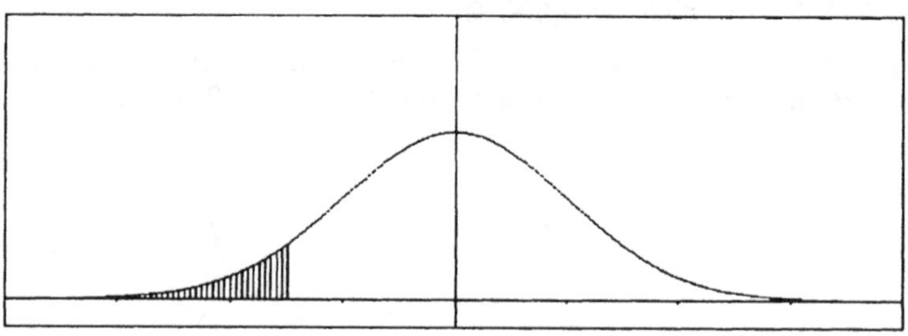

$W(X \leq 76) = W(Z \leq -1{,}5) = 0{,}06681$

Mit der Wahrscheinlichkeit von 6,681 % findet man in einer Stichprobe von 900 zufällig gezogenen Nüssen nicht mehr als 76 taube.

zu b)

Gesucht ist $W(X > 103) = W(X \geq 104)$.

104 ist untere (linke) Grenze des Intervalls [104; ∞[. 104 führt unter Berücksichtigung des Korrekturwertes 0,5 zu dem Z–Wert z_u.

$$z_u = \frac{104 - 0{,}5 - 90}{9} = 1{,}5$$

$W(104 \leq X) = W(1{,}5 \leq Z)$

$W(104 \leq X)$ entspricht der Fläche unter der Kurve der standardisierten Normalverteilung in dem Intervall von $z_u = 1{,}5$ bis ∞. Diese Fläche ist in der folgenden Graphik schraffiert hervorgehoben.

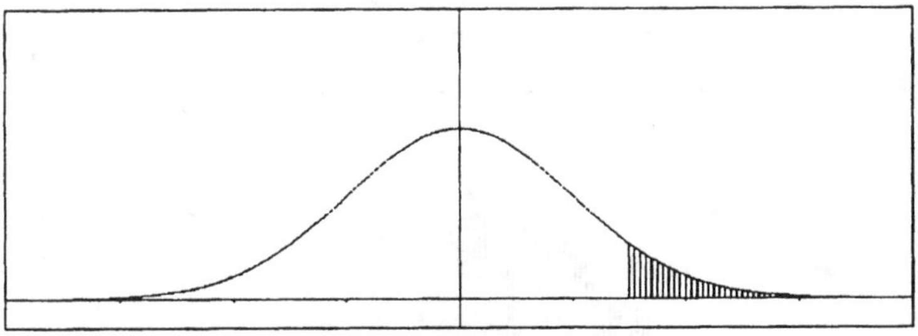

$W(104 \leq X) = W(1{,}5 \leq Z) = 1 - W(Z < 1{,}5)$

$W(Z < 1{,}5)$ entspricht dem in der obigen Graphik *nicht* schraffierten Teil der Normalverteilungsfläche.

$W(Z < 1{,}5) = 0{,}5 +$ Tabellenwert von 1,5

$W(Z < 1{,}5) = 0{,}5 + 0{,}43319 = 0{,}93319$

$W(104 \leq X) = W(1{,}5 \leq Z) = 1 - W(Z < 1{,}5) = 1 - 0{,}93319 = 0{,}06681$

Mit einer Wahrscheinlichkeit von 0,06681, also 6,681 %, findet man in einer Stichprobe von 900 zufällig gezogenen Nüssen mehr als 103, also mindestens 104 taube Nüsse.

zu c)

Gesucht ist die Wahrscheinlichkeit $W(86 \leq X \leq 94)$.
Die untere (linke) Intervallgrenze 86 führt unter Berücksichtigung des Korrekturwertes 0,5 zu dem Z–Wert z_u.

$$z_u = \frac{86 - 0{,}5 - 90}{9} = -0{,}5$$

Die obere (rechte) Intervallgrenze 94 führt unter Berücksichtigung des Korrekturwertes 0,5 zu dem Z–Wert z_o.

$$z_o = \frac{94 + 0{,}5 - 90}{9} = 0{,}5$$

$W(86 \leq X \leq 94)$ entspricht der Fläche unter der Kurve der standardisierten Normalverteilung in dem Intervall von $z_u = -0{,}5$ bis $z_o = 0{,}5$. Diese Fläche ist in der folgenden Graphik schraffiert.

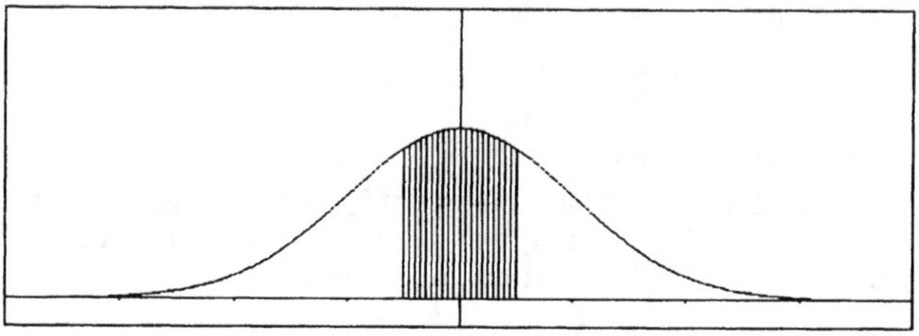

$W(86 \leq X \leq 94) = W(-0{,}5 \leq Z \leq 0{,}5) = W(Z \leq 0{,}5) - W(Z < -0{,}5)$

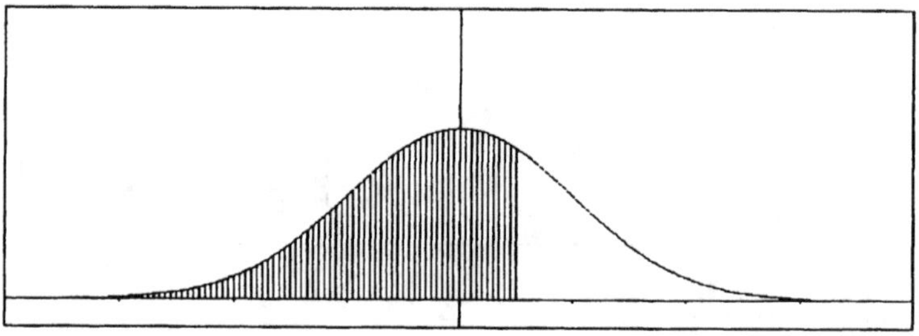

$W(Z \leq 0{,}5)$ ist in der obigen Graphik schraffiert dargestellt.
$W(Z \leq 0{,}5) = 0{,}5 +$ Tabellenwert von 0,5
(0,5 steht für die linke Hälfte der Normalverteilungsfläche.)
$W(Z \leq 0{,}5) = 0{,}5 + 0{,}19146 = 0{,}69146$

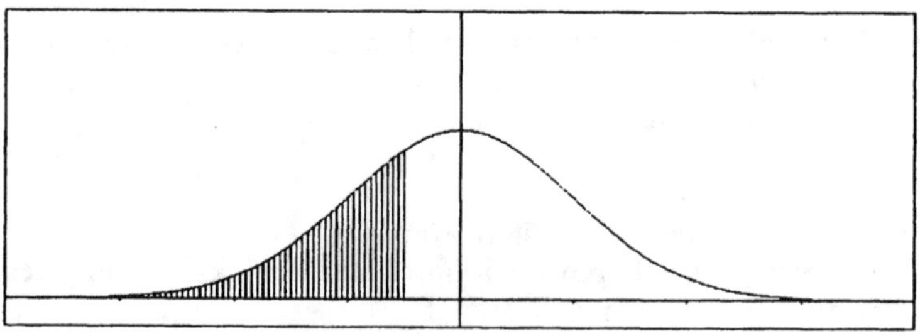

$W(Z < -0{,}5)$ ist in der obigen Graphik schraffiert dargestellt.

$W(Z < -0{,}5) =$ Tabellenwert von $-0{,}5 = 0{,}30854$

$W(86 \leq X \leq 94) = 0{,}69146 - 0{,}30854 = 0{,}38292$

Die Wahrscheinlichkeit dafür, unter 900 zufällig entnommenen Nüssen 86 bis 94 taube vorzufinden, ist 0,38292, also 38,292 %.

zu d)

Die angegebene Wahrscheinlichkeit ist möglicherweise aufgrund eines z_0–Wertes aus der Tabelle abgelesen worden; sie ist gleich der Fläche unter der Normalverteilungskurve von $-\infty$ bis zu dem z_0–Wert, der der gesuchten Höchstzahl tauber Nüsse entspricht. Da diese Wahrscheinlichkeit kleiner als 0,5 ist, führt sie zu einem negativen Z–Wert. So muß die Wahrscheinlichkeit 0,30854 in derjenigen Tabelle gesucht werden, die für negative Z–Werte gilt.

In dieser Tabelle gehört der Wert 0,30854 zu dem Z-Wert $-0{,}5$.

Aus der Formel für $z_0 = \dfrac{x + 0{,}5 - m}{s}$ ergibt sich:

$$-0{,}5 = \frac{x + 0{,}5 - 90}{9} \qquad \Big|\ \text{nach x auflösen}$$

$$\Leftrightarrow\ x = 85.$$

Unter den 900 Nüssen der Stichprobe dürfen höchstens 85 taub sein.

Lösung Aufgabe 34

X ist die Zufallsvariable für die Anzahl der roten Kugeln unter den 1650 gezogenen Elementen in der Stichprobe. X ist binomialverteilt.

$W(X = k) = \binom{1650}{k} \cdot 0{,}12^k \cdot 0{,}88^{1650-k}$

Die Wahrscheinlichkeit dafür, beispielsweise nicht mehr als 181 rote Kugeln in der Stichprobe zu haben, ist

$$W(X \leq 181) = \sum_{k=0}^{181} \binom{1650}{k} \cdot 0{,}12^k \cdot 0{,}88^{1650-k}.$$

Bei diesem großen Stichprobenumfang liegt die Approximation durch die Normalverteilung nahe. Die Voraussetzung dafür, daß $n \cdot p \cdot q > 9$, ist hier erfüllt; denn $n \cdot p \cdot q = 1650 \cdot 0{,}12 \cdot 0{,}88 = 174{,}24$.

Die Parameter der Normalverteilung sind $\mu = 198$ und $\sigma = 13{,}2$, denn $\mu = n \cdot p$ und $\sigma = \sqrt{n \cdot p \cdot q}$.

zu a)

Gesucht ist $W(X \leq 181)$.

181 ist obere (rechte) Grenze des Intervalls $]\infty; 181]$. 181 führt unter Berücksichtigung des Korrekturwertes 0,5 zu dem Z–Wert z_0.

$$z_0 = \frac{181 + 0{,}5 - 198}{13{,}2} = -1{,}25$$

$W(X \leq 181) = W(Z \leq -1{,}25)$

$W(X \leq 181)$ entspricht der Fläche unter der Kurve der standardisierten Normalverteilung in dem Intervall von $-\infty$ bis $z_0 = -1{,}25$. Diese Fläche ist in der folgenden Graphik schraffiert hervorgehoben.

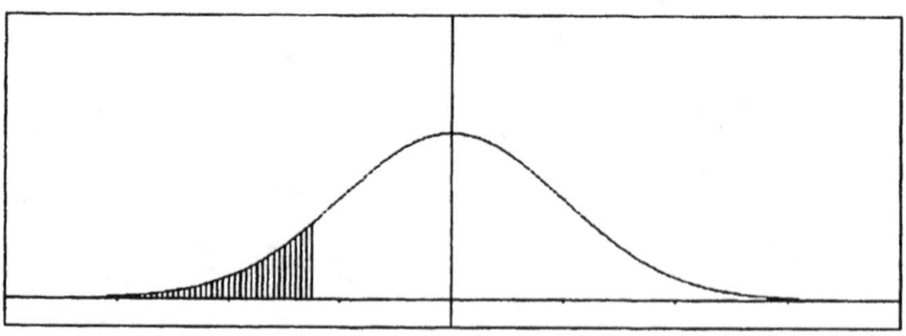

$W(X \leq 181) = W(Z \leq -1{,}25) = 0{,}10565$

Mit einer Wahrscheinlichkeit von 10,565 % findet man in einer Stichprobe von 1650 zufällig gezogenen Kugeln nicht mehr als 181 rote.

zu b)

Die angegebene Wahrscheinlichkeit ist möglicherweise aufgrund eines z_0–Wertes aus der Tabelle abgelesen worden; sie ist gleich der Fläche unter der Normalverteilungskurve von $-\infty$ bis zu dem z_0–Wert, der der gesuchten Höchstzahl roter Kugeln entspricht. Da diese Wahrscheinlichkeit größer als 0,5 ist, führt sie zu einem positiven Z–Wert. So muß die Wahrscheinlichkeit 0,89435 um 0,5 – für die linke Hälfte der Normalverteilungsfläche – vermindert werden; die Differenz von 0,39435 muß dann in derjenigen Tabelle gesucht werden, die für positive Z–Werte gilt.

In dieser Tabelle gehört der Wert 0,39435 zu dem Z–Wert 1,25.

Aus der Formel für $z_0 = \dfrac{x + 0{,}5 - m}{s}$ ergibt sich:

$$1{,}25 = \frac{x + 0{,}5 - 198}{13{,}2} \qquad \Big| \text{ nach x auflösen}$$

$$\Leftrightarrow \; x = 214.$$

Unter den 1650 Kugeln der Stichprobe dürfen höchstens 214 rote sein.

Lösung Aufgabe 35

Teil A

Der beschriebene Sachverhalt kann mit dem folgenden Baumdiagramm dargestellt werden.

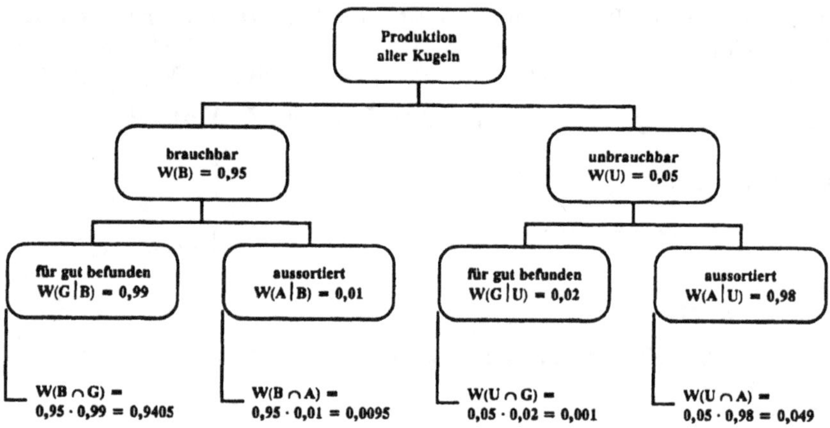

Die Wahrscheinlichkeit dafür, daß eine brauchbare Kugel produziert wird, ist mit W(B) bezeichnet und beträgt 0,95.

Die Wahrscheinlichkeit dafür, daß eine unbrauchbare Kugel produziert wird, ist mit W(U) bezeichnet und beträgt 0,05.

Die bedingte Wahrscheinlichkeit dafür, daß eine Kugel für gut befunden wird unter der Bedingung, daß sie brauchbar ist, wird mit $W(G \mid B)$ bezeichnet und beträgt 0,99.

Die bedingte Wahrscheinlichkeit dafür, daß eine Kugel aussortiert wird unter der Bedingung, daß sie brauchbar ist, wird mit $W(A \mid B)$ bezeichnet und beträgt 0,01.

Die bedingte Wahrscheinlichkeit dafür, daß eine Kugel für gut befunden wird unter der Bedingung, daß sie unbrauchbar ist, wird mit $W(G \mid U)$ bezeichnet und beträgt 0,02.

Die bedingte Wahrscheinlichkeit dafür, daß eine Kugel aussortiert wird unter der Bedingung, daß sie unbrauchbar ist, wird mit $W(A \mid U)$ bezeichnet und beträgt 0,98.

Der Lösungsweg für die erste Frage setzt sich wie folgt zusammen:

1) Zunächst muß mit Hilfe des Satzes von der totalen Wahrscheinlichkeit die Wahrscheinlichkeit dafür ermittelt werden, daß eine Kugel aussortiert wird.

Dazu werden die Wahrscheinlichkeiten dafür, daß eine brauchbare Kugel aussortiert wird, und dafür, daß eine unbrauchbare Kugel aussortiert wird, addiert.

2) Dann muß mit Hilfe des Satzes von Bayes die Wahrscheinlichkeit ermittelt werden, daß eine der aussortierten Kugeln zu den brauchbaren, also zu den irrtümlich aussortierten Kugeln gehört.

zu 1)

Die Wahrscheinlichkeit dafür, daß eine brauchbare Kugel aussortiert wird, ist die "gemeinsame" Wahrscheinlichkeit $W(B \cap A)$ für das gleichzeitige Eintreten der Ereignisse B und A, die sich nach dem Multiplikationssatz berechnen läßt.

$$W(B \cap A) = W(B) \cdot W(A \mid B) = 0{,}95 \cdot 0{,}01 = 0{,}0095$$

Eine der Produktion zufällig entnommene Kugel wird mit einer Wahrscheinlichkeit von 0,0095 irrtümlich als unbrauchbar aussortiert. 0,95 % aller Kugeln werden irrtümlich für unbrauchbar gehalten.

Die Wahrscheinlichkeit dafür, daß eine unbrauchbare Kugel aussortiert wird, ist die "gemeinsame" Wahrscheinlichkeit $W(U \cap A)$ für das gleichzeitige Eintreten der Ereignisse U und A.

$$W(U \cap A) = W(U) \cdot W(A \mid U) = 0{,}05 \cdot 0{,}98 = 0{,}049$$

Eine der Produktion zufällig entnommene Kugel wird mit einer Wahrscheinlichkeit von 0,049 zu Recht als unbrauchbar aussortiert. 4,9 % aller Kugeln werden zu Recht für unbrauchbar gehalten.

$$\Rightarrow \; W(A) = W(B \cap A) + W(U \cap A) = 0{,}0095 + 0{,}049 = 0{,}0585$$

Eine der Produktion zufällig entnommene Kugel wird mit einer Wahrscheinlichkeit von 0,0585 als unbrauchbar aussortiert. (5,85 % aller Kugeln werden für unbrauchbar gehalten.)

zu 2)

Die Wahrscheinlichkeit, daß eine aussortierte Kugel zu Unrecht aussortiert wurde, also tatsächlich brauchbar ist, kann mit Hilfe des Satzes von Bayes berechnet werden.

Die Wahrscheinlichkeit, daß eine aussortierte Kugel tatsächlich brauchbar ist, ist die bedingte Wahrscheinlichkeit $W(B \mid A)$ dafür, daß die Kugel brauchbar ist unter der Bedingung, daß sie aussortiert ist. Es ist die bedingte Wahrscheinlichkeit für das Ereignis B unter der Bedingung des Ereignisses A.

$$W(B \mid A) = \frac{W(B \cap A)}{W(A)} = \frac{0{,}0095}{0{,}0585} = 0{,}16239\ldots$$

Wird eine von den aussortierten Kugeln zufällig entnommen, so ist sie mit einer Wahrscheinlichkeit von 0,16239... tatsächlich brauchbar.

Anders ausgedrückt: Mit einer Wahrscheinlichkeit von 16,239... % ist eine für unbrauchbar gehaltene Kugel tatsächlich brauchbar.

Dieses Ergebnis läßt sich auch etwa so deuten: Wenn 10000 Kugeln geprüft würden, so würden 585 davon als unbrauchbar aussortiert, nämlich 490 tatsächlich unbrauchbare Kugeln und 95 irrtümlich für unbrauchbar gehaltene. Die 95 irrtümlich aussortierten Kugeln sind aber tatsächlich brauchbar. Wie groß ist der Anteil dieser 95 Kugeln an den 585 Kugeln?

$$W(B \mid A) = \frac{95}{585} = 0{,}16239\ldots = 16{,}24\ \%\ \text{(gerundet)}$$

Der Lösungsweg für die zweite Frage setzt sich wie folgt zusammen:

3) Zunächst muß mit Hilfe des Satzes von der totalen Wahrscheinlichkeit die Wahrscheinlichkeit dafür ermittelt werden, daß eine Kugel für gut befunden wird.

   Dazu werden die Wahrscheinlichkeiten dafür, daß eine brauchbare Kugel für gut befunden wird, und dafür, daß eine unbrauchbare Kugel für gut befunden wird, addiert.

4) Dann muß mit Hilfe des Satzes von Bayes die Wahrscheinlichkeit ermittelt werden, daß eine der für gut befundenen Kugeln zu den unbrauchbaren, also zu den irrtümlich für gut befundenen Kugeln gehört.

zu 3)

Die Wahrscheinlichkeit dafür, daß eine brauchbare Kugel für gut befunden wird, ist die "gemeinsame" Wahrscheinlichkeit $W(B \cap G)$ für das gleichzeitige Eintreten der Ereignisse B und G, die sich nach dem Multiplikationssatz berechnen läßt.

$$W(B \cap G) = W(B) \cdot W(G \mid B) = 0{,}95 \cdot 0{,}99 = 0{,}9405$$

Eine der Produktion zufällig entnommene Kugel wird mit einer Wahrscheinlichkeit von 0,9405 zu recht für gut befunden.

Die Wahrscheinlichkeit dafür, daß eine unbrauchbare Kugel für gut befunden wird, ist die "gemeinsame" Wahrscheinlichkeit $W(U \cap G)$ für das gleichzeitige Eintreten der Ereignisse U und G.

$$W(U \cap G) = W(U) \cdot W(G \mid U) = 0{,}05 \cdot 0{,}02 = 0{,}001$$

Eine der Produktion zufällig entnommene Kugel wird mit einer Wahrscheinlichkeit von 0,001 zu unrecht für gut befunden.

$$\Rightarrow\ W(G) = W(B \cap G) + W(U \cap G) = 0{,}9405 + 0{,}001 = 0{,}9415$$

Eine der Produktion zufällig entnommene Kugel wird mit einer Wahrscheinlichkeit von 0,9415 für gut befunden. 94,15 % aller Kugeln werden für gut befunden.

zu 4)

Die Wahrscheinlichkeit, daß eine für gut befundene Kugel zu unrecht als brauchbar gilt, also tatsächlich unbrauchbar ist, kann mit Hilfe des Satzes von Bayes berechnet werden.

Die Wahrscheinlichkeit, daß eine für gut befundene Kugel tatsächlich unbrauchbar ist, ist die bedingte Wahrscheinlichkeit $W(U \mid G)$ dafür, daß die Kugel unbrauchbar ist unter der Bedingung, daß sie für gut befunden wurde. Es ist die bedingte Wahrscheinlichkeit für das Ereignis U unter der Bedingung des Ereignisses G.

$$W(U \mid G) = \frac{W(U \cap G)}{W(G)} = \frac{W(G \mid U) \cdot (U)}{W(G \mid U) \cdot (U) + W(G \mid B) \cdot W(B)}$$

$$= \frac{0{,}001}{0{,}9415} = 0{,}00106\ldots$$

Wird eine von den für gut befundenen Kugeln zufällig entnommen, so ist sie mit einer Wahrscheinlichkeit von 0,00106... tatsächlich unbrauchbar.

Oder: Mit einer Wahrscheinlichkeit von 0,106... % ist eine für gut befundene Kugel tatsächlich unbrauchbar.

Dieses Ergebnis läßt sich auch etwa so deuten: Wenn 10000 Kugeln geprüft würden, so würden 9415 davon für gut befunden, nämlich 9405 tatsächlich brauchbare Kugeln und zehn irrtümlich für brauchbar gehaltene. Die zehn irrtümlich für gut befundenen Kugeln sind aber tatsächlich unbrauchbar. Wie groß ist nun der Anteil dieser zehn Kugeln an den 9415 Kugeln?

$$W(U \mid G) = \frac{10}{9415} = 0{,}00106\ldots = 0{,}106\ \%\ \text{(gerundet)}$$

0,106 % der für gut befundenen Kugeln sind tatsächlich unbrauchbar.

Teil B

Erste Frage: Die Wahrscheinlichkeit, daß das Gewicht einer zufällig entnommenen Kugel nicht größer als 5,1 g ist: $W(X \leq 5{,}1)$.

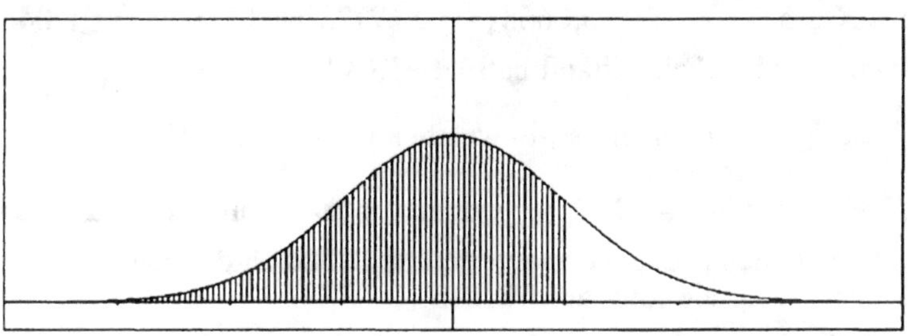

Standardisierung von x = 5,1 mit Hilfe von $z = \frac{x - m}{s}$

$$\mu = 5 \quad \text{und} \quad \sigma = 0{,}1 \quad \Rightarrow \quad z = \frac{5{,}1 - 5}{0{,}1} = 1$$

⇒ Tabellenwert 0,34134

Der Tabellenwert 0,34134 berücksichtigt nicht die linke Hälfte der Normalverteilungsfläche, so daß 0,5 zu dem gefundenen Wert zu addieren ist.

$\Rightarrow \; W(X \leq 5{,}1) = 0{,}5 + 0{,}34134 = 0{,}84134 = 84{,}134\ \%$

Mit einer Wahrscheinlichkeit von 84,134 % ist eine zufällig entnommene Kugel nicht schwerer als 5,1 g.

Die Wahrscheinlichkeit, daß das Gewicht einer zufällig entnommenen Kugel mindestens 4,85 g, höchstens 5,2 g ist, wird ausgedrückt mit $W(4{,}85 \leq X \leq 5{,}2)$ und ist in der folgenden Graphik schraffiert dargestellt.

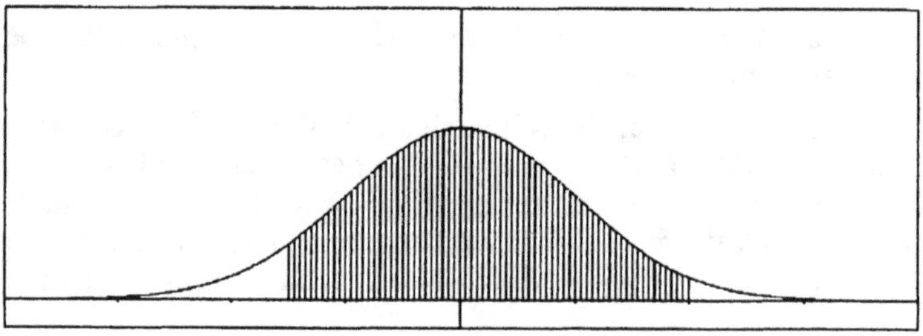

$$\text{Standardisierung von } x = 4{,}85 \quad \Rightarrow \quad z = \frac{4{,}85 - 5}{0{,}1} = -1{,}5$$

⇒ Der Tabellenwert von −1,5 ist 0,06681.

$$\text{Standardisierung von } x = 5{,}2 \quad \Rightarrow \quad z = \frac{5{,}2 - 5}{0{,}1} = 2$$

⇒ Der Tabellenwert von 2 ist 0,47725.

$W(4{,}85 \leq X \leq 5{,}2) = 0{,}5 - 0{,}06681 + 0{,}47725 = 0{,}91044 = 91{,}044\ \%$

Die gesuchte Wahrscheinlichkeit beträgt 91,044 %.

Zweite Frage: Zu berechnen ist, in welchen Grenzen das Gewicht von 90,1 % aller Kugeln liegt.

$W(a \leq X \leq b) = 0{,}901 = 90{,}1\ \%$, wobei $a = \mu - c$ und $b = \mu + c$ ist.

Wegen der Symmetrie der Normalverteilung läßt sich die gegebene Wahrscheinlichkeit auch wie folgt ausdrücken:

$$W(a \leq X \leq b) = W(a \leq X \leq 5) + W(5 \leq X \leq b) = 0{,}901.$$

Aufgrund der Symmetrie gilt: $W(a \leq X \leq 5) = W(5 \leq X \leq b)$

$\Rightarrow \quad 2 \cdot W(5 \leq X \leq b) = 0{,}901 \quad \Leftrightarrow \quad W(5 \leq X \leq b) = 0{,}4505$

Diese Wahrscheinlichkeit gehört laut Tabelle zu dem Z–Wert 1,65 (gerundet).

$z = 1{,}65$ und $\mu = 5$ und $\sigma = 0{,}1$ und $z = \frac{x - m}{s}$.

$$\Rightarrow \quad 1{,}65 = \frac{x - 5}{0{,}1} \quad \Leftrightarrow \quad x = 5{,}165$$

$\Rightarrow \quad b = 5{,}165 = 5 + 0{,}165$ und $a = 5 - 0{,}165 = 4{,}835$

$\Rightarrow \quad W(4{,}835 \leq X \leq 5{,}165) = 0{,}901$

Das Gewicht von 90,1 % aller Kugeln liegt zwischen 4,835 und 5,165 g.

Teil C

zu a)

Man begeht einen Fehler erster Art, wenn man sich für die Alternative entscheidet, obwohl die Hypothese gilt. Die Wahrscheinlichkeit dafür ist gleich der Wahrscheinlichkeit, in der Stichprobe bei Gültigkeit der Hypothese mehr als zwei unbrauchbare Kugeln zu finden.

$$W(X > 2) = 1 - W(X \leq 2) = 1 - \sum_{k=0}^{2} \binom{50}{k} \cdot 0{,}05^k \cdot 0{,}95^{50-k}$$

$$= 1 - (0{,}0769... + 0{,}2024... + 0{,}2611...) = 1 - 0{,}5405...$$

$$= 0{,}4594... = 45{,}94...\ \%$$

Dies könnte als recht großes Risiko für den Lieferanten angesehen werden. Denn auch bei Gültigkeit der Hypothese kommen eben in 45,94... % aller Stichproben mehr als zwei unbrauchbare Kugeln vor.

Einen Fehler zweiter Art begeht man, wenn man sich für die Hypothese entscheidet, obwohl die Alternative gilt. Die Wahrscheinlichkeit dafür ist gleich der Wahrscheinlichkeit, bei Gültigkeit der Alternative nicht mehr als zwei (weniger als drei) Kugeln in der Stichprobe vorzufinden.

$$W(X \leq 2) = \sum_{k=0}^{2} \binom{50}{k} \cdot 0{,}10^k \cdot 0{,}90^{50-k}$$

$$= 0{,}0051... + 0{,}02863... + 0{,}0779... = 0{,}1117... = 11{,}17...\ \%$$

Dies könnte als recht großes Risiko für den Kunden angesehen werden. Denn auch bei Gültigkeit der Alternative kommen eben in 11,17... % aller Stichproben nicht mehr als zwei unbrauchbare Kugeln vor.

In 45,94 % der Fälle erlangt der Kunde "zu Unrecht" einen Preisnachlaß. In 11,17 % der Fälle kann der Lieferant einem Preisnachlaß aus dem Wege gehen, obwohl er wegen der Gültigkeit der Alternative angebracht wäre.

zu b)

Die Gültigkeit der Hypothese vorausgesetzt, also p = 0,05, sollte die Wahrscheinlichkeit für einen Fehler erster Art etwa 5 %, die Annahmewahrscheinlichkeit also etwa 95 % betragen.

$$W(X \leq k) \approx 0{,}95 \quad \Rightarrow \quad \sum_{k=0}^{k_0} \binom{50}{k} \cdot 0{,}05^{k} \cdot 0{,}95^{50-k} \approx 0{,}95$$

Dazu müssen nacheinander die Wahrscheinlichkeiten für die k–Werte 0, 1, 2 usw. berechnet und so lange kumuliert werden, bis die gefragte Wahrscheinlichkeit erreicht ist. Diese Berechnungen werden am besten in einer Tabelle wie der folgenden übersichtlich geordnet und zusammengefaßt.

	Wahrscheinlichkeits–funktion	Verteilungs–funktion
X = k	W(X = k)	W(X ≤ k) p = 0,05
0	0,07694...	0,07694...
1	0,20248...	0,27943...
2	0,26110...	0,54053...
3	0,21987...	0,76040...
4	0,13597...	0,89638...
k_0=5	0,06584...	0,96222...

Kunde und Lieferant könnten sich darauf einigen, daß bei einem Stichprobenumfang von n = 50 die Anzahl unbrauchbarer Kugeln k_0 auf 5 festgesetzt wird.

Wenn k_0 = 5 ist, braucht der Lieferant nur in

1 - 0,96222... = 0,03777... = 3,77...%

aller Fälle trotz Gültigkeit der Hypothese einen Preisnachlaß zu gewähren. Dieses Ergebnis kommt an das gewünschte am nächsten heran.

Lösung Aufgabe 36

Teil A

zu a)

Der Anteil unbrauchbarer Lamellen läßt sich aufgrund des Satzes von der totalen Wahrscheinlichkeit ermitteln und mit Hilfe eines Baumdiagrammes veranschaulichen.

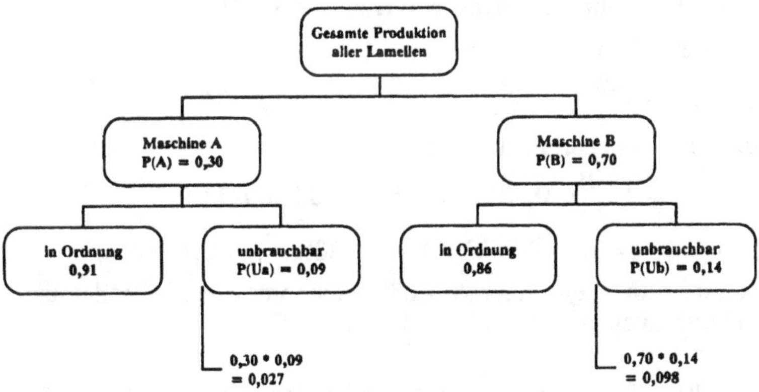

Der Anteil unbrauchbarer Lamellen von Maschine A ergibt sich nach dem Multiplikationssatz der Wahrscheinlichkeitsrechnung:

$$W(A \cap U) = W(A) \cdot W(U \mid A) = 0{,}3 \cdot 0{,}09 = 0{,}027.$$

Der Anteil unbrauchbarer Lamellen von Maschine B beträgt demnach

$$W(B \cap U) = W(B) \cdot W(U \mid B) = 0{,}7 \cdot 0{,}14 = 0{,}098.$$

Die totale Wahrscheinlichkeit ist die Wahrscheinlichkeit dafür, daß eine unbrauchbare Lamelle entweder von Maschine A oder von Maschine B stammt; sie ergibt sich nach dem Additionssatz der Wahrscheinlichkeitsrechnung:

$$W(U) = W(A \cap U) + W(B \cap U) = 0{,}027 + 0{,}098 = 0{,}125.$$

Der Anteil unbrauchbarer Lamellen an der gesamten Produktion ist 12,5 %.

Die Wahrscheinlichkeit, daß eine zufällig aufgetretene unbrauchbare Lamelle von Maschine A stammt, ergibt sich nach dem Satz von Bayes.

$$W(A \mid B) = \frac{P(A \cap U)}{P(U)} = \frac{0{,}027}{0{,}125} = 0{,}216 = 21{,}6\ \%$$

zu b)

X ist die Zufallsvariable für die Anzahl unbrauchbarer Lamellen in der Stichprobe. X ist binomialverteilt mit p = 0,125 und q = 0,875, wobei im ersten Fall n = 20 und im zweiten Fall n = 1792 gilt.

$$W(X = k) = \binom{n}{k} \cdot 0{,}125^k \cdot 0{,}875^{n-k}$$

Erster Fall: $W(X = k) = \binom{20}{k} \cdot 0{,}125^k \cdot 0{,}875^{20-k}$

Gesucht ist die Wahrscheinlichkeit $W(X=2 \vee X=3)$.

Die Wahrscheinlichkeit für k = 2:

$$W(X=2) = \binom{20}{2} \cdot 0{,}125^2 \cdot 0{,}875^{18} = 0{,}2683604.$$

Die Wahrscheinlichkeit für k = 3:

$$W(X=3) = \binom{20}{3} \cdot 0{,}125^3 \cdot 0{,}875^{17} = 0{,}2300232.$$

$$W(X=2 \vee X=3) = 0{,}2683604 + 0{,}2300232 = 0{,}4983836$$

Die Wahrscheinlichkeit, unter 20 zufällig entnommenen Lamellen zwei oder drei unbrauchbare zu finden, ist 49,83... %.

Zweiter Fall: Wegen der rechentechnischen Probleme, die die Binomialverteilung bei einem größeren Stichprobenumfang mit sich bringt, liegt die Approximation durch die Normalverteilung nahe.

Die Voraussetzung dafür, daß $n \cdot p \cdot q > 9$, ist hier erfüllt; denn $1792 \cdot 0{,}125 \cdot 0{,}875 = 196$.

Die Parameter der Normalverteilung sind $\mu = 224$ und $\sigma = 14$. Denn $\mu = n \cdot p$ und $\sigma = \sqrt{n \cdot p \cdot q}$.

Die Wahrscheinlichkeit, unter den 1792 zufällig entnommenen Lamellen 200 bis 241 unbrauchbare zu finden, entspricht der Fläche unter der Normalverteilungskurve in dem Intervall von 199,5 bis 241,5.

Gesucht ist also $W(200 \le X \le 241)$ bzw. $W(119 < X < 242)$.

$$W(200 \le X \le 241) = W(X \le 241) - W(X < 200)$$

$$x = 241 \quad \Rightarrow \quad z = \frac{241 + 0{,}5 - 125}{14} = 1{,}25$$

$$W(X \le 241) = W(Z < 1{,}25) = 0{,}5 + 0{,}39435 = 0{,}89435$$

$$x = 200 \quad \Rightarrow \quad z = \frac{200 - 0{,}5 - 224}{14} = -1{,}75$$

$$W(X < 200) = W(Z < -1{,}75) = 0{,}04006 \text{ (Tabellenwert)}$$

$$W(200 \leq X \leq 241) = 0{,}89435 - 0{,}04006 = 0{,}85429$$

Mit der Wahrscheinlichkeit von 85,429 % findet man unter 1792 zufällig entnommenen Lamellen 200 bis 241 unbrauchbare.

Teil B

zu a)

X ist die Zufallsvariable für die Anzahl unbrauchbarer Lamellen in der Stichprobe. $D = \{0; 1; 2; \ldots ; 19; 20\}$

Die Hypothese lautet: $p \leq 0{,}125$.

Die Gegenhypothese lautet: $p^* > 0{,}125$.

zu b)

Das explizite Bildungsgesetz der Binomialverteilung ist

$$W(X = k) = \binom{n}{k} \cdot p^k \cdot q^{n-k}.$$

Mit fortschreitendem k nimmt der Exponent von p um 1 zu und der Exponent von q um 1 ab. In der Rekursionsformel wird dieser Effekt dadurch erzielt, daß die Wahrscheinlichkeit für das aktuelle k mit p multipliziert und durch q dividiert wird.

Diese Wirkung wird mit dem Faktor $\frac{p}{q}$ erreicht.

Mit fortschreitendem k ändert sich beim Binomialkoeffizienten das Produkt im Zähler um den nächstkleineren Faktor und das Produkt im Nenner um den nächstgrößeren Faktor.

Dies wird mit dem Faktor $\frac{n-k}{k+1}$ erreicht.

$$W(X = k+1) = \frac{n-k}{k+1} \cdot \frac{p}{q} \cdot W(X = k)$$

zu c)

Zunächst muß $W(X = 0)$ berechnet werden.

$$W(X = 0) = \binom{20}{0} \cdot 0{,}125^0 \cdot 0{,}875^{20-0} = 0{,}875^{20} = 0{,}0692087$$

Die Wahrscheinlichkeit für $X = 1$ ergibt sich nach der Rekursionsformel, wobei k gleich null ist.

$$W(X = 0+1) = \frac{20-0}{0+1} \cdot \frac{0{,}125}{0{,}875} \cdot W(X = 0)$$

$$W(X = 1) = 20 \cdot \frac{0,125}{0,875} \cdot 0,0692087 = 0,1977393$$

$$W(X = 1+1) = \frac{20-1}{1+1} \cdot \frac{0,125}{0,875} \cdot W(X = 1)$$

$$W(X = 2) = \frac{19}{2} \cdot \frac{0,125}{0,875} \cdot 0,1977393 = 0,2683604$$

$$W(X = 2+1) = \frac{20-2}{2+1} \cdot \frac{0,125}{0,875} \cdot W(X = 2)$$

$$W(X = 3) = \frac{18}{3} \cdot \frac{0,125}{0,875} \cdot 0,2683604 = 0,2300232$$

$$W(X = 3+1) = \frac{20-3}{3+1} \cdot \frac{0,125}{0,875} \cdot W(X = 3)$$

$$W(X = 4) = \frac{17}{4} \cdot \frac{0,125}{0,875} \cdot 0,2300232 = 0,1396569$$

$$W(X = 4+1) = \frac{20-4}{4+1} \cdot \frac{0,125}{0,875} \cdot W(X = 4)$$

$$W(X = 5) = \frac{16}{5} \cdot \frac{0,125}{0,875} \cdot 0,1396569 = 0,0638431$$

$$W(X = 5+1) = \frac{20-5}{5+1} \cdot \frac{0,125}{0,875} \cdot W(X = 5)$$

$$W(X = 6) = \frac{15}{6} \cdot \frac{0,125}{0,875} \cdot 0,0638431 = 0,0228011$$

$$W(X = 6+1) = \frac{20-6}{6+1} \cdot \frac{0,125}{0,875} \cdot W(X = 6)$$

$$W(X = 7) = \frac{14}{7} \cdot \frac{0,125}{0,875} \cdot 0,0228011 = 0,0065146 \qquad \text{usw.}$$

Es ergibt sich die folgende Zusammenstellung:

X=k	W(X = k)
0	0,0692087
1	0,1977393
2	0,2683604
3	0,2300232
4	0,1396569
5	0,0638431
6	0,0228011
7	0,0065146
8	0,0015123
9	0,0002880
10	0,0000452
11	0,0000058
12	0,0000006
13	0,0000000
usw.	
	1,0000

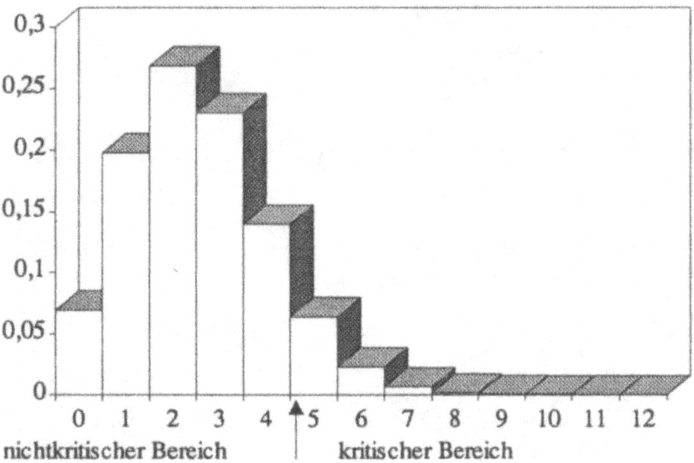

zu d)

Die Testcharakteristik stellt graphisch dar, wie die Wahrscheinlichkeit für die Annahme der Hypothese bei der zugrunde liegenden Entscheidungsregel von dem tatsächlichen Anteil unbrauchbarer Lamellen abhängt.

Annahmewahrscheinlichkeit

p	$W(X \leq 3)$
0,01	0,999998
0,02	0,999961
0,03	0,999741
0,04	0,999041
0,05	0,997426
0,06	0,994365
0,07	0,989293
0,08	0,981655
0,09	0,970963
0,1	0,956825
0,11	0,938975
0,12	0,917280
0,13	0,891749
0,14	0,862519
0,15	0,829846
0,2	0,629648
0,25	0,414841
0,3	0,237507
0,35	0,118196
0,4	0,050951
0,45	0,018863
0,5	0,005908

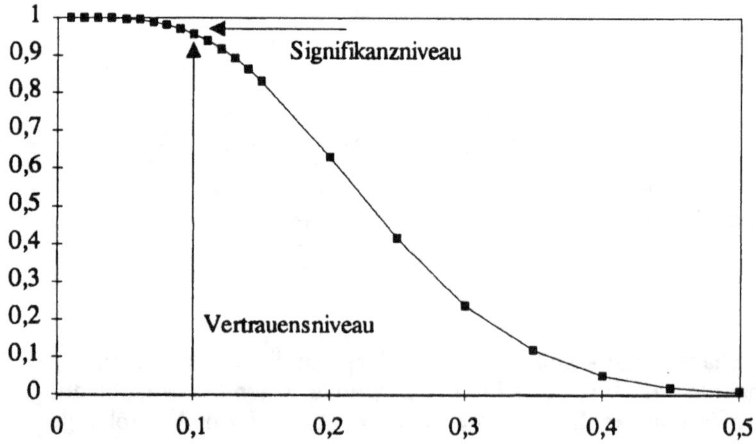

zu e)

Die Entscheidungsregel soll zu einer signifikanten Überprüfung der Behauptung führen. Dazu muß die Wahrscheinlichkeit für die Annahme der Hypothese $p \leq 0{,}125$ mindestens 95% betragen. Es muß k so bestimmt werden, daß $W(X \leq k) \geq 0{,}95$ ist (siehe Verteilungsfunktion aus Aufgabenteil c).

	Wahrscheinlichkeits-funktion	Verteilungs-funktion	
X=k	W(X = k)	W(X ≤ k)	p = 0,125
0	0,0692087	0,0692087	
1	0,1977393	0,2669480	
2	0,2683604	0,5353085	
3	0,2300232	0,7653318	
4	0,1396569	0,9049888	
5	0,0638431	0,9688320	

Die Entscheidungsregel müßte lauten: "Sind in der Stichprobe höchstens fünf Lamellen unbrauchbar, so wird die Hypothese signifikant akzeptiert." Denn die Wahrscheinlichkeit, daß höchstens fünf Lamellen in der Stichprobe unbrauchbar sind, ist mindestens 95 %.

Lösung Aufgabe 37

Teil A

zu a)

Der erste Tabellenwert fehlt in dem Feld für p = 0,05 und k = 3. Dieser Wert ist gleich der Wahrscheinlichkeit, daß die binomialverteilte Zufallsvariable X für die Anzahl schwarzer Elemente in der Stichprobe höchstens den Wert 3 annimmt, und zwar unter der Voraussetzung, daß p = 0,05. Es handelt sich also um $W(X \leq 3)$.

Diese Wahrscheinlichkeit läßt sich anhand der Wahrscheinlichkeitsfunktion ermitteln, indem man die Wahrscheinlichkeiten für die Realisationen von 0 bis 3 addiert.

$$W(X = k) = \binom{30}{k} \cdot 0{,}05^k \cdot 0{,}95^{30-k}$$

X=k	W(X = k)	p = 0,05
0	0,214639	
1	0,338903	
2	0,258637	
3	0,127049	
	0,939228	

$$W(X \leq 3) = 0{,}939228$$

Der nächste Tabellenwert fehlt in dem Feld für p = 0,05 und k = 4. Dieser Wert ist gleich der Wahrscheinlichkeit, daß die Zufallsvariable X für die Anzahl schwarzer Elemente in der Stichprobe höchstens den Wert 4 annimmt, und zwar unter der Voraussetzung, daß p = 0,05.
Es handelt sich also um $W(X \leq 4)$.

$$W(X \leq 4) = W(X \leq 3) + W(X = 4)$$
$$W(X = 4) = 0{,}045136 \qquad \text{(berechnen!)}$$
$$W(X \leq 4) = 0{,}939228 + 0{,}045136 = 0{,}984364$$

Der nächste Tabellenwert fehlt in dem Feld für p = 0,05 und k = 5. Dieser Wert ist gleich der Wahrscheinlichkeit, daß die Zufallsvariable X für die Anzahl schwarzer Elemente in der Stichprobe höchstens den Wert 5 annimmt, und zwar unter der Voraussetzung, daß p = 0,05.
Es handelt sich also um $W(X \leq 5)$.

$$W(X \leq 5) = W(X \leq 4) + W(X = 5)$$
$$W(X = 5) = 0{,}012353 \qquad \text{(berechnen!)}$$
$$W(X \leq 5) = 0{,}984364 + 0{,}012353 = 0{,}996717$$

Die bis hierhin berechneten Tabellenwerte können auch dadurch ermittelt werden, daß sie aus der Verteilungsfunktion übernommen werden, die ja die kumulierten Werte aus der Wahrscheinlichkeitsfunktion enthält.

$$W(X \leq k) = \sum_{k=0}^{5} \binom{30}{k} \cdot 0{,}05^k \cdot 0{,}95^{30-k}$$

	Wahrscheinlichkeits-funktion	Verteilungs-funktion	
X=k	W(X = k)	W(X ≤ k)	p = 0,05
0	0,2146387	0,2146387	
1	0,3389033	0,5535420	
2	0,2586367	0,8121788	
3	0,1270496	*0,9392284*	
4	0,0451360	*0,9843644*	
5	0,0123530	*0,9967175*	

Der vierte fehlende Tabellenwert gehört in das Feld für p = 0,06 und k = 5. Es handelt sich um die Wahrscheinlichkeit W(X ≤ 5).

W(X ≤ 5) = W(X ≤ 4) + W(X = 5)
W(X = 5) = 0,023594 (berechnen!)
W(X ≤ 4) = 0,968461 (aus gegebener Tabelle!)
W(X ≤ 5) = 0,968461 + 0,023594
W(X ≤ 5) = 0,992055

Der letzte fehlende Tabellenwert gehört in das Feld für p = 0,07 und k = 5. Es handelt sich um die Wahrscheinlichkeit W(X ≤ 5).

W(X ≤ 5) = W(X ≤ 4) + W(X = 5)
W(X = 5) = 0,0390298 (berechnen!)
W(X ≤ 4) = 0,944738 (aus Tabelle übernehmen!)
W(X ≤ 5) = 0,944738 + 0,039030
W(X ≤ 5) = 0,983768

zu b)

Wenn nicht mehr als *drei* schwarze Elemente in der Stichprobe sein dürfen, läßt sich die Hypothese p ≤ 0,04 signifikant überprüfen. Denn in dem Feld für p = 0,04 und k = 3 ist die Annahmewahrscheinlichkeit mit 0,969406 letztmalig größer als 0,95.

Oder: Wenn nicht mehr als *vier* schwarze Elemente in der Stichprobe sein dürfen, läßt sich die Hypothese p ≤ 0,06 signifikant überprüfen. Denn die Annahmewahrscheinlichkeit für p = 0,06 ist mit 0,968461 letztmalig größer als 0,95.

Oder: Wenn nicht mehr als *fünf* schwarze Elemente in der Stichprobe sein dürfen, läßt sich die Hypothese p ≤ 0,09 signifikant überprüfen. Denn die Annahmewahrscheinlichkeit für p = 0,09 ist mit 0,951937 letztmalig größer als 0,95.

Oder: Wenn nicht mehr als *sechs* schwarze Elemente in der Stichprobe sein dürfen, läßt sich die Hypothese p ≤ 0,11 signifikant überprüfen. Denn die Annahmewahrscheinlichkeit für p = 0,11 ist mit 0,959256 letztmalig größer als 0,95.

Oder: Wenn nicht mehr als *sieben* schwarze Elemente in der Stichprobe sein dürfen, läßt sich die Hypothese p ≤ 0,14 signifikant überprüfen. Denn die Annahmewahrscheinlichkeit für p = 0,14 ist mit 0,950332 letztmalig größer als 0,95.

zu c)

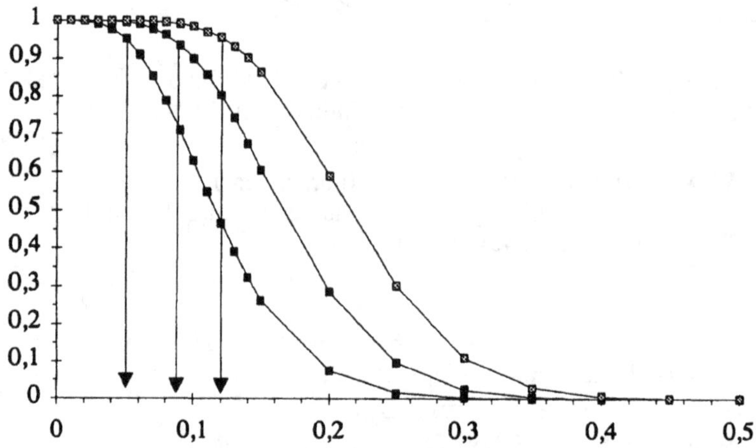

Auf der waagerechten Achse markieren die Pfeilspitzen ungefähr die p–Werte, bei denen die Kurven die "0,95–Grenze" unterschreiten. Auf der senkrechten Achse sind die Annahmewahrscheinlichkeiten abgetragen.

Teil B

zu a)

Die Zufallsvariable X steht für die Anzahl roter Elemente in der Stichprobe. Die Definitionsmenge ist D = {0; 1; 2; 3; ...; 624; 625}.
X ist binomialverteilt mit n = 625 und p = 0,032 bzw. 0,056.
Hypothese: p = 0,032
Alternative: $p^* = 0{,}056$

zu b)

Die Wahrscheinlichkeit, nicht mehr als 25 rote Elemente in einer Stichprobe zu haben, ist bei Gültigkeit der Hypothese größer als bei Gültigkeit der Alternative. Aber auch bei Gültigkeit der Hypothese ist es nicht auszuschließen, daß in einer Stichprobe mehr als 25 rote Elemente vorkommen. Bei einem solchen Stichprobenergebnis würde man glauben, daß die Alternative gilt, weil dann nämlich ein solches Stichprobenergebnis wahrscheinlicher ist.
Dieser Fehlschluß wird als *Fehler erster Art* bezeichnet.

Andererseits ist es bei Gültigkeit der Alternative nicht auszuschließen, daß in einer Stichprobe weniger als 26, also nicht mehr als 25 rote Elemente vorkommen. Ein solches Ergebnis würde man der Hypothese zuschreiben und die Alternative ablehnen. Dieser Fehlschluß wird als *Fehler zweiter Art* bezeichnet.

Die *Wahrscheinlichkeit für einen Fehler erster Art* ist deshalb bei Gültigkeit der Hypothese die Wahrscheinlichkeit für mehr als 25 rote Elemente in der Stichprobe, also W(X > 25).

$$W(X > 25) = 1 - W(X \leq 25)$$

$$W(X \leq 25) = \sum_{k=0}^{25} \binom{625}{k} \cdot 0{,}032^k \cdot 0{,}968^{25-k}$$

Wegen der rechentechnischen Probleme, die die Binomialverteilung bei einem größeren Stichprobenumfang mit sich bringt, liegt die Approximation durch die Normalverteilung nahe. Dazu muß $n \cdot p \cdot (1 - p) > 9$ sein. Diese Voraussetzung ist hier erfüllt; denn $625 \cdot 0{,}032 \cdot 0{,}968 = 19{,}36$.
Für die approximierende Normalverteilung gelten die Parameter

$$\mu = n \cdot p = 625 \cdot 0{,}032 = 20 \quad \text{und}$$
$$\sigma = \sqrt{n \cdot p \cdot (1 - p)} = \sqrt{625 \cdot 0{,}032 \cdot 0{,}968} = 4{,}4.$$

Die gesuchte Wahrscheinlichkeit entspricht der Fläche unter der standardisierten Normalverteilungskurve in dem Intervall von $-\infty$ bis z_0.

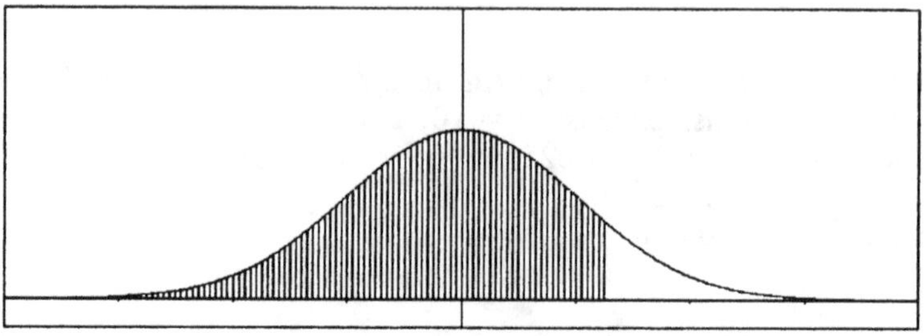

z_o ergibt sich unter Berücksichtigung des Korrekturwertes 0,5 wie folgt:

$$z_o = \frac{25 + 0{,}5 - 20}{4{,}4} = 1{,}25.$$

$W(X \leq 25) = 0{,}5 + \text{Tabellenwert von } 1{,}25$

0,5 steht für die linke Hälfte der Normalverteilungsfläche, der Tabellenwert von 1,25 ist 0,39435

$W(X \leq 25) = 0{,}5 + 0{,}39435 = 0{,}89435$

$W(X > 25) = 1 - W(X \leq 25) = 1 - 0{,}89435 = 0{,}10565$

Die Wahrscheinlichkeit, einen Fehler erster Art zu begehen, ist also 0,10565 = 10,565 %.

Die *Wahrscheinlichkeit eines Fehlers zweiter Art* ist bei Gültigkeit der Alternative die Wahrscheinlichkeit für höchstens 25 rote Elemente in der Stichprobe, also $W(X \leq 25)$.

$$W(X \leq 25) = \sum_{k=0}^{25} \binom{625}{k} \cdot 0{,}056^k \cdot 0{,}944^{25-k}$$

Auch hier liegt die Approximation durch die Normalverteilung nahe. Die Voraussetzung, daß $n \cdot p \cdot (1 - p) > 9$, ist hier erfüllt; denn $625 \cdot 0{,}056 \cdot 0{,}944 = 33{,}04$. Für die Normalverteilung gelten die Parameter

$\mu = n \cdot p = 625 \cdot 0{,}056 = 35$ und

$\sigma = \sqrt{n \cdot p \cdot (1 - p)} = \sqrt{625 \cdot 0{,}056 \cdot 0{,}944} = 5{,}7480431\ldots$

Die gesuchte Wahrscheinlichkeit entspricht der Fläche unter der standardisierten Normalverteilungskurve in dem Intervall von $-\infty$ bis z_o.

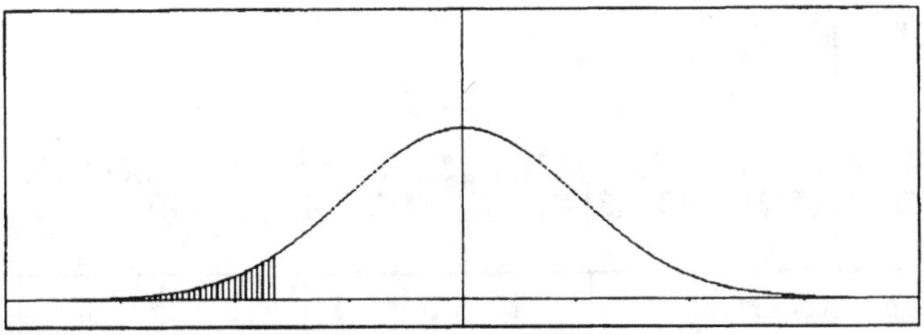

z_0 ergibt sich unter Berücksichtigung des Korrekturwertes 0,5 wie folgt:

$$z_0 = \frac{25 + 0{,}5 - 35}{5{,}748\ldots} = -1{,}65 \text{ (gerundet).}$$

$W(X \leq 25)$ = Tabellenwert von −1,65
Tabellenwert von −1,65 ist 0,04947
$W(X \leq 25) = 0{,}04947$

Die Wahrscheinlichkeit, einen Fehler zweiter Art zu begehen, ist also 4,947 %.

Lösung Aufgabe 38

Teil A

zu a)

Ergebnismenge S = {(1|1); (1|2); (1|3); (1|4); (2|1); (2|2); (2|3); (2|4); (3|1); (3|2); (3|3); (3|4); (4|1); (4|2); (4|3); (4|4)}

Augenprodukte:	1	2	3	4
1	1	2	3	4
2	2	4	6	8
3	3	6	9	12
4	4	8	12	16

Jede Teilmenge der Ergebnismenge ist ein *Ereignis* des Zufallsexperimentes. Das Ereignis E_4, ein Augenprodukt kleiner als vier zu erzielen, ist:

$$E_4 = \{(1|1); (1|2); (1|3); (2|1); (3|1)\}.$$

Die Wahrscheinlichkeit P eines Ereignisses ist seine Mächtigkeit dividiert durch die Mächtigkeit der Ergebnismenge.

$$W(E_i) = \frac{|E_i|}{|S|} \Rightarrow W(E_4) = \frac{5}{16} = 0{,}3125 = 31{,}25\ \%$$

Die Wahrscheinlichkeit, eine Augenzahl kleiner als 4 zu erzielen, ist 31,25 %.

zu b)

Eine Wahrscheinlichkeitsfunktion ordnet jeder Realisation einer Zufallsvariablen X eine Wahrscheinlichkeit W(X = x) zu, wobei die Summe aller Wahrscheinlichkeiten gleich 1 ist. Eine Realisation von X entspricht einer Einsetzung in x (klein x).

Hier ist X die Zufallsvariable für den Gewinnbetrag, der nur dann anfällt, wenn einer der beiden Würfel eine Vier anzeigt.

Augenprodukte:	1	2	3	4
1	1	2	3	4
2	2	4	6	8
3	3	6	9	12
4	4	8	12	16

In der vorstehenden Tabelle sind diejenigen Felder hervorgehoben, die solchen Ereignissen des Zufallsexperiments entsprechen, bei denen wenigstens einer der beiden Würfel eine Vier zeigt. Der Inhalt der Felder zeigt den Gewinn. Alle anderen Felder entsprechen Ereignissen, bei denen nichts gewonnen wird, bei denen der Gewinn gleich null ist. Von diesen Feldern gibt es neun.

Es gibt zwei Ereignisse, bei denen der Gewinn 4 DM beträgt, zwei Ereignisse, bei denen der Gewinn 8 DM beträgt, zwei Ereignisse, bei denen der Gewinn 12 DM beträgt und ein Ereignis, bei dem der Gewinn 16 DM beträgt. Und es gibt 16 mögliche Ereignisse insgesamt.

X kann also die Werte 0, 4, 8, 12 oder 16 annehmen. Diese Realisationen von X werden allgemein mit k bezeichnet. Hier gilt: $k \in \{0, 4, 8, 12, 16\}$.

Wahrscheinlichkeits–
funktion

X = k	W(X = k)	W(X = k)
0	9 · 1/16 = 9/16 =	0,5625
4	2 · 1/16 = 2/16 =	0,125
8	2 · 1/16 = 2/16 =	0,125
12	2 · 1/16 = 2/16 =	0,125
16	1 · 1/16 = 1/16 =	0,0625
	16 · 1/16 = 16/16 =	1,0000

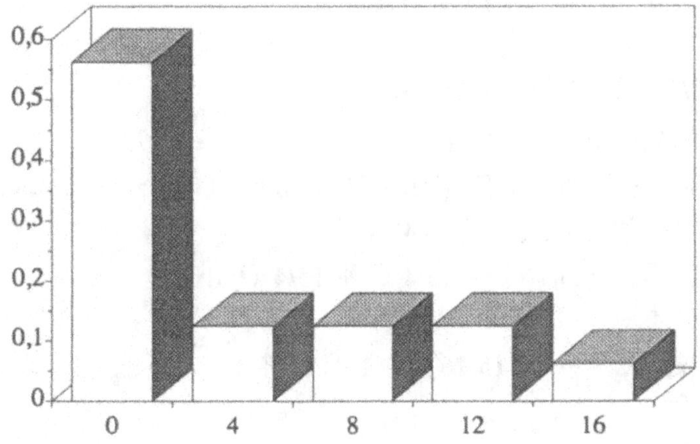

Eine Beurteilung ist durch den Vergleich des Einsatzes mit dem Erwartungswert des Gewinns möglich. Der Erwartungswert $\mu(X)$ des Gewinns ist gleich der Summe der mit den Wahrscheinlichkeiten gewichteten Realisationen von X.

$$\mu(X) = \sum_{i=1}^{5} x \cdot W(X = x)$$

$\mu(X)$ wird in der folgenden Tabelle berechnet.

X = x	W(X = x)	x · W(X = x)
0	0,5625	0
4	0,125	0,5
8	0,125	1
12	0,125	1,5
16	0,0625	1
	1,0	4

Der bei diesem Spiel durchschnittlich zu erwartende Gewinn ist 4 DM. Im Vergleich zu dem Einsatz könnte die Spielregel als einigermaßen fair bezeichnet werden.

Teil B

(siehe hierzu auch "Stochastik und Analysis" weiter unten)

zu a)

Erwartungswert $\mu(X) = \int x\, f(x)\, dx$

$$= \int_0^2 x\,(15/16\, x^4 - 15/4\, x^3 + 15/4\, x^2)\, dx$$

$$= \int_0^2 (15/16\, x^5 - 15/4\, x^4 + 15/4\, x^3)\, dx$$

$$= [\, 5/32\, x^6 - 3/4\, x^5 + 15/16\, x^4\,]_0^2$$

$$= 320/32 - 96/4 + 15 - 0 = 1 \qquad \mu(X) = 1$$

Es ist also pro Woche ein Gewinn in Höhe von 1 TDM zu erwarten.

Varianz $V(X) = \int (x - \mu)^2 f(x)\, dx$

$$= \int_0^2 (x - 1)^2\, (15/16\, x^4 - 15/4\, x^3 + 15/4\, x^2)\, dx$$

$$= \int_0^2 (x^2 - 2\, x + 1)\, (15/16\, x^4 - 15/4\, x^3 + 15/4\, x^2)\, dx$$

$$= \int_0^2 (15/16\, x^6 - 45/8\, x^5 + 195/16\, x^4 - 45/4\, x^3 + 15/4\, x^2)\, dx$$

$$= [\, 15/112\, x^7 - 15/16\, x^6 + 39/16\, x^5 - 15/16\, x^4 + 5/4\, x^3\,]_0^2$$

$$= 120/7 - 60 + 78 - 45 + 10 - 0 = 0{,}1428... = V(X)$$

$V(X) = 0{,}1428...$ und $\sigma(X) = \sqrt{V(X)} \Rightarrow \sigma(X) = 0{,}378...$

Die Standardabweichung des wöchentlich zu erwartenden Gewinns beträgt 0,378... TDM.

zu b)

Gesucht ist die Wahrscheinlichkeit $W(0{,}5 \leq X \leq 1)$.

$$W(0{,}5 \leq X \leq 1) = \int_{0{,}5}^{1} 15/16\, x^4 - 15/4\, x^3 + 15/4\, x^2\, dx$$

$$= [\, 3/16\, x^5 - 15/16\, x^4 + 5/4\, x^3\,]_{0{,}5}^{1}$$

$$= (3/16 - 15/16 + 5/4) - (3/16 \cdot 0{,}03125 - 15/16 \cdot 0{,}0625 + 5/4 \cdot 125)$$

$$= 0{,}5 - 0{,}103515625 = 0{,}39648375$$

Mit einer Wahrscheinlichkeit von 39,648... % liegt der wöchentliche Gewinn zwischen 500 DM und 1000 DM.

zu c)

X sei normalverteilt mit $\mu = 1$ und $\sigma = 0{,}378...$ Die gesuchte Wahrscheinlichkeit ist dann $W(0{,}5 \leq X \leq 1) = 0{,}5 - W(X < 0{,}5)$.

$$x = 0{,}5 \quad \text{und} \quad z = \frac{x - m}{s} \quad \Rightarrow \quad z = \frac{0{,}5 - 1}{0{,}378} = -1{,}32$$

Laut Tabelle ergibt sich daraufhin: $W(X < 0{,}5) = 0{,}09342$.

$$W(0{,}5 \leq X \leq 1) = 0{,}5 - 0{,}09342 = 0{,}40658 = 40{,}658\ \%$$

Mit einer Wahrscheinlichkeit von 40,658 % nimmt der wöchentliche Gewinn einen Wert zwischen 500 DM und 1000 DM an.

Die Abweichung von dem Ergebnis aus b) macht etwa einen Prozentpunkt aus, so daß die Approximation als recht brauchbar angesehen werden könnte.

In der folgenden Darstellung ist der Graph der Dichtefunktion f zu sehen.

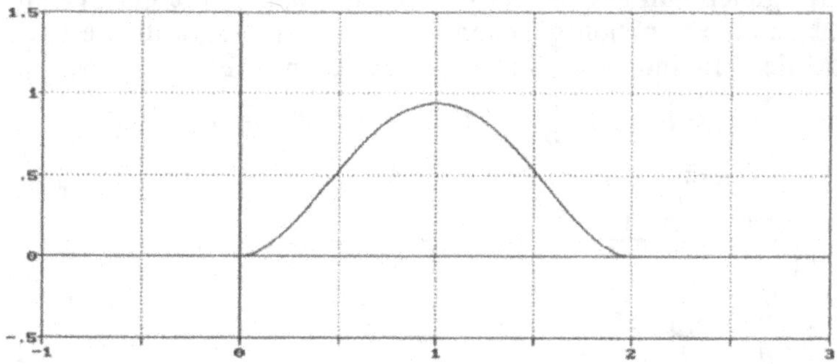

Lösung Aufgabe 39

Die Behauptung stützt sich auf den folgenden Gedankengang: Wenn in der Grundgesamtheit der Anteil auffälliger Elemente 20 % ist, so ist es nicht verwunderlich, wenn in einer Stichprobe ebenfalls 20 % auffällige Elemente vorkommen. Die sechs auffälligen unter den 30 Elementen der Stichprobe machen eben diese 20 % aus.

In der Stichprobe müssen aber nicht 20 % auffällige Elemente auftreten. Sollte in der Grundgesamtheit der Anteil auffälliger Elemente tatsächlich 20 % sein, so wäre es nicht unwahrscheinlich, eine Stichprobe mit sieben oder mit vier oder mit neun auffälligen Elementen zu ziehen. Deshalb ist die Behauptung in dieser Bestimmtheit nicht haltbar.

Jedoch kann das Stichprobenergebnis als eine Schätzung des wahren Anteils P in der Grundgesamtheit dienen. Die Stichprobe vom Umfang 30 mit sechs auffälligen Elementen ist eben dann am wahrscheinlichsten, wenn der Anteil in der Grundgesamtheit 20 % ist. Der Nachweis dafür heißt Maximum-Likelihood-Verfahren.

Die Wahrscheinlichkeit L für das vorliegende Stichprobenergebnis, daß nämlich sechs weiße unter den 30 gezogenen Kugeln sind, ist abhängig von dem wahren, aber unbekannten Anteil P. Als Schätzwert für P gilt p, der Stichprobenanteil. Mathematisch ausgedrückt ist L eine Funktion von p oder kurz L(p).
Der Term von L(p) ist die Formel der Binomialverteilung. Die mögliche Anzahl auffälliger Elemente in der Stichprobe ist binomialverteilt.

$$L(p) = \binom{30}{6} \cdot p^6 \cdot (1-p)^{30-6} \qquad \textbf{(1)}$$

Der Definitionsbereich ist das Intervall [0; 1]; daraus müssen die Einsetzungen in p stammen. Der Anteil p kann eben nur zwischen null und 100 % liegen (100 % = 1). In Abhängigkeit von p ergibt sich dann L(p).

Nun läßt sich derjenige p-Wert bestimmen, für den L(p) maximal ist. Dazu müßte nach den Gesetzen der Differentialrechnung die erste Ableitung L'(p) gleich null gesetzt werden. Die Ableitung vereinfacht sich dadurch, daß die Funktionsgleichung (1) zur Basis e logarithmiert wird. Die Lage des Maximums verändert sich dadurch nicht.

$$L(p) \quad \Rightarrow \quad \ln L(p) = \ln \binom{30}{6} + 6 \cdot \ln p + (30-6) \cdot \ln (1-p)$$

Dabei darf p nicht gleich 1 sein. | $p \neq 1$

$$\Rightarrow \quad \frac{d \ln L(p)}{d\,p} = 6 \cdot \frac{1}{p} + (30-6) \cdot \frac{1}{1-p} \cdot (-1)$$

$$= \frac{6}{p} + 24 \cdot \frac{-1}{1-p}$$

$$= \frac{6}{p} - \frac{24}{1-p}$$

$$\frac{d \ln L(p)}{d\,p} = 0 \qquad \text{notwendige Bedingung}$$

$$\frac{6}{p} - \frac{24}{1-p} = 0 \qquad \Big| \cdot p\,(1-p) \quad \text{[Hauptnenner]}$$

$$6 \cdot (1-p) - 24 \cdot p = 0$$

$$6 - 6\,p - 24\,p = 0$$

$$6 - 30\,p = 0 \qquad \Big| + 30\,p$$

$$6 = 30\,p \qquad \Big| : 30$$

$$\frac{6}{30} = p \qquad \Leftrightarrow \qquad p = 0{,}2 = 20\ \%$$

Die notwendige Bedingung dafür, daß das vorliegende Stichprobenergebnis das wahrscheinlichste ist, ist dann erfüllt, wenn der wahre Anteil auffälliger Elemente in der Grundgesamtheit 20 % ist.

Der guten Ordnung halber muß eine hinreichende Bedingung für das Maximum an der Stelle 0,2 überprüft werden. Wenn die erste Ableitung an der Stelle 0,2 einen Vorzeichenwechsel von plus nach minus hat, dann liegt an der Stelle 0,2 tatsächlich das Maximum.

$$\Rightarrow \frac{d \ln L(0{,}1)}{d\,p} = \frac{6}{0{,}1} - \frac{24}{1-0{,}1} = 60 - 26{,}6\ldots = 33{,}3\ldots > 0$$

$$\Rightarrow \frac{d \ln L(0{,}3)}{d\,p} = \frac{6}{0{,}3} - \frac{24}{1-0{,}3} = 20 - 34{,}285\ldots = -14{,}285\ldots < 0$$

Sechs auffällige Elemente unter den 30 gezogenen zu finden, ist tatsächlich *dann* am wahrscheinlichsten, *wenn* der Anteil auffälliger Elemente in der Grundgesamtheit ebenfalls 20 % ist. (Siehe auch Binomialverteilung: Die Wahrscheinlichkeit für den Erwartungswert ist am größten.)

Ob der Anteil in der Grundgesamtheit wirklich 0,2 ist, kann dieses Verfahren nicht hervorbringen. Es ist lediglich nachgewiesen, daß die Annahme, der Anteil sei 20 %, eine gute Schätzung ist. Dieser Schätzwert sei hier mit $\overset{*}{p}$ bezeichnet. Also gilt hier in diesem Fall: $\overset{*}{p} = 0{,}2$.

Lösung Aufgabe 40

zu a)

Das Ziehen der erwähnten Stichprobe kann als die n-fache Durchführung eines Zufallsexperimentes aufgefaßt werden, das darin besteht, aus der Grundgesamtheit zufällig eine Kugel zu ziehen. Die Zufallsvariable X steht dann für das Gewicht der gezogenen Kugel.

Die Wahrscheinlichkeit dafür, daß die erste gezogene Kugel das Gewicht x_1 hat, kann mit $W(X=x_1)$ bezeichnet und mit Hilfe der Normalverteilung ausgedrückt werden.

$$W(X=x_1) = \frac{1}{\sqrt{2\pi\sigma^2}} e^{-\frac{(x_1-\mu)^2}{2\sigma^2}}$$

Die Wahrscheinlichkeit dafür, daß als zweite die Kugel mit dem Gewicht x_2 gezogen wird, kann mit $W(X=x_2)$ bezeichnet und ebenfalls mit Hilfe der Normalverteilung ausgedrückt werden.

$$W(X=x_2) = \frac{1}{\sqrt{2\pi\sigma^2}} e^{-\frac{(x_2-\mu)^2}{2\sigma^2}}$$

... und so weiter bis ...

$$W(X=x_n) = \frac{1}{\sqrt{2\pi\sigma^2}} e^{-\frac{(x_n-\mu)^2}{2\sigma^2}}$$

Die Wahrscheinlichkeit, daß das erste Gewicht *und* das zweite Gewicht *und* das dritte *und so weiter ... und* das n-te Gewicht in die Stichprobe kommen, ist eine *Und*-Wahrscheinlichkeit, die sich nach dem Multiplikationssatz als Produkt aller einzelnen Wahrscheinlichkeiten berechnen läßt.

$$\Rightarrow \quad L(\mu,\sigma^2) = W(X=x_1) \cdot W(X=x_2) \cdot \ldots \cdot W(X=x_n)$$

$$\Leftrightarrow \quad L(\mu,\sigma^2) = \prod_{i=1}^{n} W(X=x_i)$$

$$\Rightarrow \quad L(\mu,\sigma^2) = \prod_{i=1}^{n} \frac{1}{\sqrt{2\pi\sigma^2}} e^{-\frac{(x_i-\mu)^2}{2\sigma^2}} \qquad \textbf{(1)}$$

Die Wahrscheinlichkeit L für das vorliegende Stichprobenergebnis ließe sich also mit Hilfe des Terms der Normalverteilung berechnen, wenn nur die Parameter μ und σ^2 bekannt wären.

Die Wahrscheinlichkeit L ist eine Funktion von μ und σ^2, kurz: $L(\mu,\sigma^2)$.

In dem Funktionsterm (1) kann der in jedem Faktor gleich vorkommende Teil $\frac{1}{\sqrt{2\,\pi\,\sigma^2}}$ zu einer Potenz zusammengefaßt und vor das Produktzeichen gesetzt werden.

$$\Rightarrow \quad L(\mu,\sigma^2) = \left(\frac{1}{\sqrt{2\,\pi\,\sigma^2}}\right)^n \cdot \prod_{i=1}^{n} e^{-\frac{(x_i-\mu)^2}{2\,\sigma^2}}$$

In dem verbleibenden Teil $\prod_{i=1}^{n} e^{-\frac{(x_i-\mu)^2}{2\,\sigma^2}}$ sind die Faktoren ausnahmslos Potenzen derselben Basis e. Potenzen mit gleicher Basis werden multipliziert, indem die Basis mit der Summe der Exponenten potenziert wird.

$$\prod_{i=1}^{n} e^{-\frac{(x_i-\mu)^2}{2\,\sigma^2}} = e^{\sum_{i=1}^{n} -\frac{(x_i-\mu)^2}{2\,\sigma^2}}$$

Bei diesem Exponenten haben alle Summanden den konstanten Faktor $-\frac{1}{2\,\sigma^2}$, der ausgeklammert wird.

$$e^{\sum_{i=1}^{n} -\frac{(x_i-\mu)^2}{2\,\sigma^2}} = e^{-\frac{1}{2\,\sigma^2}\sum_{i=1}^{n}(x_i-\mu)^2}$$

So ergibt sich der Funktionsterm für die Wahrscheinlichkeit des vorliegenden Stichprobenergebnisses wie folgt.

$$\Rightarrow \quad L(\mu,\sigma^2) = \left(\frac{1}{\sqrt{2\,\pi\,\sigma^2}}\right)^n \cdot e^{-\frac{1}{2\,\sigma^2}\sum_{i=1}^{n}(x_i-\mu)^2} \qquad \textbf{(2)}$$

μ und σ^2 sind in dieser Funktionsgleichung (Maximum-Likelihood-Schätzfunktion) im mathematischen Sinne die Funktionsargumente bzw. die unabhängigen Variablen.

Nun lassen sich diejenigen Werte von μ und σ^2 bestimmen, für die der Funktionswert $L(\mu,\sigma^2)$ maximal ist. Dazu müssen nach den Gesetzen der Differentialrechnung die partiellen Ableitungen $L'(\mu,\sigma^2)$ gleich null gesetzt werden. Die Ableitungen vereinfachen sich dadurch, daß die Funktionsgleichung (2) zur Basis e logarithmiert wird.
Die Lage des Maximums verändert sich dadurch nicht.

$$(2) \quad \Leftrightarrow \quad L(\mu,\sigma^2) = (2\,\pi\,\sigma^2)^{-\frac{n}{2}} \cdot e^{-\frac{1}{2\,\sigma^2}\sum_{i=1}^{n}(x_i-\mu)^2}$$

$$\Leftrightarrow \quad L(\mu,\sigma^2) = (2\,\pi)^{-\frac{n}{2}} (\sigma^2)^{-\frac{n}{2}} \cdot e^{-\frac{1}{2\,\sigma^2} \sum_{i=1}^{n} (x_i - \mu)^2}$$

Logarithmieren ergibt dann (ln e = 1):

$$\ln L = -\frac{n}{2} \ln (2\,\pi) - \frac{n}{2} \ln (\sigma^2) - \frac{1}{2\,\sigma^2} \cdot \sum_{i=1}^{n} (x_i - \mu)^2$$

Zunächst muß partiell nach μ abgeleitet werden; dabei gelten die ersten beiden Summanden als Konstante, deren Ableitung null ergibt.

$$\frac{\delta \ln L}{\delta \mu} = -\frac{1}{2\,\sigma^2} \cdot \sum_{i=1}^{n} 2 \cdot (x_i - \mu) \cdot (-1)$$

$$\frac{\delta \ln L}{\delta \mu} = \frac{1}{\sigma^2} \cdot \sum_{i=1}^{n} (x_i - \mu)$$

Dann muß partiell nach σ^2 abgeleitet werden; dabei gilt der erste Summand als Konstante, deren Ableitung null ergibt.

$$\frac{\delta \ln L}{\delta \sigma^2} = -\frac{n}{2\,\sigma^2} + \frac{1}{2\,(\sigma^2)^2} \cdot \sum_{i=1}^{n} (x_i - \mu)^2$$

Wegen der notwendigen Bedingung für ein relatives Maximum von L müssen die beiden Ableitungen gleich null gesetzt werden.

$$0 = \frac{1}{\sigma^2} \cdot \sum_{i=1}^{n} (x_i - \mu) \qquad \textbf{(3)}$$

$$0 = -\frac{n}{2\,\sigma^2} + \frac{1}{2\,(\sigma^2)^2} \cdot \sum_{i=1}^{n} (x_i - \mu)^2 \qquad \textbf{(4)}$$

(3) und (4) sind die Maximum-Likelihood-Gleichungen für den Fall der Parameterschätzung bei einer normalverteilten Grundgesamtheit. Sie bilden als Konjunktion ein Gleichungssystem, mit dem die Werte der Parameter μ und σ^2 bestimmt werden können, für die das vorliegende Stichprobenergebnis am wahrscheinlichsten ist.

(3) läßt sich folgendermaßen nach μ auflösen.

$$(3) \quad 0 = \frac{1}{\sigma^2} \cdot \sum_{i=1}^{n} (x_i - \mu) \qquad \Big| \cdot \sigma^2 \;\wedge\; \sigma \neq 0$$

$$\Leftrightarrow \quad 0 = \sum_{i=1}^{n} (x_i - \mu) \qquad \Big| \cdot \sigma^2 \;\wedge\; \sigma \neq 0$$

$$\Leftrightarrow \quad 0 = n \cdot (-\mu) + \sum_{i=1}^{n} x_i \qquad \Big| + n \cdot \mu$$

$$\Leftrightarrow \quad n \cdot \mu = \sum_{i=1}^{n} x_i \qquad \Big| : n \;\wedge\; n \neq 0$$

$$\Leftrightarrow \quad \mu = \frac{\sum\limits_{i=1}^{n} x_i}{n} = \bar{x} \qquad \textbf{(5)}$$

(4) läßt sich unter Berücksichtigung von (5) wie folgt nach σ^2 auflösen.

$$0 = -\frac{n}{2\,\sigma^2} + \frac{1}{2\,(\sigma^2)^2} \cdot \sum_{i=1}^{n} (x_i - \mu)^2 \qquad \Big|\cdot 2\,(\sigma^2)^2 \;\wedge\; \mu = \bar{x}$$

$$\Rightarrow \quad 0 = -n \cdot \sigma^2 + \sum_{i=1}^{n} (x_i - \bar{x})^2 \qquad \Big| + n \cdot \sigma^2$$

$$\Leftrightarrow \quad n \cdot \sigma^2 = \sum_{i=1}^{n} (x_i - \bar{x})^2 \qquad \Big| : n \;\wedge\; n \neq 0$$

$$\Leftrightarrow \quad \sigma^2 = \frac{\sum\limits_{i=1}^{n} (x_i - \bar{x})^2}{n} = s^2$$

Das vorliegende Stichprobenergebnis ist dann am wahrscheinlichsten, *wenn* das wahre Durchschnittsgewicht in der Grundgesamtheit mit dem Durchschnittsgewicht in der Stichprobe übereinstimmt und die Varianz in der Grundgesamtheit gleich der Varianz in der Stichprobe ist.

zu b)

Die vorliegende Stichprobe ist eine von all den denkbar vielen, die sich aus der großen Grundgesamtheit hätten ergeben können. Jede andere Stichprobe hätte zu einem anderen Wert von $\bar{x}$ geführt. Diese verschiedenen Werte von $\bar{x}$ sind Realisationen der Zufallsvariablen $\bar{X}$.

$\bar{X}$ streut um den wahren Mittelwert μ, jedoch geringer als X (X ist die Zufallsvariable für das Gewicht der einzelnen Kugeln, nicht für das Durchschnittsgewicht).

$\bar{X}$ streut um den wahren Mittelwert μ mit der Varianz $\frac{\sigma^2}{n}$.

$\bar{X}$ ist normalverteilt mit μ und $\frac{\sigma^2}{n} = \sigma^2(\bar{X})$.

Als Schätzwert für σ gilt s der Stichprobe.

Als Varianz von $\bar{X}$ gilt dann $\frac{s^2}{n} = \sigma^2(\bar{X})$

und als Standardabweichung $\frac{s}{\sqrt{n}}$.

Für $\bar{X}$ können daraufhin Schwankungsintervalle für verschiedene Wahrscheinlichkeiten - z. B. 90 % = 0,9 - bestimmt werden.

$$W(\mu - z_{45\%} \cdot \sigma(\bar{X}) < \bar{X} < \mu + z_{45\%} \cdot \sigma(\bar{X})) = 0,9$$

Hierbei geht es um die folgende Ungleichung:

$$\mu - z_{45\%} \cdot \sigma(\bar{X}) < \bar{X} < \mu + z_{45\%} \cdot \sigma(\bar{X}) \qquad \Big| \; \sigma(\bar{X}) = \frac{s}{\sqrt{n}}$$

$$\mu - z_{45\%} \cdot \frac{s}{\sqrt{n}} < \bar{X} < \mu + z_{45\%} \cdot \frac{s}{\sqrt{n}} \qquad \Big| -\mu$$

$$- z_{45\%} \cdot \frac{s}{\sqrt{n}} < \bar{X} - \mu < + z_{45\%} \cdot \frac{s}{\sqrt{n}} \qquad \Big| -\bar{X}$$

$$-\bar{X} - z_{45\%} \cdot \frac{s}{\sqrt{n}} < -\mu < -\bar{X} + z_{45\%} \cdot \frac{s}{\sqrt{n}} \qquad \Big| \cdot(-1)$$

$$\bar{X} + z_{45\%} \cdot \frac{s}{\sqrt{n}} > \mu > \bar{X} - z_{45\%} \cdot \frac{s}{\sqrt{n}}$$

$$\bar{X} - z_{45\%} \cdot \frac{s}{\sqrt{n}} < \mu < \bar{X} + z_{45\%} \cdot \frac{s}{\sqrt{n}}$$

$$W(\mu - z_{45\%} \cdot \sigma(\bar{X}) < \bar{X} < \mu + z_{45\%} \cdot \sigma(\bar{X})) = 0{,}9$$

$$\Leftrightarrow \quad W(\bar{X} - z_{45\%} \cdot \frac{s}{\sqrt{n}} < \mu < \bar{X} + z_{45\%} \cdot \frac{s}{\sqrt{n}}) = 0{,}9$$

Aus der vorliegenden Stichprobe sind folgende Werte bekannt:

Die Realisierung von $\bar{X}$ ist $\bar{x} = 28$;
Varianz $s^2 = 4$;
Stichprobenumfang $n = 20$.

Aus der Tabelle der standardisierten Normalverteilung ergibt sich
$z_{45\%} = 1{,}7$ (gerundet).

Diese Werte können in die obige Ungleichung für das gesuchte Intervall eingesetzt werden.

$$\bar{X} - z_{45\%} \cdot \frac{s}{\sqrt{n}} < \mu < \bar{X} + z_{45\%} \cdot \frac{s}{\sqrt{n}}$$

$$28 - 1{,}7 \cdot \frac{2}{\sqrt{20}} < \mu < 28 + 1{,}7 \cdot \frac{2}{\sqrt{20}}$$

$$28 - 0{,}7602... < \mu < 28 + 0{,}7602...$$

$$27{,}2397... < \mu < 28{,}7602...$$

Mit einer Sicherheit von 90 % liegt der wahre Mittelwert der Grundgesamtheit zwischen 27,2397... und 28,7602... Gramm.

Lösung Aufgabe 41

zu a)

In diesem Fall ist X die Zufallsvariable für die Anzahl weißer Kugeln unter den 50 gezogenen in der Stichprobe.
Definitionsmenge ist die Menge {0; 1; 2; 3; ... ; 49; 50}.
X ist binomialverteilt mit p = 0,1 und n = 50.

$$W(X = k) = \binom{50}{k} \cdot 0{,}2^k \cdot 0{,}8^{50-k}$$

zu aa)

Gefragt ist die Wahrscheinlichkeit, daß die Zufallsvariable den Wert 9 annimmt: W(X = 9)

$$W(X = 9) = \binom{50}{k} \cdot 0{,}2^9 \cdot 0{,}8^{50-9} = 0{,}1364087 = 13{,}64087\ \%$$

Mit einer Wahrscheinlichkeit von 13,64087 % zieht man eine Stichprobe mit 9 weißen unter den 50 gezogenen Kugeln.

zu ab)

Gefragt ist $W(X \le 5) = W(X = 0) + W(X = 1) + \ldots + W(X = 5)$.

X = k	Wahrscheinlichkeits-funktion W(X = k)	Verteilungs-funktion W(X ≤ k)	n = 50
0	0,0000142	0,0000142	
1	0,0001784	0,0001926	
2	0,0010927	0,0012854	
3	0,0043709	0,0056563	
4	0,0128396	0,0184960	
5	0,0295312	0,0480272	

$W(X \le 5) = 0{,}0480272 = 4{,}80272\ \%$

In einer Stichprobe von 50 Kugeln sind mit einer Wahrscheinlichkeit von 0,0480272 höchstens fünf weiße Kugeln. Anders ausgedrückt, in 4,8... % aller denkbaren Stichproben sind höchstens fünf weiße Kugeln.

zu b)

Auch hier ist die Zufallsvariable X (Anzahl weißer Kugeln in der Stichprobe vom Umfang 800) binomialverteilt. Jedoch liegt wegen der rechentechnischen Schwierigkeiten die Approximation durch die Normalverteilung nahe, die dann möglich ist, wenn $n \cdot p \cdot q > 9$ ist.
Hier ist p = 0,2 und q = 0,8 und n = 800,
so daß $0{,}2 \cdot 0{,}8 \cdot 800 = 128 > 9$.

Bei der Approximation durch die Normalverteilung werden die Parameter $\mu = n \cdot p$ und $\sigma = \sqrt{n \cdot p \cdot q}$ aus der Binomialverteilung übernommen.

Hier gilt

$$\mu = 800 \cdot 0{,}2 = 160 \text{ und } \sigma = \sqrt{800 \cdot 0{,}2 \cdot 0{,}8} = 11{,}3137085\ldots$$

zu ba)

Die Wahrscheinlichkeit, 140 oder 141 weiße Kugeln in der Stichprobe zu haben, ist $W(140 \leq X \leq 141)$.

140 ist untere (linke) und 141 ist obere (rechte) Intervallgrenze.
140 führt als untere Intervallgrenze unter Berücksichtigung des Korrekturwertes 0,5 zu dem Z-Wert z_u.

$$z_u = \frac{140 - 0{,}5 - 160}{11{,}3137085\ldots} = -1{,}811961128 \approx -1{,}81 \text{ (gerundet)}$$

141 führt dementsprechend zu dem Z-Wert z_o.

$$z_o = \frac{141 + 0{,}5 - 160}{11{,}3137085\ldots} = -1{,}635184433 \approx -1{,}64 \text{ (gerundet)}$$

$W(140 \leq X \leq 141)$ entspricht der Fläche unter der Normalverteilungskurve in dem Intervall von $z_u = -1{,}81$ bis $z_o = -1{,}64$.
Diese Fläche ist in der folgenden Graphik als *nicht* schraffierter Flächenteil hervorgehoben.

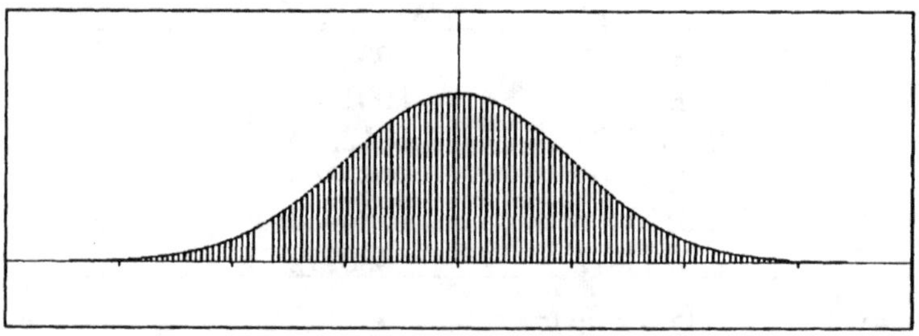

$$W(140 \leq X \leq 141) = W(-1{,}81 \leq Z \leq -1{,}64)$$
$$= W(Z \leq -1{,}64) - W(Z < -1{,}81)$$

$W(Z \leq -1{,}64) = 0{,}05050$ (Tabellenwert von $-1{,}64$)

$W(Z < -1{,}81) = 0{,}03515$ (Tabellenwert von $-1{,}81$)

$W(140 \leq X \leq 141) = 0{,}05050 - 0{,}03515 = 0{,}01585$

Die Wahrscheinlichkeit, unter 800 gezogenen Kugeln genau 140 oder 141 weiße zu haben, ist 1,585 %.

zu bb)

Gesucht ist die Wahrscheinlichkeit W(170 ≤ X).

Die untere (linke) Intervallgrenze 170 führt unter Berücksichtigung des Korrekturwertes 0,5 zu dem Z-Wert z_u.

$$z_u = \frac{170 - 0{,}5 - 160}{11{,}3137085\ldots} = 0{,}839689303 \approx 0{,}84 \text{ (gerundet)}$$

$$W(170 \leq X) = W(0{,}84 \leq Z) = W(Z \geq 0{,}84)$$

W(Z ≥ 0,84) ist in der folgenden Graphik schraffiert dargestellt.

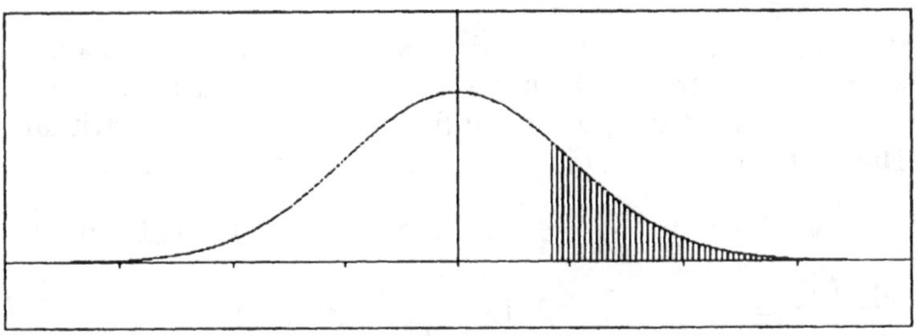

Der Tabellenwert von 0,84 (0,29955) entspricht jedoch der in der nächsten Graphik schraffierten Fläche.

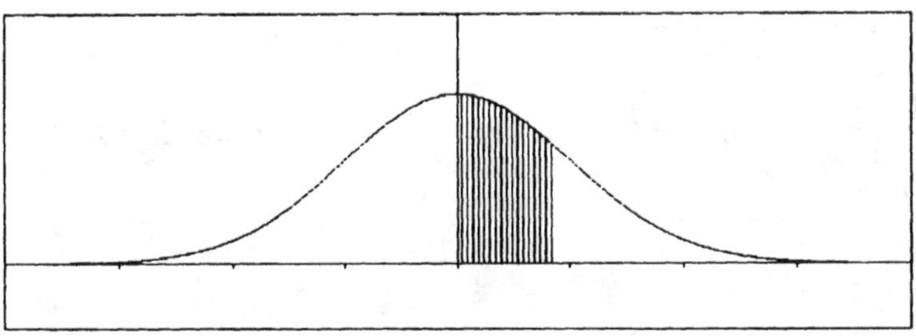

Um zu W(Z ≥ 0,84) zu kommen, muß das Komplement zu 0,5 (rechte Hälfte der Normalverteilungsfläche) gebildet werden.

$$W(Z \geq 0{,}84) = 0{,}5 - 0{,}29955 = 0{,}20045 = W(X \geq 170)$$

Die Wahrscheinlichkeit, mindestens 170 weiße unter den 800 gezogenen Kugeln zu finden, macht 20,045 % aus.

zu c)

zu ca)

Von allen denkbaren Stichproben ist die vorliegende Stichprobe (n = 50 und k = 15, so daß p = 0,3) dann am wahrscheinlichsten, wenn der Anteil weißer Kugeln in der Grundgesamtheit ebenfalls 30 % ausmacht.

Der Beweis läßt sich mit der Maximum-Likelihood-Methode führen.

Die Wahrscheinlichkeit L für das vorliegende Stichprobenergebnis ließe sich mit der Formel der Binomialverteilung berechnen, wenn der Anteil P in der Grundgesamtheit bekannt wäre.

$$L(P) = \binom{50}{15} \cdot P^{15} \cdot (1-P)^{50-15}$$

Bekannt ist jedoch lediglich der Anteil p (*klein p*) der Stichprobe, der als Schätzwert für den wahren Anteil P gelten soll.

$$L(p) = \binom{50}{15} \cdot p^{15} \cdot (1-p)^{50-15}$$

Um denjenigen p-Wert zu finden, für den L maximal ist, muß als notwendige Bedingung die erste Ableitung von L gleich null gesetzt werden. Die Ableitung vereinfacht sich, wenn die Funktionsgleichung logarithmiert wird. Die Lage des Maximums wird dadurch nicht beeinflußt.

$$L(p) \Rightarrow \ln L(p) = \ln \binom{50}{15} + 15 \cdot \ln p + (50-15) \cdot \ln (1-p) \quad | \; p \neq 1$$

$$\Rightarrow \frac{d \ln L(p)}{d p} = 15 \cdot \frac{1}{p} + (50-15) \cdot \frac{1}{(1-p)} \cdot (-1)$$

$$= 15 \cdot \frac{1}{p} - 35 \cdot \frac{1}{1-p}$$

$$= \frac{15}{p} - \frac{35}{1-p}$$

$$\frac{d \ln L(p)}{d p} = 0 \qquad \text{notwendige Bedingung}$$

$$\frac{15}{p} - \frac{35}{1-p} = 0 \qquad | \cdot p\,(1-p) \quad \text{d. i. HN}$$

$$15 \cdot (1-p) - 35 \cdot p = 0$$

$$15 - 15\,p - 35\,p = 0$$

$$15 - 50\,p = 0 \qquad | + 50\,p$$

$$15 = 50\,p \qquad | : 50$$

$$\frac{15}{50} = p \qquad \Leftrightarrow \qquad p = 0{,}3 = 30\,\%$$

Die notwendige Bedingung dafür, daß die vorliegende Stichprobe die wahrscheinlichste ist, ist dann erfüllt, wenn der wahre Anteil weißer Kugeln in der Grundgesamtheit 30 % ist.

Der guten Ordnung halber muß eine hinreichende Bedingung für das Maximum an der Stelle 0,3 überprüft werden. Wenn die erste Ableitung an der Stelle 0,3 einen Vorzeichenwechsel von plus nach minus hat, dann liegt an der Stelle 0,3 tatsächlich das Maximum.

$$\frac{d \ln L(0{,}2)}{d\,p} = \frac{15}{0{,}2} - \frac{35}{1-0{,}2} =$$

$$\Rightarrow \qquad = 75 - 43{,}75 = 31{,}25 > 0$$

$$\frac{d \ln L(0{,}4)}{d\,p} = \frac{15}{0{,}4} - \frac{35}{1-0{,}4} =$$

$$\Rightarrow \qquad = 37{,}5 - 58{,}33\ldots = -20{,}833\ldots < 0$$

15 weiße Kugeln unter den 50 gezogenen zu finden, ist tatsächlich *dann* am wahrscheinlichsten, *wenn* der Anteil weißer Kugeln in der Grundgesamtheit ebenfalls 30 % ist. (Siehe auch Binomialverteilung: Die Wahrscheinlichkeit für den Erwartungswert ist am größten.)

Ob der Anteil in der Grundgesamtheit wirklich 0,3 ist, kann dieses Verfahren nicht hervorbringen. Es ist lediglich nachgewiesen, daß die Annahme, der Anteil sei 30 %, eine gute Schätzung ist. Dieser Schätzwert sei hier mit $\overset{*}{p}$ bezeichnet. Also gilt hier in diesem Fall: $\overset{*}{p} = 0{,}3$.

zu cb)

Die vorliegende Stichprobe ist eine von allen denkbar möglichen, die aus der Grundgesamtheit hätten gezogen werden können. Der Anteil p weißer Kugeln kann unterschiedlich sein, er schwankt von Stichprobe zu Stichprobe um den wahren Anteil P, und zwar mit der Varianz σ_p^2.

Die möglichen Stichprobenanteile sind normalverteilt mit $\mu = n \cdot P \cdot (1 - P)$ und σ_p^2.

$$\mu = n \cdot P \cdot (1 - P) \quad \wedge \quad \sigma_p^2 = \frac{n \cdot P \cdot (1 - P)}{n^2} = \frac{P \cdot (1 - P)}{n}$$

$$\Rightarrow \sigma_p = \sqrt{\frac{P \cdot (1 - P)}{n}}$$

Der wahre Anteil P ist unbekannt; ein Schätzwert dafür ist der Anteil p aus der vorliegenden Stichprobe. Daraus läßt sich dann für diesen Fall der Wert von σ_p berechnen.

$$\Rightarrow \sigma_p = \sqrt{\frac{p \cdot (1 - p)}{n}} = \sqrt{\frac{0{,}3 \cdot (1 - 0{,}3)}{50}}$$

$$= \sqrt{0{,}0042} = 0{,}648\ldots$$

Für die möglichen Stichprobenanteile p lassen sich nun symmetrische Schwankungsintervalle um den wahren Anteil P für verschiedene Wahrscheinlichkeiten - beispielsweise für 95 % = 0,95 - bestimmen.

Aufgrund der Symmetrie der Normalverteilung läßt sich das Flächenstück für 95 % in zwei Hälften à 47,5 % teilen, die rechts und links des wahren Anteils P liegen. Die Wahrscheinlichkeit dafür, daß der Stichprobenanteil p in diesen Bereich fällt, soll in diesem Beispiel 95 % sein.

$$W(P - z_{47,5\%} \cdot \sigma_p < p < P + z_{47,5\%} \cdot \sigma_p) = 0,95 \quad \textbf{(1)}$$

Hierbei geht es um die folgende Ungleichung:

$$\begin{array}{ll} P - z_{47,5\%} \cdot \sigma_p < p < P + z_{47,5\%} \cdot \sigma_p & \mid -P \\ -z_{47,5\%} \cdot \sigma_p < p - P < +z_{47,5\%} \cdot \sigma_p & \mid -p \\ -p - z_{47,5\%} \cdot \sigma_p < -P < -p + z_{47,5\%} \cdot \sigma_p & \mid \cdot(-1) \\ p + z_{47,5\%} \cdot \sigma_p > P > p - z_{47,5\%} \cdot \sigma_p & \mid \text{umkehren} \\ p - z_{47,5\%} \cdot \sigma_p < P < p + z_{47,5\%} \cdot \sigma_p & \end{array}$$

Die obige Wahrscheinlichkeit (Gleichung (1)) läßt sich nun wie folgt angeben:

$$W(p - z_{47,5\%} \cdot \sigma_p < P < p + z_{47,5\%} \cdot \sigma_p) = 0,95 \quad \textbf{(1)}$$

Aus der vorliegenden Stichprobe ist $p = 0,3$ bekannt.

Die Standardabweichung σ_p ist berechnet worden: $\sigma_p = 0,648...$
$z_{47,5\%}$ ist laut Tabelle der Standardnormalverteilung 1,96. Dazu sucht man in der Tabelle 0,4750 und findet dazu den Z-Wert 1,96.
Aus der Ungleichung $p - z_{47,5\%} \cdot \sigma_p < P < p + z_{47,5\%} \cdot \sigma_p$ für das gesuchte Intervall wird durch Einsetzen

$$0,3 - 1,96 \cdot 0,648... < P < 0,3 + 1,96 \cdot 0,648...$$
$$0,3 - 0,127... < P < 0,3 + 0,127...$$
$$0,1729... < P < 0,4270...$$

Mit einer Wahrscheinlichkeit von 95 % liegt der wahre Anteil P der Grundgesamtheit zwischen 17,29... und 42,70... Prozent.

zu d)

Die Zufallsvariable X steht für das Gewicht der Kugeln in der Grundgesamtheit. Gefragt ist die Wahrscheinlichkeit $W(X < 375)$.

Die Standardisierung der Obergrenze $x = 375$ führt zu dem entsprechenden Z-Wert z_o.

$$z = \frac{x - \mu}{\sigma} \quad \wedge \quad x = 375 \quad \wedge \quad \mu = 400 \quad \wedge \quad \sigma = 20$$

$$\Rightarrow \quad z_o = \frac{375 - 400}{20} = -1,25$$

$W(X < 375) = W(Z < -1,25)$
Diese Wahrscheinlichkeit ist in der folgenden Graphik schraffiert dargestellt.

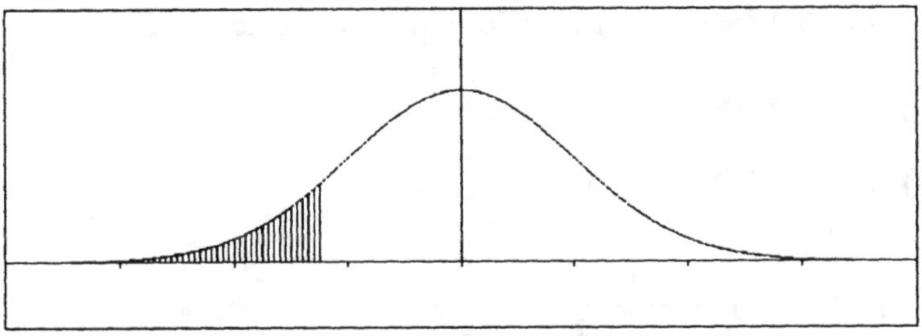

W(Z < −1,25) erhält man als den entsprechenden Tabellenwert der Standardnormalverteilung: Tabellenwert von −1,25 = 0,10565.

W(X < 375) = 0,10565

Mit der Wahrscheinlichkeit von 10,565 % wiegt eine zufällig entnommene Kugel weniger als 375 g.

zu e)

zu ea) Maximum-Likelihood-Verfahren

Das Ziehen der erwähnten Stichprobe kann als die 50-fache Durchführung eines Zufallsexperimentes aufgefaßt werden, das darin besteht, aus der Grundgesamtheit zufällig eine Kugel zu ziehen. Die Zufallsvariable X steht dann für das Gewicht der gezogenen Kugel.

Die Wahrscheinlichkeit dafür, daß die erste gezogene Kugel das Gewicht x_1 hat, kann mit $W(X=x_1)$ bezeichnet und mit Hilfe der Normalverteilung ausgedrückt werden.

$$W(X=x_1) = \frac{1}{\sqrt{2\pi\sigma^2}}\, e^{-\frac{(x_1-\mu)^2}{2\sigma^2}}$$

Die Wahrscheinlichkeit dafür, daß als zweite die Kugel mit dem Gewicht x_2 gezogen wird, kann mit $W(X=x_2)$ bezeichnet und ebenfalls mit Hilfe der Normalverteilung ausgedrückt werden.

$$W(X=x_2) = \frac{1}{\sqrt{2\pi\sigma^2}}\, e^{-\frac{(x_2-\mu)^2}{2\sigma^2}}$$

... und so weiter bis ...

$$W(X=x_{50}) = \frac{1}{\sqrt{2\pi\sigma^2}}\, e^{-\frac{(x_{20}-\mu)^2}{2\sigma^2}}$$

Die Wahrscheinlichkeit, daß das erste Gewicht *und* das zweite Gewicht *und* das dritte *und so weiter ... und* das 50. Gewicht in die Stichprobe kommen, ist eine *Und*-Wahrscheinlichkeit, die sich nach dem Multiplikationssatz als Produkt aller einzelnen Wahrscheinlichkeiten berechnen läßt.

$$\Rightarrow \quad L(\mu,\sigma^2) = W(X=x_1) \cdot W(X=x_2) \cdot \ldots \cdot W(X=x_{50})$$

$$\Leftrightarrow \quad L(\mu,\sigma^2) = \prod_{i=1}^{50} W(X=x_i)$$

$$\Rightarrow \quad L(\mu,\sigma^2) = \prod_{i=1}^{50} \frac{1}{\sqrt{2\pi\sigma^2}} e^{-\frac{(x_i-\mu)^2}{2\sigma^2}} \qquad (1)$$

Die Wahrscheinlichkeit L für das vorliegende Stichprobenergebnis ließe sich also mit Hilfe des Terms der Normalverteilung berechnen, wenn nur die Parameter μ und σ^2 bekannt wären.

Die Wahrscheinlichkeit L ist eine Funktion von μ und σ^2, kurz: $L(\mu,\sigma^2)$.

Die Funktionsgleichung (1) läßt sich umformen zu der folgenden Gestalt (siehe Erläuterungen in der Lösung zu Aufgabe 40).

$$L(\mu,\sigma^2) = \left(\frac{1}{\sqrt{2\pi\sigma^2}}\right)^n \cdot e^{-\frac{1}{2\sigma^2}\sum_{i=1}^{n}(x_i-\mu)^2} \qquad (2)$$

Die Maximum-Likelihood-Methode versucht die Werte von μ und σ^2 zu bestimmen, für die der Funktionswert $L(\mu,\sigma^2)$ maximal ist. Dazu müssen nach den Gesetzen der Differentialrechnung die partiellen Ableitungen $L'(\mu,\sigma^2)$ gleich null gesetzt werden. Die Ableitungen vereinfachen sich dadurch, daß die Funktionsgleichung (2) zur Basis e logarithmiert wird. Die Lage des Maximums verändert sich dadurch nicht.

$$\Rightarrow \quad \ln L = -\frac{n}{2}\ln(2\pi) - \frac{n}{2}\ln(\sigma^2) - \frac{1}{2\sigma^2} \cdot \sum_{i=1}^{n}(x_i-\mu)^2$$

Zunächst muß partiell nach μ abgeleitet werden; dabei gelten die ersten beiden Summanden als Konstante, deren Ableitung null ergibt.

$$\frac{\delta \ln L}{\delta\mu} = -\frac{1}{2\sigma^2} \cdot \sum_{i=1}^{n} 2 \cdot (x_i-\mu) \cdot (-1)$$

$$\frac{\delta \ln L}{\delta\mu} = \frac{1}{\sigma^2} \cdot \sum_{i=1}^{n} (x_i-\mu)$$

Dann muß partiell nach σ^2 abgeleitet werden; dabei gilt der erste Summand als Konstante, deren Ableitung null ergibt.

$$\frac{\delta \ln L}{\delta\sigma^2} = -\frac{n}{2\sigma^2} + \frac{1}{2(\sigma^2)^2} \cdot \sum_{i=1}^{n}(x_i-\mu)^2$$

Wegen der notwendigen Bedingung für ein relatives Maximum von L müssen die beiden Ableitungen gleich null gesetzt werden.

$$0 = \frac{1}{\sigma^2} \cdot \sum_{i=1}^{n} (x_i - \mu) \qquad (3)$$

$$0 = -\frac{n}{2\,\sigma^2} + \frac{1}{2\,(\sigma^2)^2} \cdot \sum_{i=1}^{n} (x_i - \mu)^2 \qquad (4)$$

(3) und (4) sind die Maximum-Likelihood-Gleichungen für den Fall der Parameterschätzung bei einer normalverteilten Grundgesamtheit. Sie bilden als Konjunktion ein Gleichungssystem, mit dem die Werte der Parameter μ und σ^2 bestimmt werden können, für die das vorliegende Stichprobenergebnis am wahrscheinlichsten ist.

(3) läßt sich folgendermaßen nach μ auflösen.

$$(3)\quad 0 = \frac{1}{\sigma^2} \cdot \sum_{i=1}^{n} (x_i - \mu) \qquad \Big| \cdot \sigma^2 \;\wedge\; \sigma \neq 0$$

$$\Leftrightarrow\quad 0 = \sum_{i=1}^{n} (x_i - \mu) \qquad \Big| \cdot \sigma^2 \;\wedge\; \sigma \neq 0$$

$$\Leftrightarrow\quad 0 = n \cdot (-\mu) + \sum_{i=1}^{n} x_i \qquad \Big| + n \cdot \mu$$

$$\Leftrightarrow\quad n \cdot \mu = \sum_{i=1}^{n} x_i \qquad \Big| : n \;\wedge\; n \neq 0$$

$$\Leftrightarrow\quad \mu = \frac{\sum_{i=1}^{n} x_i}{n} = \overline{x} \qquad (5)$$

(4) läßt sich unter Berücksichtigung von (5) wie folgt nach σ^2 auflösen.

$$0 = -\frac{n}{2\,\sigma^2} + \frac{1}{2\,(\sigma^2)^2} \cdot \sum_{i=1}^{n} (x_i - \mu)^2 \qquad \Big| \cdot 2\,(\sigma^2)^2 \;\wedge\; \mu = \overline{x}$$

$$\Rightarrow\quad 0 = -n \cdot \sigma^2 + \sum_{i=1}^{n} (x_i - \overline{x})^2 \qquad \Big| + n \cdot \sigma^2$$

$$\Leftrightarrow\quad n \cdot \sigma^2 = \sum_{i=1}^{n} (x_i - \overline{x})^2 \qquad \Big| : n \;\wedge\; n \neq 0$$

$$\Leftrightarrow\quad \sigma^2 = \frac{\sum_{i=1}^{n} (x_i - \overline{x})^2}{n} = s^2$$

Das vorliegende Stichprobenergebnis ist *dann* am wahrscheinlichsten, *wenn* das wahre Durchschnittsgewicht in der Grundgesamtheit mit dem Durchschnittsgewicht in der Stichprobe übereinstimmen würde und die Varianz in der Grundgesamtheit gleich der Varianz in der Stichprobe wäre.

zu eb) Konfidenzintervall

Die vorliegende Stichprobe ist eine von all den denkbar vielen, die sich aus der großen Grundgesamtheit hätten ergeben können. Jede andere Stichprobe hätte zu einem anderen Wert von $\bar{x}$ geführt. Diese verschiedenen Werte von $\bar{x}$ sind Realisationen der Zufallsvariablen $\bar{X}$.

$\bar{X}$ streut um den wahren Mittelwert μ, jedoch geringer als X (Zufallsvariable für das Gewicht der einzelnen Kugeln, nicht für das Durchschnittsgewicht).

$\bar{X}$ streut um den wahren Mittelwert μ mit der Varianz $\frac{\sigma^2}{n}$.

$\bar{X}$ ist normalverteilt mit μ und $\frac{\sigma^2}{n} = \sigma^2(\bar{X})$.

Als Schätzwert für σ gilt s der Stichprobe.

Als Varianz von $\bar{X}$ gilt dann $\frac{s^2}{n} = \sigma^2(\bar{X})$

und als Standardabweichung $\frac{s}{\sqrt{n}}$.

Für $\bar{X}$ können daraufhin Schwankungsintervalle für verschiedene Wahrscheinlichkeiten - z. B. 90 % = 0,9 - bestimmt werden.

Aufgrund der Symmetrie der Normalverteilung läßt sich das Flächenstück für 90 % in zwei Hälften à 45 % teilen, die rechts und links des wahren Anteils P liegen. Die Wahrscheinlichkeit dafür, daß der Stichprobenanteil p in diesen Bereich fällt, soll ja in diesem Beispiel 90 % sein.

$$W(\mu - z_{45\%} \cdot \sigma(\bar{X}) < \bar{X} < \mu + z_{45\%} \cdot \sigma(\bar{X})) = 0{,}9$$

Hierbei geht es um die folgende Ungleichung:

$$\mu - z_{45\%} \cdot \sigma(\bar{X}) < \bar{X} < \mu + z_{45\%} \cdot \sigma(\bar{X}) \qquad \Big|\ \sigma(\bar{X}) = \frac{s}{\sqrt{n}}$$

$$\mu - z_{45\%} \cdot \frac{s}{\sqrt{n}} < \bar{X} < \mu + z_{45\%} \cdot \frac{s}{\sqrt{n}} \qquad \Big|\ -\mu$$

$$- z_{45\%} \cdot \frac{s}{\sqrt{n}} < \bar{X} - \mu < + z_{45\%} \cdot \frac{s}{\sqrt{n}} \qquad \Big|\ -\bar{X}$$

$$-\bar{X} - z_{45\%} \cdot \frac{s}{\sqrt{n}} < -\mu < -\bar{X} + z_{45\%} \cdot \frac{s}{\sqrt{n}} \qquad \Big|\ \cdot(-1)$$

$$\bar{X} + z_{45\%} \cdot \frac{s}{\sqrt{n}} > \mu > \bar{X} - z_{45\%} \cdot \frac{s}{\sqrt{n}} \qquad \Big|\ \text{umkehren}$$

$$\bar{X} - z_{45\%} \cdot \frac{s}{\sqrt{n}} < \mu < \bar{X} + z_{45\%} \cdot \frac{s}{\sqrt{n}}$$

$$W(\mu - z_{45\%} \cdot \sigma(\overline{X}) < \overline{X} < \mu + z_{45\%} \cdot \sigma(\overline{X})) = 0{,}9$$

$$\Leftrightarrow \quad W(\overline{X} - z_{45\%} \cdot \frac{s}{\sqrt{n}} < \mu < \overline{X} + z_{45\%} \cdot \frac{s}{\sqrt{n}}) = 0{,}9$$

Aus der vorliegenden Stichprobe sind folgende Werte bekannt:

Die Realisierung von $\overline{X}$ ist $\overline{x} = 440$;
Standardabweichung $s = 20$;
Stichprobenumfang $n = 50$.
Aus der Tabelle der standardisierten Normalverteilung ergibt sich
$z_{45\%} = 1{,}7$ (gerundet).
Man sucht dazu in der Tabelle 0,4500 und findet den Z-Wert 1,7

Diese Werte können in die Ungleichung für das gesuchte Intervall eingesetzt werden.

$$\overline{X} - z_{45\%} \cdot \frac{s}{\sqrt{n}} < \mu < \overline{X} + z_{45\%} \cdot \frac{s}{\sqrt{n}}$$

$$440 - 1{,}7 \cdot \frac{20}{\sqrt{50}} < \mu < 440 + 1{,}7 \cdot \frac{20}{\sqrt{50}}$$

$$440 - 2{,}8284... < \mu < 440 + 2{,}8284...$$

$$437{,}1715... < \mu < 442{,}8284...$$

Mit einer Sicherheit von 90 % liegt der wahre Mittelwert in der Grundgesamtheit zwischen 437,1715... und 442,8284... Gramm.

Lösung Aufgabe 42

zu a)

f kann dann Dichtefunktion von X sein, wenn der Graph von f über den gesamten Definitionsbereich zusammen mit der x-Achse eine Fläche einschließt, deren Inhalt genau eine Flächeneinheit groß ist.

$$\Rightarrow \int_0^6 f(x)\,dx = 1 \quad \wedge \quad f(x) \quad \text{(s. Aufgabe)}$$

$$\Rightarrow \int_0^6 -1/108\, x^3 + 1/18\, x^2\, dx = 1$$

$$\Leftrightarrow [-1/432\, x^4 + 1/54\, x^3]_0^6 = 1$$

$$\Leftrightarrow (-1/432 \cdot 6^4 + 1/54 \cdot 6^3) - 0 = -3 + 4 = 1$$

Es kann sich bei f tatsächlich um eine Dichtefunktion handeln.

zu b)

Bei der Verteilungsfunktion handelt es sich um diejenige Stammfunktion von f, die an der Stelle 0 (Beginn des Definitionsbereichs) denselben Funktionswert hat wie f.

Verteilungsfunktion $F(x) = \int f(x)\,dx \quad \wedge \quad F(0) = f(0) = 0$

$$F(x) = -1/432\, x^4 + 1/54\, x^3 + C$$

Wegen $F(0) = 0 \;\Rightarrow\; C = 0$

$$F(x) = -1/432\, x^4 + 1/54\, x^3$$

zu c)

Die Wahrscheinlichkeit, daß die Zufallsvariable nicht größer als zwei ist:

$$W(X \leq 2) = F(2) = -1/432 \cdot 2^4 + 1/54 \cdot 2^3$$
$$= -16/432 + 8/54 = 1/9 = 0{,}111\ldots$$

Die Wahrscheinlichkeit, daß die Zufallsvariable nicht kleiner als fünf ist:

$$W(X \geq 5) = 1 - W(X < 5) = 1 - F(5)$$
$$= 1 - (-1/432 \cdot 5^4 + 1/54 \cdot 5^3)$$
$$= 1 - 0{,}86805\ldots = 0{,}1319444\ldots$$

(Wegen der Stetigkeit ganzrationaler Funktionen ist $\text{l-}\lim_{x \to 5} F(x) = F(5)$.)

Die Wahrscheinlichkeit $W(3 \le X \le 5)$, daß die Zufallsvariable in das Intervall [3; 5] fällt:

$W(3 \le X \le 5) = F(5) - F(3)$.

$F(5) = 0{,}86805\ldots$ (s. o.)

$F(3) = -1/432 \cdot 3^4 + 1/54 \cdot 3^3 = 0{,}3125$

$W(3 \le X \le 5) = 0{,}86805\ldots - 0{,}3125 = 0{,}5555\ldots$

zu d)

Erwartungswert $\mu(X) = \int_0^6 x\, f(x)\, dx \quad \wedge \quad f(x)$ (s. Aufgabe)

$$\Rightarrow \mu(X) = \int_0^6 x\,(-1/108\, x^3 + 1/18\, x^2)\, dx$$

$$= \int_0^6 -1/108\, x^4 + 1/18\, x^3\, dx$$

$$= [-1/540\, x^5 + 1/72\, x^4]_0^6$$

$$= -14{,}4 + 18 = 3{,}6$$

$\mu(X) = 3{,}6$

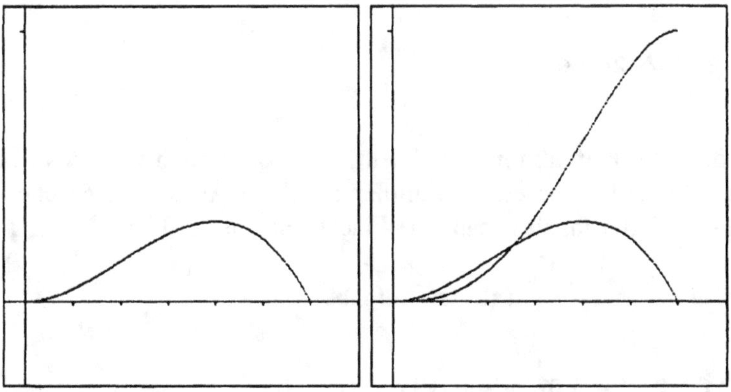

Die obige Graphik zeigt links die Dichtefunktion (Wahrscheinlichkeitsfunktion), rechts gleichzeitig auch die Verteilungsfunktion.

Varianz $V(X) = \int_0^6 (x - \mu)^2 f(x)\,dx \quad \wedge \quad \mu = 3{,}6 \quad \wedge \quad f(x)$ (s. Aufgabe)

$$\Rightarrow \quad V(X) = \int_0^6 (x - 3{,}6)^2 \left(-1/108\, x^3 + 1/18\, x^2\right) dx$$

$$= \int_0^6 (x^2 - 7{,}2\, x + 12{,}96)\left(-1/108\, x^3 + 1/18\, x^2\right) dx$$

$$= \int_0^6 -\frac{1}{108} x^5 + \frac{1}{18} x^4 + \frac{1}{15} x^4 - \frac{2}{5} x^3 - \frac{3}{25} x^3 + \frac{18}{25} x^2\, dx$$

$$= \int_0^6 -1/108\, x^5 + 11/90\, x^4 - 13/25\, x^3 + 18/25\, x^2\, dx$$

$$= \left[-1/648\, x^6 + 11/450\, x^5 - 13/100\, x^4 + 6/25\, x^3\right]_0^6$$

$$= -1/648 \cdot 6^6 + 11/450 \cdot 6^5 - 13/100 \cdot 6^4 + 6/25 \cdot 6^3 - 0$$

$$= -72 + 190{,}08 - 168{,}48 + 51{,}84 - 0 = 1{,}44 = V(X)$$

$$V(X) = 1{,}44 \quad \wedge \quad \sigma(X) = \sqrt{V(X)} \quad \Rightarrow \quad \sigma(X) = 1{,}2$$

Lösung Aufgabe 43

zu a)

f kann dann Dichtefunktion von X sein, wenn der Graph von f über den gesamten Definitionsbereich zusammen mit der x-Achse eine Fläche einschließt, deren Inhalt genau eine Flächeneinheit groß ist.

$$\Rightarrow \quad \int_0^{10} f(x)\,dx = 1 \quad \wedge \quad f(x) \quad \text{(s. Aufgabe)}$$

$$\Rightarrow \quad \int_0^{10} 0{,}0012\, x^3 - 0{,}024\, x^2 + 0{,}12\, x\, dx = 1$$

$$\Leftrightarrow \quad \left[0{,}0003\, x^4 - 0{,}008\, x^3 + 0{,}06\, x^2\right]_0^{10} = 1$$

$$\Leftrightarrow \quad (0{,}0003 \cdot 10^4 - 0{,}008 \cdot 10^3 + 0{,}06 \cdot 10^2) - 0 = 3 - 8 + 6 = 1$$

Es kann sich bei f tatsächlich um eine Dichtefunktion handeln.

zu b)

Bei der Verteilungsfunktion handelt es sich um diejenige Stammfunktion von f, die an der Stelle 0 (Beginn des Definitionsbereichs) denselben Funktionswert hat wie f.

Verteilungsfunktion $F(x) = \int f(x)\,dx \quad \wedge \quad F(0) = f(0) = 0$

$$F(x) = 0{,}0003\,x^4 - 0{,}008\,x^3 + 0{,}06\,x^2 + C$$

Wegen $F(0) = 0 \;\Rightarrow\; C = 0$

$$F(x) = 0{,}0003\,x^4 - 0{,}008\,x^3 + 0{,}06\,x^2$$

zu c)

Die Wahrscheinlichkeit, daß die Zufallsvariable nicht größer als zwei ist:

$W(X \le 2) = F(2) = 0{,}0003 \cdot 2^4 - 0{,}008 \cdot 2^3 + 0{,}06 \cdot 2^2$

$= 0{,}0048 - 0{,}064 + 0{,}24 = 0{,}1808.$

Die Wahrscheinlichkeit, daß die Zufallsvariable nicht kleiner als sieben ist: $W(X \ge 7) = 1 - W(X < 7) = 1 - F(7)$

$= 1 - (0{,}0003 \cdot 7^4 - 0{,}008 \cdot 7^3 + 0{,}06 \cdot 7^2)$

$= 1 - 0{,}9163 = 0{,}0837.$

(Wegen der Stetigkeit ganzrationaler Funktionen ist $\text{l-}\lim\limits_{x \to 7} F(x) = F(7)$.)

Die Wahrscheinlichkeit $W(4 \le X \le 6)$, daß die Zufallsvariable in das Intervall [4; 6] fällt:

$W(4 \le X \le 6) = F(6) - F(4).$

$F(4) = 0{,}0003 \cdot 4^4 - 0{,}008 \cdot 4^3 + 0{,}06 \cdot 4^2 = 0{,}5248$

$F(6) = 0{,}0003 \cdot 6^4 - 0{,}008 \cdot 6^3 + 0{,}06 \cdot 6^2 = 0{,}8208$

$W(4 \le X \le 6) = 0{,}8208 - 0{,}5248 = 0{,}296$

zu d)

Erwartungswert $\mu(X) = \int_0^{10} x\,f(x)\,dx \quad \wedge \quad f(x) \quad$ (s. Aufgabe)

$$\Rightarrow \mu(X) = \int_0^{10} x\,(0{,}0012\,x^3 - 0{,}024\,x^2 + 0{,}12\,x)\,dx$$

$$= \int_0^{10} 0{,}0012\,x^4 - 0{,}024\,x^3 + 0{,}12\,x^2\,dx$$

$$= [0{,}00024\,x^5 - 0{,}006\,x^4 + 0{,}04\,x^3]_0^{10} = 24 - 60 + 40 = 4$$

Varianz $V(X) = \int_0^{10} (x - \mu)^2 f(x)\,dx \quad \wedge \quad \mu = 4 \quad \wedge \quad f(x) \quad$ (s. o.)

$$\Rightarrow \; V(X) = \int_0^{10} (x-4)^2 \, (0{,}0012\,x^3 - 0{,}024\,x^2 + 0{,}12\,x)\,dx$$

$$= \int_0^{10} (x^2 - 8\,x + 16)\,(0{,}0012\,x^3 - 0{,}024\,x^2 + 0{,}12\,x)\,dx$$

$$= \int_0^{10} 0{,}0012\,x^5 - 0{,}024\,x^4 + 0{,}12\,x^3 - 0{,}0096\,x^4 + 0{,}192\,x^3 -$$

$$0{,}96\,x^2 + 0{,}0192\,x^3 - 0{,}384\,x^2 + 1{,}92\,x\,dx =$$

$$\int_0^{10} 0{,}0012\,x^5 - 0{,}0336\,x^4 + 0{,}3312\,x^3 - 1{,}344\,x^2 + 1{,}92\,x\,dx$$

$$= [0{,}0002\,x^6 - 0{,}00672\,x^5 + 0{,}0828\,x^4 - 0{,}448\,x^3 + 0{,}96\,x^2]_0^{10}$$

$$= 200 - 672 + 828 - 448 + 96 - 0 = 4 = V(X)$$

$$V(X) = 4 \;\wedge\; \sigma(X) = \sqrt{V(X)} \;\Rightarrow\; \sigma(X) = 2$$

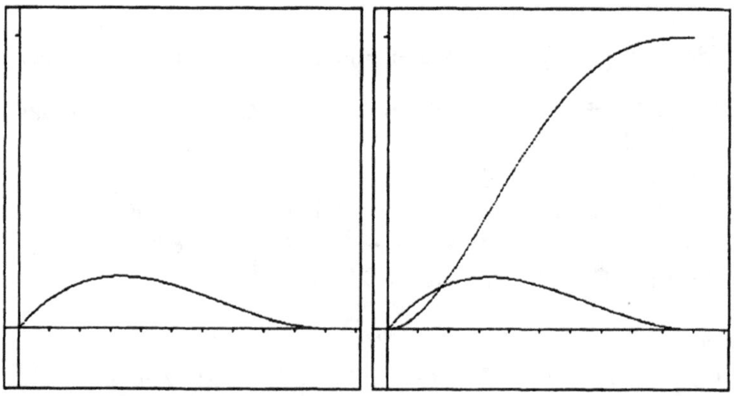

Die obige Graphik zeigt links die Wahrscheinlichkeitsfunktion und rechts gleichzeitig auch die Verteilungsfunktion.

Lösung Aufgabe 44

zu a)

Wenn f Dichtefunktion von X ist, dann schließt der Graph von f über dem Intervall [0; 6] zusammen mit der x–Achse eine Fläche ein, deren Inhalt genau eine Flächeneinheit groß ist.

$$\int_0^6 f(x)\,dx = 1 \quad \wedge \quad f(x) = a\,(x^3 - 12\,x^2 + 36\,x)$$

$$\Leftrightarrow \; a \int_0^6 x^3 - 12\,x^2 + 36\,x\,dx = 1$$

$$\Leftrightarrow \; a\,[0{,}25\,x^4 - 4\,x^3 + 18\,x^2]_0^6 = 1$$

$$\Leftrightarrow \; a\,(324 - 864 + 648) = 1 \quad \Leftrightarrow \quad a = \frac{1}{108}$$

Wenn $a = \frac{1}{108}$ ist, dann kann f Dichtefunktion von X sein.

Also: $f(x) = \frac{1}{108}(x^3 - 12\,x^2 + 36\,x)$ $\qquad D = [0; 6]$

oder: $f(x) = \frac{1}{108}\,x^3 - \frac{1}{9}\,x^2 + \frac{1}{3}\,x$ $\qquad D = [0; 6]$

Die Wahrscheinlichkeit $W(3 \le X \le 5)$, daß die Zufallsvariable X in das Intervall [3; 5] fällt, entspricht der Fläche zwischen dem Graphen von f und der x–Achse in den Grenzen von 3 bis 5.

$$W(3 \le X \le 5) = \int_3^5 f(x)\,dx = [\frac{1}{432}\,x^4 - \frac{1}{27}\,x^3 + \frac{1}{6}\,x^2]_3^5$$

$$= (\frac{625}{432} - \frac{125}{27} + \frac{25}{6}) - (\frac{81}{432} - \frac{27}{27} + \frac{9}{6})$$

$$= \frac{425}{432} - \frac{297}{432} = \frac{128}{432} = \frac{8}{27} = 0{,}2962\ldots$$

$W(3 \le X \le 5) = 29{,}62\ldots\ \%$

zu b)

Der Erwartungswert von X ist $\mu(X)$.

$$\mu(X) = \int_0^6 x\, f(x)\, dx = \int_0^6 x \left(\frac{1}{108} x^3 - \frac{1}{9} x^2 + \frac{1}{3} x\right) dx$$

$$= \int_0^6 \frac{1}{108} x^4 - \frac{1}{9} x^3 + \frac{1}{3} x^2\, dx$$

$$= \left[\frac{1}{540} x^5 - \frac{1}{36} x^4 + \frac{1}{9} x^3\right]_0^6 = \frac{7776}{540} - \frac{1296}{36} + \frac{216}{9}$$

$$= \frac{1296}{540} = 2{,}4 \qquad\qquad \mu(X) = 2{,}4$$

Die Wahrscheinlichkeit $W(X \leq \mu(X))$, daß die Zufallsvariable X in das Intervall $[0; \mu(X)]$ fällt, entspricht der Fläche zwischen dem Graphen von f und der x-Achse in den Grenzen von 0 bis 2,4.

$$W(X \leq \mu(X)) = \int_0^{2,4} f(x)\, dx = \left[\frac{1}{432} x^4 - \frac{1}{27} x^3 + \frac{1}{6} x^2\right]_0^{2,4}$$

$$= 0{,}5248 = 52{,}48\ \%$$

zu c)

Bei der Verteilungsfunktion handelt es sich um diejenige Stammfunktion von f, die an der Stelle 0 (Beginn des Definitionsbereichs) denselben Funktionswert hat wie f.

Verteilungsfunktion $F(x) = \int f(x)\, dx \quad \wedge \quad F(0) = f(0) = 0$

$$F(x) = \frac{1}{432} x^4 - \frac{1}{27} x^3 + \frac{1}{6} x^2 + C \qquad D = [0; 6]$$

Wegen $F(0) = 0 \Rightarrow C = 0$

$$F(x) = \frac{1}{432} x^4 - \frac{1}{27} x^3 + \frac{1}{6} x^2 \qquad D = [0; 6]$$

Die Wahrscheinlichkeit $W(1 \leq X \leq 4) = F(4) - F(1)$

$$= \left(\frac{256}{432} - \frac{64}{27} + \frac{16}{6}\right) - \left(\frac{1}{432} - \frac{1}{27} + \frac{1}{6}\right)$$

$$= \frac{384}{432} - \frac{57}{432} = \frac{327}{432} = \frac{109}{144} = 0{,}7569... = 75{,}69...\ \%$$

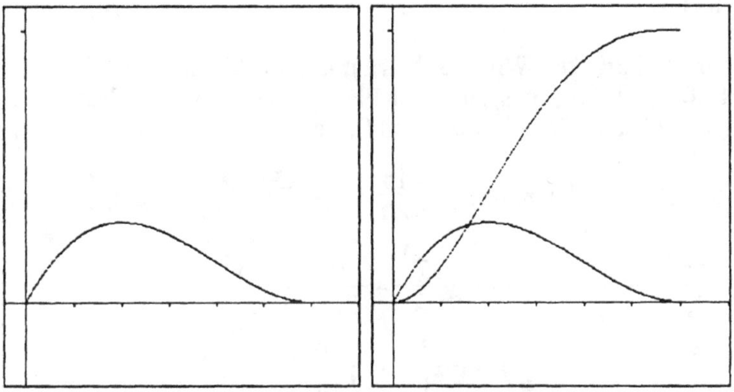

Die obige Graphik zeigt links die Dichtefunktion (Wahrscheinlichkeitsfunktion), rechts gleichzeitig auch die Verteilungsfunktion.

Lösung Aufgabe 45

zu a)

Wenn f Dichtefunktion von X ist, dann schließt der Graph von f über dem Intervall [0; 2] zusammen mit der x–Achse eine Fläche ein, deren Inhalt genau eine Flächeneinheit beträgt.

$$\int_0^2 f(x)\,dx = 1 \quad \wedge \quad f(x) = a\,(x^4 - 4\,x^3 + 4\,x^2)$$

$$\Leftrightarrow \quad a \int_0^2 x^4 - 4\,x^3 + 4\,x^2\,dx = 1$$

$$\Leftrightarrow \quad a\,[0{,}2\,x^5 - x^4 + 4/3\,x^3]_0^2 = 1$$

$$\Leftrightarrow \quad a\,(32/5 - 16 + 32/3) = 1 \quad \Leftrightarrow \quad \frac{16}{15}\,a = 1 \quad \Leftrightarrow \quad a = \frac{15}{16}$$

Wenn $a = \frac{15}{16}$ ist, dann kann f Dichtefunktion von X sein.

Also: $f(x) = \frac{15}{16}\,(x^4 - 4\,x^3 + 4\,x^2)$ $\qquad D = [0; 2]$

oder: $f(x) = \frac{15}{16}x^4 - \frac{15}{4}x^3 + \frac{15}{4}x^2$ $\qquad D = [0; 2]$

Die Wahrscheinlichkeit $W(0{,}5 \le X \le 1)$, daß die Zufallsvariable X in das Intervall [0,5; 1] fällt, entspricht der Fläche zwischen dem Graphen von f und der x–Achse in den Grenzen von 0,5 bis 1.

$$W(0{,}5 \le X \le 1) = \int_{0,5}^{1} f(x)\,dx = \left[\frac{15}{80}x^5 - \frac{15}{16}x^4 + \frac{5}{4}x^3\right]_{0,5}^{1}$$

$$= \left(\frac{15}{80} - \frac{15}{16} + \frac{5}{4}\right) - \left(\frac{15}{2560} - \frac{15}{256} + \frac{5}{32}\right)$$

$$= \left(\frac{3}{16} - \frac{15}{16} + \frac{20}{16}\right) - \left(\frac{3}{512} - \frac{30}{512} + \frac{80}{512}\right)$$

$$= \frac{1}{2} - \frac{53}{512} = 0{,}3964 = 39{,}64...\ \% = W(0{,}5 \le X \le 1)$$

Bei der Verteilungsfunktion handelt es sich um diejenige Stammfunktion von f, die an der Stelle 0 (Beginn des Definitionsbereichs) denselben Funktionswert hat wie f.

Verteilungsfunktion $F(x) = \int f(x)\,dx \quad \wedge \quad F(0) = f(0) = 0$

$$F(x) = \frac{3}{16}x^5 - \frac{15}{16}x^4 + \frac{5}{4}x^3 + C \qquad D = [0; 2]$$

Wegen $F(0) = 0 \Rightarrow C = 0$

$$F(x) = \frac{3}{16}x^5 - \frac{15}{16}x^4 + \frac{5}{4}x^3 \qquad D = [0; 2]$$

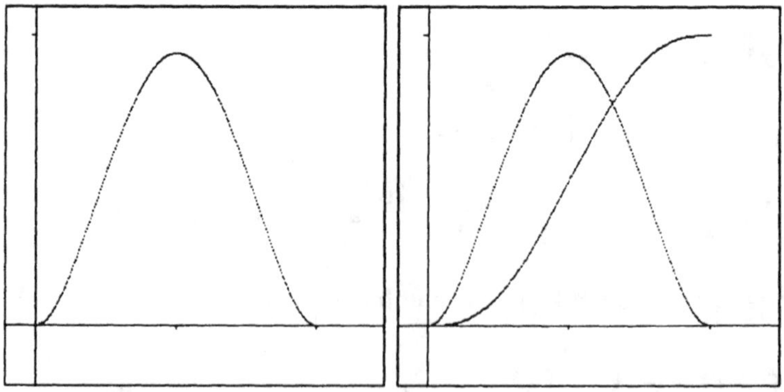

Die obige Graphik zeigt links die Dichtefunktion (Wahrscheinlichkeitsfunktion), rechts gleichzeitig auch die Verteilungsfunktion.

zu b)

Der Erwartungswert von X heißt $\mu(X)$.

$$\mu(X) = \int_0^2 x\, f(x)\, dx = \int_0^2 x \left(\frac{15}{16} x^4 - \frac{15}{4} x^3 + \frac{15}{4} x^2\right) dx$$

$$= \int_0^2 \frac{15}{16} x^5 - \frac{15}{4} x^4 + \frac{15}{4} x^3\, dx$$

$$= \left[\frac{5}{32} x^6 - \frac{3}{4} x^5 + \frac{15}{16} x^4\right]_0^2 = \frac{320}{32} - \frac{96}{4} + 15 - 0 = 1 = \mu(X)$$

Die Varianz von X heißt V(X).

$$V(X) = \int_0^2 (x-1)^2 \left(\frac{15}{16} x^4 - \frac{15}{4} x^3 + \frac{15}{4} x^2\right) dx$$

$$= \int_0^2 (x^2 - 2x + 1) \left(\frac{15}{16} x^4 - \frac{15}{4} x^3 + \frac{15}{4} x^2\right) dx$$

$$= \int_0^2 \frac{15}{16} x^6 - \frac{15}{4} x^5 + \frac{15}{4} x^4 - \frac{15}{8} x^5 + \frac{15}{2} x^4 - \frac{15}{2} x^3 +$$

$$\frac{15}{16} x^4 - \frac{15}{4} x^3 + \frac{15}{4} x^2\, dx$$

$$= \int_0^2 \frac{15}{16} x^6 - \frac{45}{8} x^5 + \frac{195}{16} x^4 - \frac{45}{4} x^3 + \frac{15}{4} x^2\, dx$$

$$= \left[\frac{15}{112} x^7 - \frac{15}{16} x^6 + \frac{39}{16} x^5 - \frac{45}{16} x^4 + \frac{5}{4} x^3\right]_0^2$$

$$= \frac{120}{7} - 60 + 78 - 45 + 10 - 0 = 0{,}1428\ldots = V(X)$$

$$\sigma(X) = \sqrt{V(X)} \quad \Rightarrow \quad \sigma(X) = 0{,}378$$

zu c)

Approximation durch die standardisierte Normalverteilung:

X sei normalverteilt mit $\mu = 1$ und $\sigma = 0{,}378$.

Gesucht ist $W(0{,}5 \leq X \leq 1)$.

Und $W(0{,}5 \leq X \leq 1) = 0{,}5 - W(X < 0{,}5)$, wobei 0,5 für die linke Hälfte der Fläche unter der Normalverteilungskurve steht.

Die Standardisierung von 0,5 ergibt nach der Formel $z = \frac{x - \mu}{\sigma}$.

$$z = \frac{0{,}5 - 1}{0{,}378} = -1{,}32$$

Der Tabellenwert von −1,32 ist 0,09342.

Die gesuchte Wahrscheinlichkeit ist in der folgenden Graphik schraffiert hervorgehoben.

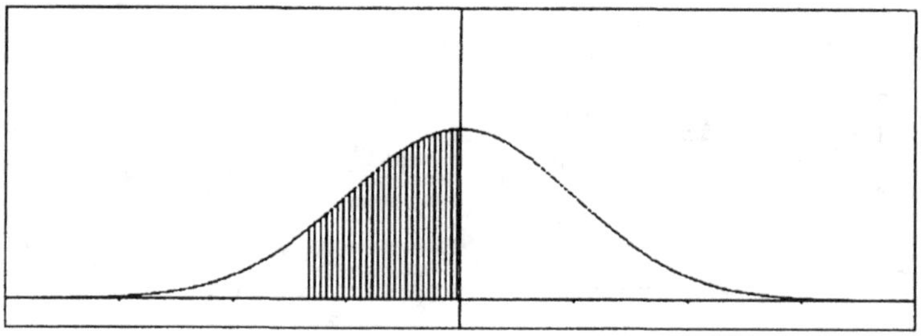

$W(0{,}5 \leq X \leq 1) = 0{,}5 - 0{,}09342 = 0{,}40658 = 40{,}658\ \%$

Dieses Ergebnis weicht um gut einen Prozentpunkt von dem oben berechneten Wert (siehe a) ab. Es kommt auf den zugrundeliegenden Sachverhalt an, ob diese Abweichung hingenommen werden kann.

Lösung Aufgabe 46

zu a)

f kann Dichtefunktion von X sein, wenn der Graph von f über den gesamten Definitionsbereich zusammen mit der x-Achse eine Fläche einschließt, deren Inhalt genau eine Flächeneinheit groß ist.

$$\Rightarrow \int_0^8 f(x)\,dx = 1$$

$$\Rightarrow \int_0^c b\,x\,dx + \int_2^8 a\,(x^2 - 16\,x + 64)\,dx = 1,$$

wobei c kleiner als 2 ist, aber gegen 2 strebt. Denn das erste Intervall ist rechts offen.

Der erste Summand läßt sich wie folgt bestimmen:

$$\int_0^c b\,x\,dx = [\tfrac{1}{2}\,b\,x^2]_0^c = \tfrac{1}{2}\,b\,c^2 \quad \wedge \quad c \to 2 \quad \wedge \quad c < 2$$

$$\lim_{c \to 2} c^2 = 4 \quad \Rightarrow \quad \int_0^c b\,x\,dx = \tfrac{1}{2}\,b \cdot 4 = 2\,b.$$

Der zweite Summand läßt sich folgendermaßen umformen:

$$\int_2^8 a\,(x^2 - 16\,x + 64)\,dx = a\,[\tfrac{1}{3}\,x^3 - 8\,x^2 + 64\,x]_2^8$$

$$= a\,(\tfrac{512}{3} - 512 + 512 - (\tfrac{8}{3} - 32 + 128))$$

$$= a\,(168 + 32 - 128) = 72\,a.$$

Beide Summanden ergeben dem Ansatz gemäß zusammen den Wert 1.

$$\Rightarrow \; 2\,b + 72\,a = 1 \qquad \textbf{(1)}$$

Wegen der Stetigkeit an der Stelle 2 muß gelten:

$$\text{l-}\lim_{x \to 2} b\,x = f(2).$$

$$f(2) = a\,(2^2 - 16 \cdot 2 + 64) = 36\,a \quad \text{und} \quad \text{l-}\lim_{x \to 2} b\,x = 2\,b \quad \text{s. o.}$$

$$\Rightarrow \; 36\,a = 2\,b \qquad \textbf{(2)}$$

$$(1) \wedge (2) \Leftrightarrow 72\,a + 2\,b = 1 \quad \wedge \quad 36\,a = 2\,b \qquad |\ 2\,b \text{ ersetzen}$$

$$\Leftrightarrow \quad 72\,a + 36\,a = 1 \quad \wedge \quad 18\,a = b$$

$$\Leftrightarrow \quad 108\,a = 1 \quad \wedge \quad 18\,a = b$$

$$\Leftrightarrow \quad a = \frac{1}{108} \quad \wedge \quad 18 \cdot \frac{1}{108} = b$$

$$\Leftrightarrow \quad a = \frac{1}{108} \quad \wedge \quad b = \frac{1}{6}$$

Wenn $a = \frac{1}{108} = 0{,}00\overline{925}\ldots$ und $b = \frac{1}{6} = 0{,}1\overline{6}$ ist,

dann kann f Dichtefunktion von X sein.

Also:

$$f: \quad f(x) = \begin{cases} \frac{1}{6} x & \text{für } x \in [0; 2[\\ \frac{1}{108}(x^2 - 16x + 64) & \text{für } x \in [2; 8] \end{cases}$$

oder:

$$f: \quad f(x) = \begin{cases} \frac{1}{6} x & \text{für } x \in [0; 2[\\ \frac{1}{108} x^2 - \frac{4}{27} x + \frac{16}{27} & \text{für } x \in [2; 8] \end{cases}$$

zu b)

Bei der Verteilungsfunktion handelt es sich um diejenige Stammfunktion von f, die an der Stelle 0 (Beginn des Definitionsbereichs) denselben Funktionswert hat wie f.

Verteilungsfunktion $F(x) = \int f(x)\,dx \quad \wedge \quad F(0) = f(0) = 0$

$$F(x) = \begin{cases} \frac{1}{12} x^2 + C_1 & \text{für } x \in [0; 2[\\ \frac{1}{324} x^3 - \frac{2}{27} x^2 + \frac{16}{27} x + C_2 & \text{für } x \in [2; 8] \end{cases}$$

Wegen $F(0) = 0 \Rightarrow C_1 = 0$

Wegen der Stetigkeit an der Stelle 2 gilt: Der linksseitige Grenzwert von F an der Stelle 2 muß u. a. auch gleich dem Funktionswert von F an der Stelle 2 sein.

$$\text{l-}\lim_{x \to 2} F(x) = F(2)$$

$$\text{l-}\lim_{x \to 2} F(x) = \text{l-}\lim_{x \to 2} \frac{1}{12} \cdot x^2 = \frac{1}{12} \cdot \text{l-}\lim_{x \to 2} x^2 = \frac{1}{12} \cdot 4 = \frac{1}{3}$$

$$F(2) = \frac{1}{324} \cdot 8 - \frac{2}{27} \cdot 4 + \frac{16}{27} \cdot 2 + C_2$$

$$\Rightarrow \frac{1}{3} = \frac{1}{324} \cdot 8 - \frac{2}{27} \cdot 4 + \frac{16}{27} \cdot 2 + C_2 \qquad | \cdot 324$$

$$\Leftrightarrow 108 = 8 - 96 + 384 + 324 \cdot C_2$$

$$\Leftrightarrow 108 = 296 + 324\, C_2 \quad \Leftrightarrow \quad -188 = 324\, C_2$$

$$\Leftrightarrow \; C_2 = \frac{-188}{324} = \frac{-47}{81}$$

$$F(x) = \begin{cases} \frac{1}{12}x^2 & \text{für } x \in [0; 2[\\ \frac{1}{324}x^3 - \frac{2}{27}x^2 + \frac{16}{27}x - \frac{47}{81} & \text{für } x \in [2; 8] \end{cases}$$

zu c)

Die gefragten Wahrscheinlichkeiten können wie folgt mit der Verteilungsfunktion berechnet werden.

$$W(X \le 2) = F(2) = 1/3 \quad \text{(s. o.)}$$

$$\begin{aligned} W(4 < X \le 8) &= 1 - W(X \le 4) = 1 - F(4) \\ &= 1 - (\frac{64}{324} - \frac{32}{27} + \frac{64}{27} - \frac{47}{81}) \\ &= 1 - \frac{64 - 384 + 768 - 188}{324} \\ &= \frac{64}{324} = \frac{16}{81} \end{aligned}$$

$$\begin{aligned} W(X \le 6) &= F(6) = \frac{216}{324} - \frac{72}{27} + \frac{96}{27} - \frac{47}{81} \\ &= \frac{216 - 864 + 1152 - 188}{324} = \frac{316}{324} = \frac{79}{81} \end{aligned}$$

$W(X \le 2) = 0{,}3\ldots$ $W(4 < X \le 8) = 0{,}1975\ldots$ $W(X \le 6) = 0{,}9753\ldots$

Die folgende Graphik zeigt links die Dichtefunktion (Wahrscheinlichkeitsfunktion), rechts gleichzeitig auch die Verteilungsfunktion.

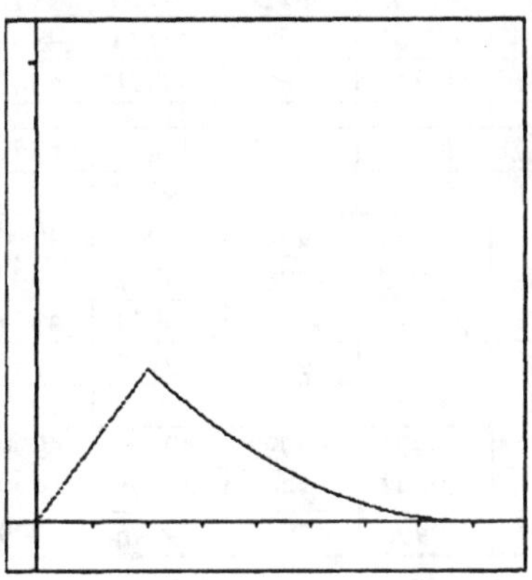

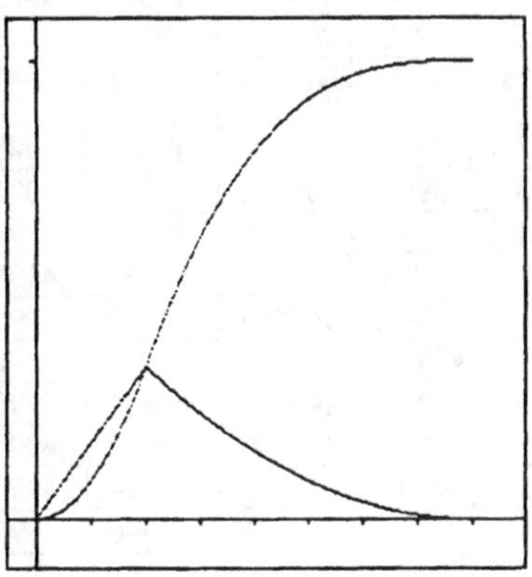

Flächen unter der normierten Gauß-Verteilung (Standardnormalverteilung)
Die angegebenen Flächenanteile sind einseitig.
(von Z=0 bis Z= 3,99). Berechnet von J. Blaich.

z	,00	,01	,02	,03	,04	,05	,06	,07	,08	,09
0,0	,00000	,00399	,00798	,01197	,01595	,01994	,02392	,02790	,03188	,03586
0,1	,03983	,04380	,04776	,05172	,05567	,05962	,06356	,06749	,07142	,07535
0,2	,07926	,08317	,08706	,09095	,09483	,09871	,10257	,10642	,11026	,11409
0,3	,11791	,12172	,12552	,12930	,13307	,13683	,14058	,14431	,14803	,15173
0,4	,15542	,15910	,16276	,16640	,17003	,17364	,17724	,18082	,18439	,18793
0,5	,19146	,19497	,19847	,20194	,20540	,20884	,21226	,21566	,21904	,22240
0,6	,22575	,22907,	,23237	,23565	,23891	,24215	,24537	,24857	,25175	,25490
0,7	,25804	,26115	,26424	,26730	,27035	,27337	,27637	,27935	,28230	,28524
0,8	,28814	,29103	,29389	,29673	,29955	,30234	,30511	,30785	,31057	,31327
0,9	,31594	,31859	,32121	,32381	,32639	,32894	,33147	,33398	,33646	,33891
1,0	,34134	,34375	,34614	,34849	,35083	,35314	,35543	,35769	,35993	,36214
1,1	,36433	,36650	,36864	,37076	,37286	,37493	,37698	,37900	,38100	,38298
1,2	,38493	,38686	,38877	,39065	,39251	,39435	,39617	,39796	,39973	,40147
1,3	,40320	,40490	,40658	,40824	,40988	,41149	,41308	,41466	,41621	,41774
1,4	,41924	,42073	,42220	,42364	,42507	,42647	,42785	,42922	,43056	,43189
1,5	,43319	,43448	,43574	,43699	,43822	,43943	,44062	,44179	,44295	,44408
1,6	,44520	,44630	,44738	,44845	,44950	,45053	,45154	,45254	,45352	,45449
1,7	,45543	,45637	,45728	,45818	,45907	,45994	,46080	,46164	,46246	,46327
1,8	,46407	,46485	,46562	,46637	,46712	,46784	,46856	,46926	,46995	,47062
1,9	,47128	,47193	,47257	,47320	,47381	,47441	,47500	,47558	,47615	,47670
2,0	,47725	,47778	,47831	,47882	,47932	,47982	,48030	,48077	,48124	,48169
2,1	,48214	,48257	,48300	,48341	,48382	,48422	,48461	,48500	,48537	,48574
2,2	,48610	,48645	,48679	,48713	,48745	,48778	,48809	,48840	,48870	,48899
2,3	,48928	,48956	,48983	,49010	,49036	,49061	,49086	,49111	,49134	,49158
2,4	,49180	,49202	,49224	,49245	,49266	,49286	,49305	,49324	,49343	,49361
2,5	,49379	,49396	,49413	,49430	,49446	,49461	,49477	,49492	,49506	,49520
2,6	,49534	,49547	,49560	,49573	,49585	,49598	,49609	,49621	,49632	,49643
2,7	,49653	,49664	,49674	,49683	,49693	,49702	,49711	,49720	,49728	,49736
2,8	,49745	,49752	,49760	,49767	,49774	,49781	,49788	,49795	,49801	,49807
2,9	,49813	,49819	,49825	,49831	,49836	,49841	,49846	,49851	,49856	,49861
3,0	,49865	,49869	,49874	,49878	,49882	,49886	,49889	,49893	,49897	,49900
3,1	,49903	,49906	,49910	,49913	,49916	,49918	,49921	,49924	,49926	,49929
3,2	,49931	,49934	,49936	,49938	,49940	,49942	,49944	,49946	,49948	,49950
3,3	,49952	,49953	,49955	,49957	,49958	,49960	,49961	,49962	,49964	,49965
3,4	,49966	,49968	,49969	,49970	,49971	,49972	,49973	,49974	,49975	,49976
3,5	,49977	,49978	,49978	,49979	,49980	,49981	,49981	,49982	,49983	,49983
3,6	,49984	,49985	,49985	,49986	,49986	,49987	,49987	,49988	,49988	,49989
3,7	,49989	,49990	,49990	,49990	,49991	,49991	,49992	,49992	,49992	,49992
3,8	,49993	,49993	,49993	,49994	,49994	,49994	,49994	,49995	,49995	,49995
3,9	,49995	,49995	,49996	,49996	,49996	,49996	,49996	,49996	,49997	,49997

Flächen unter der normierten Gauß-Verteilung (Standardnormalverteilung)
Die angegebenen Flächenanteile sind einseitig.
(von minus unendlich bis -Z für Z = 0 bis Z = -3,99). Berechnet von J. Blaich.

z	,00	,01	,02	,03	,04	,05	,06	,07	,08	,09
-0,0	,50000	,49601	,49202	,48803	,48405	,48006	,47608	,47210	,46812	,46414
-0,1	,46017	,45620	,45224	,44828	,44433	,44038	,43644	,43251	,42858	,42465
-0,2	,42074	,41683	,41294	,40905	,40517	,40129	,39743	,39358	,38974	,38591
-0,3	,38209	,37828	,37448	,37070	,36693	,36317	,35942	,35569	,35197	,34827
-0,4	,34458	,34090	,33724	,33360	,32997	,32636	,32276	,31918	,31561	,31207
-0,5	,30854	,30503	,30153	,29806	,29460	,29116	,28774	,28434	,28096	,27760
-0,6	,27425	,27093	,26763	,26435	,26109	,25785	,25463	,25143	,24825	,24510
-0,7	,24196	,23885	,23576	,23270	,22965	,22663	,22363	,22065	,21770	,21476
-0,8	,21186	,20897	,20611	,20327	,20045	,19766	,19489	,19215	,18943	,18673
-0,9	,18406	,18141	,17879	,17619	,17361	,17106	,16853	,16602	,16354	,16109
-1,0	,15866	,15625	,15386	,15151	,14917	,14686	,14457	,14231	,14007	,13786
-1,1	,13567	,13350	,13136	,12924	,12714	,12507	,12302	,12100	,11900	,11702
-1,2	,11507	,11314	,11123	,10935	,10749	,10565	,10383	,10204	,10027	,09853
-1,3	,09680	,09510	,09342	,09176	,09012	,08851	,08692	,08534	,08379	,08226
-1,4	,08076	,07927	,07780	,07636	,07493	,07353	,07215	,07078	,06944	,06811
-1,5	,06681	,06552	,06426	,06301	,06178	,06057	,05938	,05821	,05705	,05592
-1,6	,05480	,05370	,05262	,05155	,05050	,04947	,04846	,04746	,04648	,04551
-1,7	,04457	,04363	,04272	,04182	,04093	,04006	,03920	,03836	,03754	,03673
-1,8	,03593	,03515	,03438	,03363	,03288	,03216	,03144	,03074	,03005	,02938
-1,9	,02872	,02807	,02743	,02680	,02619	,02559	,02500	,02442	,02385	,02330
-2,0	,02275	,02222	,02169	,02118	,02068	,02018	,01970	,01923	,01876	,01831
-2,1	,01786	,01743	,01700	,01659	,01618	,01578	,01539	,01500	,01463	,01426
-2,2	,01390	,01355	,01321	,01287	,01255	,01222	,01191	,01160	,01130	,01101
-2,3	,01072	,01044	,01017	,00990	,00964	,00939	,00914	,00889	,00866	,00842
-2,4	,00820	,00798	,00776	,00755	,00734	,00714	,00695	,00676	,00657	,00639
-2,5	,00621	,00604	,00587	,00570	,00554	,00539	,00523	,00508	,00494	,00480
-2,6	,00466	,00453	,00440	,00427	,00415	,00402	,00391	,00379	,00368	,00357
-2,7	,00347	,00336	,00326	,00317	,00307	,00298	,00289	,00280	,00272	,00264
-2,8	,00255	,00248	,00240	,00233	,00226	,00219	,00212	,00205	,00199	,00193
-2,9	,00187	,00181	,00175	,00169	,00164	,00159	,00154	,00149	,00144	,00139
-3,0	,00135	,00131	,00126	,00122	,00118	,00114	,00111	,00107	,00103	,00100
-3,1	,00097	,00094	,00090	,00087	,00084	,00082	,00079	,00076	,00074	,00071
-3,2	,00069	,00066	,00064	,00062	,00060	,00058	,00056	,00054	,00052	,00050
-3,3	,00048	,00047	,00045	,00043	,00042	,00040	,00039	,00038	,00036	,00035
-3,4	,00034	,00032	,00031	,00030	,00029	,00028	,00027	,00026	,00025	,00024
-3,5	,00023	,00022	,00022	,00021	,00020	,00019	,00019	,00018	,00016	,00017
-3,6	,00016	,00015	,00015	,00014	,00014	,00013	,00013	,00012	,00012	,00011
-3,7	,00011	,00010	,00010	,00010	,00009	,00009	,00008	,00008	,00008	,00008
-3,8	,00007	,00007	,00007	,00006	,00006	,00006	,00006	,00005	,00005	,00005
-3,9	,00005	,00005	,00004	,00004	,00004	,00004	,00004	,00004	,00003	,00003

www.ingramcontent.com/pod-product-compliance
Lightning Source LLC
LaVergne TN
LVHW010648300926
849161LV00005B/1065